ゲッターズ飯田の五星三心占い

タイプと

<<< たのタイプをチェック！

タイプはサイトからも調べられます

https://www.asahi-getters.com/2024/

五星三心占いとは？

ゲッターズ飯田が26年間で7万人以上を無償で占い続け、占いの勉強と実践のなかから編み出したもの。6つのタイプがあり、羅針盤座、インディアン座、鳳凰座、時計座、カメレオン座、イルカ座と、実際の星座に由来して名づけています。それぞれに「金」「銀」があり、さらに、もっている欲望をかけ合わせた、全120タイプで細かく性格を分析し、運命を読み解きます。

三心

羅針盤座（金・銀）　インディアン座（金・銀）　鳳凰座（金・銀）　時計座（金・銀）　カメレオン座（金・銀）　イルカ座（金・銀）

12タイプ

×

10種類

五星

自我欲　食欲・性欲　金欲・財欲　権力・支配欲　創作欲

（陽・陰）

かけ合わせて全120!!

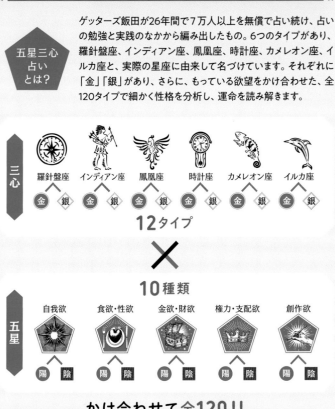

STEP 3 あなたのタイプはこちら！

STEP 1で調べた【命数】から、あなたのタイプがわかります。

命数
1～10
羅針盤座

命数
11～20
インディアン座

命数
21～30
鳳凰座

命数
31～40
時計座

命数
41～50
カメレオン座

命数
51～60
イルカ座

おさらいしよう！

例 1992年5月8日生まれの人の場合

1 命数表で、生まれた月と日の交わるマスにある数字 → 「25」
2 命数表の西暦年の上にあるのは「金」or「銀」 → 「金」
3 上の図で命数が「25」のタイプは？ → 「鳳凰座」
4 あなたは【命数25の金の鳳凰座】です。

P.173～の「命数別」ページでは、【命数】ごとにさらに詳細な性質や2024年の運勢が占えます。

STEP 2 「金」と「銀」がありますが あなたはどっち？

「金」or「銀」の調べ方

あなたの生まれた西暦は 偶数年ですか？ 奇数年ですか？

ここをチェック

金

1992

日＼月	1	2	3	4	5	6
1	18	43	19	49	14	49
2	17	42	20	48	11	50
3	16	41	17	47	12	47
4	15	49	18	46	19	48
5	14	50	15	45	20	45
6	13	47	16	44	17	46
7	12	48	13	43	18	53
8	11	55	14	52	25	54
9	30	56	21	51	26	51
10	29	53	22	60	23	52
11	28	54	29	59	24	59
12	27	59	30	58	21	60
13	26	60	27	57	24	57
14	25	57	28	54	21	58
15	24	58	25	53	22	55
16	21	55	25	52	29	57

偶数年生まれなら >>> 金

たとえば… 1962、1974、1986、1998、2000…など

奇数年生まれなら >>> 銀

たとえば… 1963、1975、1987、1999、2001…など

ATTENTION!

あなたが「金」か「銀」かは、
生まれた年（西暦）が偶数か奇数かで決まります。
【命数】が偶数か奇数かではありません。

※偶数は２で割り切れる数、奇数は２で割り切れない数のことです。

STEP 1 あなたの【命数】は?

五星三心占いでは、生年月日ごとに【命数】と呼ばれる数字が
割り当てられています。

命数の調べ方

1 P.18からの「命数表」で
「生まれた年」を探す。

2 横軸で「生まれた月」を探す。

3 縦軸で「生まれた日」を探す。

4 2と3が交差したマスにある数字が、
あなたの【命数】です。

※命数表の【命数】に、さらに別の数字を足したりかけたりする必要はありません。

例 1992年5月8日生まれの場合

1 生まれた年
2 生まれた月
3 生まれた日
4 この人の【命数】は「25」です

金
1992

日＼月	1	2	3	4	5	6	7
1	18	43	19	49	14	49	20
2	17	42	20	48	11	50	19
3	16	41	17	47	12	47	18
4	15	49	18	46	19	48	17
5	14	50	15	45	20	45	16
6	13	47	16	44	17	46	16
7	12	48	13	43	18	53	24
8	11	55	14	52	25	54	23
9	30	56	21	51	26	51	22
10	29	53	22	60	23	52	21
11	28	54	29	59	24	59	30
12	27	59	30	58	21	60	29
13	26	60	27	57	24	57	28
14	25	57	28	54	21	58	27
15	24	58	25	53	22	55	26
16	21	55	25	52	29	57	25
17	30	56	24	58	30	6	32

命数表の月と日が交わる箇所の数字が【命数】です。
1992年5月8日生まれの人は「**25**」になります。

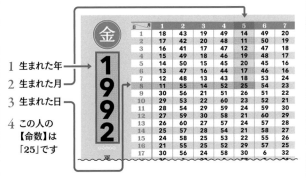

12年間で
「最高の運気」
の年。

転職、起業、独立には最高の運気

次の目標を決めよう

夢に向かって動き出せ

今年はじめたことは
長く続けるといい

本を読む

大きなチャンス
をつかめる

SILVER PHOENIX

銀の鳳凰座

新たな情報を
集める

実力を
出し切って
みる

2024年のキーワード

直感を信じて行動

悪友と縁を切る

自分の意見はハッキリ言う

目立つポジション
をねらう

迷っているなら動き出す

認められたら感謝する

運命的な出会い

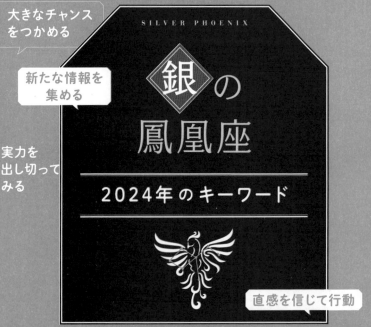

人間関係の整理

納得いかないなら
「道を間違えた」と
思って変える

好きなことを見つけよう

イメチェン

これまでの頑張りの
答えが出る年

長く使う
ものを購入する

ほめられたら全力でよろこぶ

覚悟を決めて
動き出す年

自分の実力を
信じる

好きなことに一生懸命になる

新たなスタートのタイミング

定期的な運動

浪費注意報

投資をはじめるには
最高のタイミング

人生を大きく「軌道修正」できる年

「運が味方する」と信じて動く

待っていないで
とにかく動く

交友関係を広げる

本気で仕事に取り組む

好きなことをアピールする

CONTENTS

ときどき見返そう

第2部

銀の鳳凰座が さらに運気を上げるために

この本を手にしたあなたへ

『ゲッターズ飯田の五星三心占い2024』をご購入いただき、ありがとうございます。占いは「当たった、外れた」と一喜一憂したり、「やみくもに信じるもの」ではなく、人生をよりよくするための道具のひとつ。いい結果なら当てにいき、悪い内容なら外れるよう努力することが重要です。この本を「読んでおしまい」にせず、読んで使って心の支えとし、「人生の地図」としてご活用いただけたら幸いです。

2024年は「金・銀の鳳凰座」「金のインディアン座」「金の羅針盤座」の運気がよく、個の力が強くなるような流れになります。個人の力を育て、しっかり根を張り芽を伸ばす大切な年。また2024年は辰年で、辰は目に見えない龍ですから、どれだけ水面下で頑張り、努力しておくかが重要になります。結果をすぐに出そうと焦らず、じっくりゆっくり力をつける1年を目指してみるといいでしょう。

この本の特長は、2024年の開運3か条(P.74)、毎月の開運3か条(P.96 ～)、命数別の開運アクション(P.175 ～)です。これらをできるだけ守って過ごせば開運できるようになっているので、何度も読み返してください。運気グラフ(P.72、94)を見ておくことも大事。大まかな運気の流れがわかると、計画を立てやすくなるでしょう。

また、「占いを使いこなす」には、他人を占い、それに応じた行動をしてこそ。2024年の人間関係をよくするためにも、ほかのタイプや気になる人の命数ページも読んでみるといいでしょう。

2024年の目標を立てる、他人のことを知る、話のネタにする……。自分も周りも笑顔にするために、この本をたくさん使ってください。

銀の鳳凰座が

2024年をよりよく過ごすために

「銀の鳳凰座」の2024年は、「開運の年」。
これまであなたが何に力や時間を注いできたのかがハッキリする年です。辛抱強く続けてきた人ほど、うれしい出来事や大きなチャンスに恵まれるため、評価を素直に受け止めて流れに乗ってみましょう。頑固になりすぎたり自分の考えだけを押し通すと、せっかくの流れに乗れなくなるので気をつけること。

よりよい「開運の年」を迎えるために、2023年の下半期から自分の向き不向きや、これまでの積み重ねを見つめ直しましょう。願いを叶えるためには、「手放す勇気」も必要です。目標を達成するうえで手放すべきものに気づいたら、躊躇しないように。心残りになりそうなことは、ここですべて清算しておくことも大切です。好きな人への告白や就きたいポジションへの志願など、ダメ元でも意思表示をしておきましょう。ときには残念な結果や厳しい答えが出る場合もありますが、現実を真摯に受け止めるように。

そして、2024年からは気持ちを切り替え、新たなスタートを切るといいでしょう。新たな出会いを求めたり夢や目標を見つけるなど、大事な種まきをはじめましょう。

ゲッターズ飯田

12タイプ別

2024年の相関図

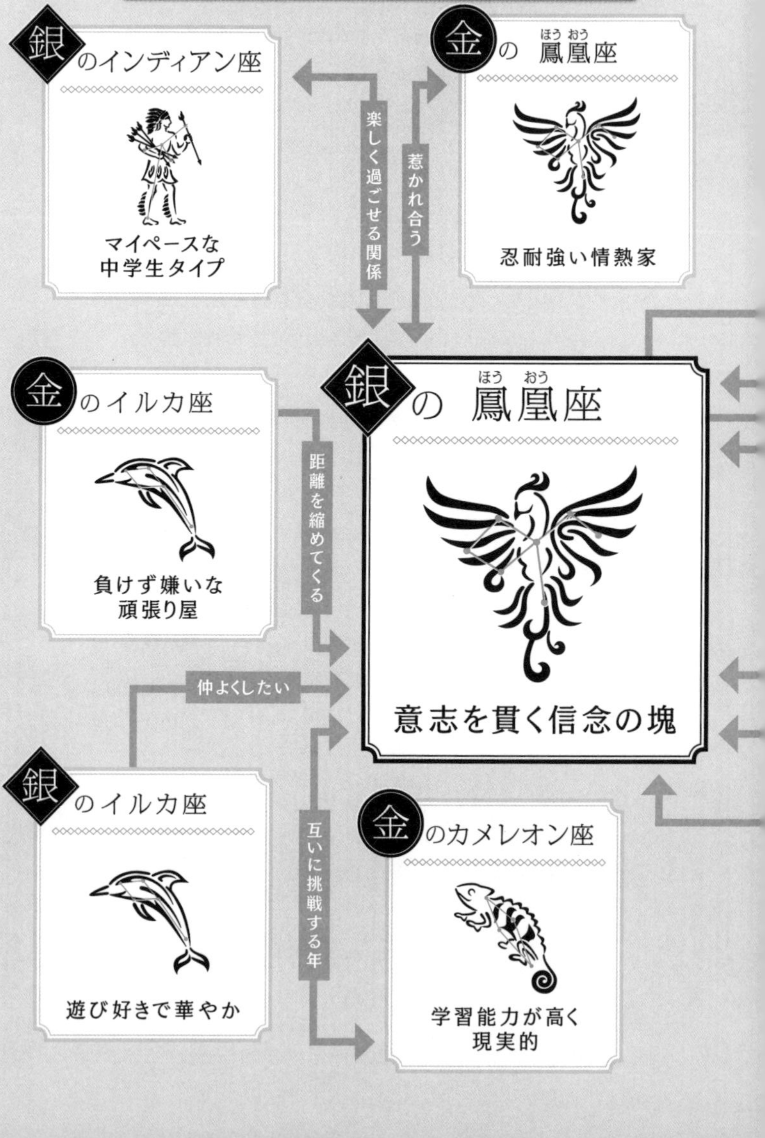
銀のインディアン座
マイペースな
中学生タイプ
金の鳳《ほう》凰《おう》座
忍耐強い情熱家
楽しく過ごせる関係
惹かれ合う
金のイルカ座
負けず嫌いな
頑張り屋
距離を縮めてくる
銀の鳳《ほう》凰《おう》座
意志を貫く信念の塊
仲よくしたい
銀のイルカ座
遊び好きで華やか
互いに挑戦する年
金のカメレオン座
学習能力が高く
現実的

あなたを中心とした、2024年の全タイプとの関係を図にしました。
人間関係や付き合い方の参考にしてみてください。

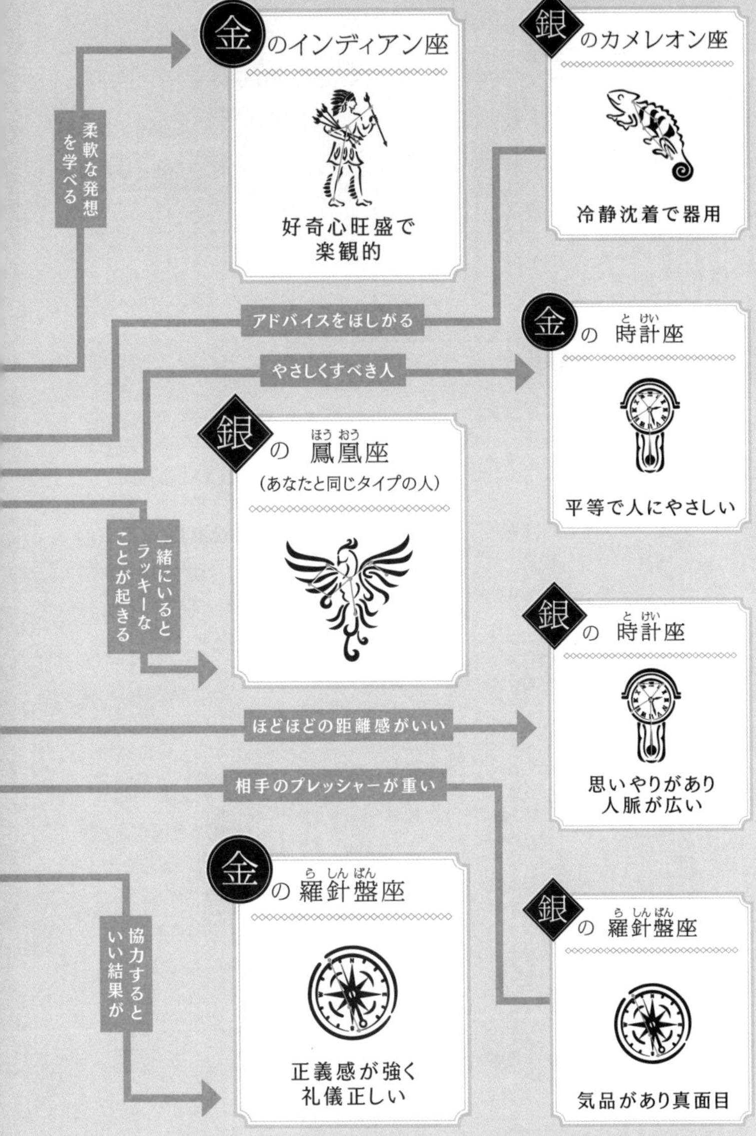

運気記号の説明

本書に出てくる「運気の記号」を解説します。

運気グラフ

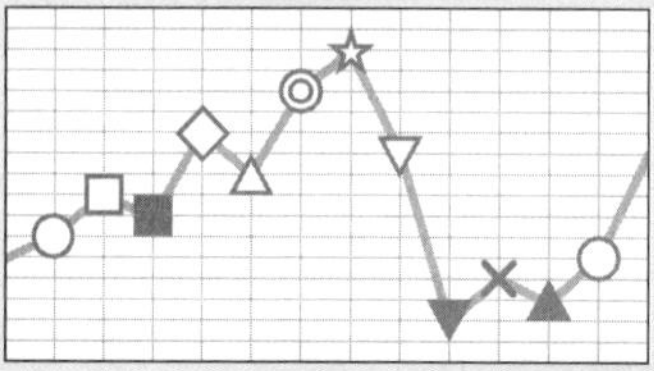

ATTENTION

運気のレベルは、タイプやその年によって変わります。

運気カレンダー

10（水）	◎	自信をもって仕事に取り組むことが大切 は堂々としておくことでいい結果につな みるとうまくいきそうです。
11（木）	☆	これまでの積み重ねがいいかたちになっ 役立つことがありそう。自分のことだけ 謝されたり、いつかあなたが困ったとき
12（金）	▽	順調に物事が進む日ですが、終業間際 で慌ただしくなったり、残業することがあ や部下の動きをチェックしておきましょう
13（土）	▼	うっかり約束を忘れてしまったり、操作 思った以上に油断しがちなので、気をつ
14（日）	×	手先が不器用なことを忘れて細かい作 りそう。得意な人にお願いして助けても 切ったり、ドアに指をはさんで痛い思い

チャレンジ ○

チャレンジの月

新しい環境に身をおくことや変化が多くなる月。不慣れなことも増えて苦労を感じる場合も多いですが、自分を鍛える時期だと受け止め、至らない部分を強化するように努めましょう。新しい出会いも増えて、長い付き合いになったり、いい経験ができたりしそうです。

チャレンジの日

新しいことへの積極的な挑戦が大事な日。ここでの失敗からは学べることがあるので、まずはチャレンジすることが重要です。新しい出会いも増えるので、知り合いや友人の集まりに参加したり、自ら人を集めたりすると運気が上がるでしょう。

開運アクション

- 「新しいこと」に注目する
- 「未体験」に挑む
- 迷ったら行動する
- 遠慮しない
- 経験と人脈を広げる
- 失敗を恐れない

健康管理 □

健康管理の月

求められることが増え、疲れがドンドンたまってしまう月。公私ともに予定がいっぱいになるので、計画をしっかり立てて健康的な生活リズムを心がける必要があるでしょう。とくに、下旬から体調を崩してしまうことがあるので、無理はしないように。

健康管理の日

計画的な行動が大事な日。予定にないことをすると夕方以降に体調を崩してしまうことがあるでしょう。日中は、何事にも積極的に取り組むことが重要ですが、慎重に細部までこだわりましょう。挨拶や礼儀などをしっかりしておくことも大切に。

開運アクション

- この先の目標を立てる
- 計画をしっかり立てる
- 軌道修正する
- 向き不向きを見極める
- 健康的な生活リズムをつくる
- 自分磨きをする

リフレッシュ■	リフレッシュの月	体力的な無理は避けたほうがいい月。「しっかり仕事をしてしっかり休む」ことが大事です。限界を感じる前に休み、スパやマッサージなどで心身を癒やしましょう。下旬になるとチャンスに恵まれるので、体調を万全にしておき、いい流れに乗りましょう。	開運アクション ◆無理しない ◆頑張りすぎない ◆しっかり休む ◆生活習慣を整える ◆心身ともにケアする ◆不調を放っておかない
	リフレッシュの日	心身ともに無理は避け、リフレッシュを心がけることで運気の流れがよくなる日。とくに日中は疲れやすくなるため、体を休ませる時間をしっかりとり、集中力の低下や仕事の効率の悪化を避けるようにしましょう。夜にはうれしい誘いがありそう。	
解放◇	解放の月	良くも悪くも目立つ機会が増え、気持ちが楽になる出来事がある月。運気が微妙なときに決断したことから離れたり、相性が悪い人との縁が切れたりすることもあるでしょう。この時期は積極性が大事で、遠慮していると運気の流れも引いてしまいます。	開運アクション ◆自分らしさを出す ◆積極的に人と関わる ◆積極的に自分をアピールする ◆勇気を出して行動する ◆執着しない ◆思い切って判断する
	解放の日	面倒なことやプレッシャーから解放される日。相性が悪い人と縁が切れて気持ちが楽になったり、あなたの魅力が輝いて、才能や努力が注目されたりすることがあるでしょう。恋愛面では答えが出る日。夜のデートはうまくいく可能性が高いでしょう。	
準備△	準備の月	準備や情報の不足、確認ミスなどを自分でも実感してしまう月。事前の準備やスケジュールの確認を忘れずに。ただ、この月は「しっかり仕事をして計画的に遊ぶ」ことも大切。また、「遊び心をもつ」と運気がよくなるでしょう。	開運アクション ◆事前準備と確認を怠らない ◆うっかりミスに注意 ◆最後まで気を抜かない ◆浮ついた気持ちに注意 ◆遊び心を大切にする ◆遊ぶときは全力で
	準備の日	何事にも準備と確認作業をしっかりすることが大事な日。うっかりミスが多いので、1日の予定を確認しましょう。この日は遊び心も大切なので、自分も周囲も楽しませて、なんでもゲーム感覚で楽しんでみると魅力が輝くこともあるでしょう。	

<table>
<tr>
<td rowspan="2">幸運◎</td>
<td>幸運の月</td>
<td>努力を続けてきたことがいいかたちとなって表れる月。遠慮せずにアピールし、実力を全力で出し切るといい流れに乗れるでしょう。また、頑張りを見ていた人から協力を得られることもあり、チャンスに恵まれる可能性も高くなります。</td>
<td rowspan="2">開運アクション
◆過去の人やものとのつながりを大切にする
◆新しい人やものより、なじみのある人やものを選ぶ
◆諦め切れないことに再挑戦する
◆素直に評価を受け入れる
◆決断をする
◆スタートを切る</td>
</tr>
<tr>
<td>幸運の日</td>
<td>秘めていた力を発揮することができる日。勇気を出した行動でこれまで頑張ってきたことが評価され、幸運をつかめるでしょう。恋愛面では相性がいい人と結ばれたり、すでに知り合っている人と縁が強くなったりするので、好意を伝えるといい関係に進みそう。</td>
</tr>
<tr>
<td rowspan="2">開運☆</td>
<td>開運の月</td>
<td>運気のよさを感じられて、能力や魅力を評価される月。今後のことを考えた決断をするにも最適です。運命的な出会いがある可能性も高いので、人との出会いを大切にしましょう。幸運を感じられない場合は、環境を変えてみるのがオススメです。</td>
<td rowspan="2">開運アクション
◆夢を叶えるための行動を起こす
◆自分の意見や感覚を大事にする
◆自分から積極的に人に関わっていく
◆大きな決断をする
◆やりたいことのスタートを切る
◆自らチャンスをつかみにいく</td>
</tr>
<tr>
<td>開運の日</td>
<td>運を味方にできる最高の日。積極的に行動することで自分の思い通りに物事が運びます。告白、プロポーズ、結婚、決断、覚悟、買い物、引っ越し、契約などをするには最適なタイミング。ここで決めたら簡単に変えないことが大事です。</td>
</tr>
<tr>
<td rowspan="2">ブレーキ▽</td>
<td>ブレーキの月</td>
<td>中旬までは積極的に行動し、前月にやり残したことを終えておくといい月。契約などの決断は中旬までに。それ以降に延長される場合は縁がないと思って見切りをつけるといいでしょう。中旬以降は、現状を守るための判断が必要となります。</td>
<td rowspan="2">開運アクション
◆朝早くから活動する
◆やるべきことがあるなら明るいうちに済ます
◆昨日やり残したことを日中に終わらせる
◆夕方以降はゆったりと過ごす
◆夜は活動的にならない</td>
</tr>
<tr>
<td>ブレーキの日</td>
<td>日中は積極的に行動することでいい結果に結びつきますが、夕方あたりから判断ミスをするなど「裏の時期」の影響がジワジワ出てくる日。大事なことは早めに終わらせて、夜はゆっくり音楽を聴いたり、本を読んでのんびりするといいでしょう。</td>
</tr>
</table>

開運☆・幸運◎の活かし方

いい運気を味方につけて スタートを切ることが大事

運気のいい年、月、日には、「何かいいことがあるかも」と期待してしまいますが、**「これまでの積み重ねに結果が出るとき」**です。努力したご褒美として「いいこと」が起きるので、逆に言えば、積み重ねがなければ何も起きず、悪いことを積み重ねてしまったら、悪い結果が出てしまいます。また、**「決断とスタートのとき」**でもあります。運気のいいときの決断やスタートには運が味方してくれ、タイミングを合わせれば力を発揮しやすくもなります。「自分を信じて、決断し、行動する」。この繰り返しが人生ですが、見えない流れを味方につけると、よりうまくいきやすくなります。このいい流れのサイクルに入るには、「いい運気のときに行動する」。これを繰り返してみてください。

大切なのは、行動すること。いくら運気がよくても、行動しなければ何も起きません。運気のいい年、月、日に**タイミングを合わせて動いてみて**ください。

※運気により「☆、◎の月日」がない年もあります。その場合は「◇、○の月日」に行動してみてください。

2024年 銀の鳳凰座

運気のいい時期（開運、幸運など）に心がけたい10のこと

1. 「必要なのは勇気」をテーマにする
2. 幸せに敏感に、不幸に鈍感に生きてみる
3. 明るく、笑顔で、ポジティブでいる
4. やさしい言葉を使うようにする
5. どんなことが起きても「私は運がいい」と言う
6. 一度の人生だから、楽しむ努力を惜しまない
7. 成功は、楽しむことが上手な人のもとへやってくる
8. 己を信じ、自分のことを信じてくれる人を増やす
9. 自分の輝ける場所で輝き、勝てる場所で勝つ
10. 人の成長に期待し、相手を信じる

<table>
<tr><td rowspan="2">乱気▼</td><td>乱気の月</td><td>「五星三心占い」でもっとも注意が必要な月。人間関係や心の乱れ、判断ミスが起きやすく、現状を変える決断は避けるべきです。ここでの決断は、幸運、開運の時期にいい結果に結びつかなくなる可能性があります。新しい出会いはとくに注意。運命を狂わせる相手の場合も。</td><td rowspan="4">開運アクション
◆ 現状を受け入れる
◆ 問題は100%自分の責任だと思う
◆ マイナス面よりもプラス面を探す
◆ 何事もいい経験だと思う
◆ 周囲からのアドバイスにもっと素直になる
◆ 自分中心に考えない
◆ 流れに身を任せてみる
◆ 何事もポジティブ変換してみる
◆ 自分も他人も許す
◆ 感謝できることをできるだけ見つける</td></tr>
<tr><td>乱気の日</td><td>「五星三心占い」でもっとも注意が必要な日。判断ミスをしやすいので、新たな挑戦や大きな決断は避けることが大事。今日の出来事は何事も勉強だと受け止め、不運に感じることは「このくらいで済んでよかった」と考えましょう。</td></tr>
<tr><td rowspan="2">裏運気×</td><td>裏運気の月</td><td>裏目に出ることが多い月。体調を崩したり、いまの生活を変えたくなったりします。自分の裏側の才能が出る時期でもあり、これまでと違う興味や関係をもつことも。不慣れや苦手なことを知る経験はいい勉強になるので、しっかり受け止め、自分に課題が出たと思うようにしましょう。</td></tr>
<tr><td>裏運気の日</td><td>自分の裏の才能や個性が出る日。「運が悪い」のではなく、ふだん鍛えられない部分を強化する日で、自分でも気づかなかった能力に目覚めることもあります。何をすれば自分を大きく成長させられるのかを考えて行動するといいでしょう。</td></tr>
<tr><td rowspan="2">整理▲</td><td>整理の月</td><td>裏運気から表の運気に戻ってくる月。本来の自分らしくなることで、不要なものが目について片付けたくなります。ドンドン捨てると運気の流れがよくなるでしょう。下旬になると出会いが増え、物事を前向きにとらえられるようになります。</td><td rowspan="2">開運アクション
◆ 不要なものを手放す
◆ 身の回りの掃除をする
◆ 人間関係を見直す
◆ 去る者を追わない
◆ 物事に区切りをつける
◆ 執着をなくす</td></tr>
<tr><td>整理の日</td><td>裏運気から本来の自分である表の運気に戻る日。日中は運気が乱れやすく判断ミスが多いため、身の回りの整理整頓や掃除をしっかりすることが大事。行動的になるのは夕方以降がいいでしょう。恋愛面では失恋しやすいですが、覚悟を決めるきっかけもありそうです。</td></tr>
</table>

＝ 運気の影響がない日……良くも悪くも運気に左右されない日

乱気▼・裏運気✕の乗りこなし方

「裏の欲望」がわかり「裏の自分」に会える

「五星三心占い」では、12年のうちの2年、12か月のうちの2か月、12日のうちの2日を、大きなくくりとして**「裏の時期（乱気+裏運気）」**と呼び、**「裏の欲望（才能）が出てくる時期」**と考えます。人は誰しも欲望をもっていますが、ほしいと思う「欲望の種類」が違うため、「うれしい、楽しい」と感じる対象や度合いは人により異なります。同じ欲望ばかり体験していても、いずれ飽きてしまい、違うものを求めたくなります。そのタイミングが「裏の時期」です。

「裏の時期」には「裏の自分」が出てきます。たとえば、人と一緒にいるのが好きなタイプはひとりの時間が増え、ひとりが心地いい人は、大勢と絡まなくてはならない状況になる。恋愛でも、好みではない人が気になってくる……。本来の「自分らしさ」とは逆のことが起こるので、「慣れなくてつらい」と感じるのです。

しかし、だからこそふだんの自分とは違った体験ができて、視野が広がり学べることも。**この時期を乗り越えると、大きく成長できます。**「悪い運気」というわけではないのです。

2024年 銀の鳳凰座 裏の時期（乱気＋裏運気）に心にとどめたい10のこと

1. 「今日も楽しい1日になるぞ」と唱える
2. 「なんとかなるさ」と思ってみる
3. 恩着せがましくせず、思いやりをもって人に接する
4. 未来の自分を笑顔にするために努力する
5. 成功者ほど恥の数が多いもの。 恥を避けてはいけない
6. 過ぎた10年の速さに気づき、1日1日を大切にする
7. 人の手本になるような生き方や伝え方を意識する
8. 本気で感謝すると、人生が一気に好転することがある
9. いまの自分があるのは、誰のおかげかを忘れない
10. 素敵な言葉を使う

命数を調べるときの注意点

命数は足したり引いたりしない

「五星三心占い」の基本は「四柱推命」という占いですが、計算が複雑なので、この本の命数表には、先に計算を済ませたものを載せています。ですから、命数表に載っている数字が、そのまま「あなたの命数」になります。生年月日を足したり引いたりする必要はありません。

深夜0時〜日の出前の時間帯に生まれた人

深夜0時から日の出前の時間帯に生まれた人は、前日の運気の影響を強く受けている可能性があります。本来の生年月日で占ってみて、内容がしっくりこない場合は、生年月日の1日前の日でも占ってみてください。もしかすると、前日の運気の影響を強く受けているタイプかもしれません。

また、日の出の時刻は季節により異なりますので、生まれた季節で考えてみてください。

戸籍と本当の誕生日が違う人

戸籍に記載されている日付と、実際に生まれた日が違う人は、「実際に生まれた日」で占ってください。

命数表

【命数】とはあなたの運命をつかさどる数字です。
生年月日ごとに割り当てられています。

タイプの区分

生まれた西暦年

偶数年…金
奇数年…銀

命数	1 ~ 10	羅針盤座
命数	11 ~ 20	インディアン座
命数	21 ~ 30	鳳凰座
命数	31 ~ 40	時計座
命数	41 ~ 50	カメレオン座
命数	51 ~ 60	イルカ座

詳しい調べ方は、巻頭の折込ページをチェック!

※1930（昭和5）～1938（昭和13）年の命数は『ゲッターズ飯田の「五星三心占い」新・決定版』

銀

1939

昭和14年生 ★ 満85歳

日＼月	1	2	3	4	5	6	7	8	9	10	11	12
1	36	1	40	8	31	10	39	10	32	1	37	1
2	35	10	37	7	32	7	38	9	39	10	38	2
3	34	9	38	6	39	8	37	8	40	9	45	19
4	33	8	35	5	40	5	36	7	47	18	46	20
5	32	8	36	4	37	6	35	16	48	17	43	17
6	31	15	33	3	37	13	44	15	45	16	43	18
7	50	16	34	12	45	14	43	14	46	15	41	15
8	49	13	41	11	46	11	42	14	43	14	42	16
9	48	14	42	20	43	12	41	11	44	13	49	13
10	47	11	49	19	44	19	50	12	41	12	50	14
11	46	12	50	18	41	20	49	19	42	11	47	11
12	45	19	47	17	42	17	48	20	49	20	48	12
13	44	18	48	16	49	18	47	17	50	19	55	29
14	43	15	45	15	42	15	46	18	57	28	56	30
15	42	16	46	14	49	16	45	25	58	27	53	24
16	49	23	43	11	50	23	54	30	55	26	60	28
17	58	24	43	30	57	25	53	27	56	25	57	25
18	57	21	52	29	58	24	60	28	53	24	58	26
19	54	30	51	23	55	23	59	25	53	29	55	24
20	53	27	60	24	56	22	58	26	52	28	56	23
21	52	28	59	21	59	21	51	23	51	24	53	22
22	51	25	58	22	60	30	60	24	59	27	54	21
23	60	26	57	29	57	29	59	29	59	28	9	40
24	59	23	56	30	58	28	58	30	8	35	10	39
25	58	24	55	27	55	27	57	37	7	36	7	38
26	57	31	54	28	56	36	6	38	6	33	8	37
27	6	32	53	35	3	33	5	35	5	34	5	36
28	5	39	2	36	4	32	4	36	4	31	6	35
29	4		1	33	1	31	3	33	3	32	3	34
30	3		10	34	2	40	2	34	2	39	4	33
31	2		9		9		1	31		40		32

金

1940

昭和15年生 ★ 満84歳

日＼月	1	2	3	4	5	6	7	8	9	10	11	12
1	31	16	34	12	45	14	43	14	46	15	41	15
2	48	15	41	11	46	11	42	13	43	14	42	16
3	49	14	42	20	43	12	41	12	44	13	49	13
4	48	13	49	19	44	19	50	11	41	12	50	14
5	47	11	50	18	41	20	49	20	42	11	47	11
6	46	12	47	17	42	17	48	19	49	20	48	12
7	45	19	48	16	49	18	47	18	50	19	55	29
8	44	20	45	15	50	15	46	18	57	28	56	30
9	43	17	46	14	47	16	45	25	58	27	53	27
10	42	18	43	13	48	23	54	26	55	26	54	30
11	41	25	44	22	55	24	53	23	56	25	51	25
12	60	26	51	21	56	21	52	24	53	24	52	26
13	59	21	52	30	53	22	51	21	54	23	59	23
14	58	22	59	29	56	29	60	22	51	22	60	24
15	57	29	60	26	53	30	59	29	52	21	53	21
16	57	30	57	25	54	27	58	24	59	30	54	22
17	53	27	57	24	51	29	55	21	60	29	1	39
18	52	28	56	30	52	28	54	22	7	34	2	39
19	59	25	55	27	59	27	53	39	7	33	9	38
20	58	24	54	28	60	36	6	40	6	32	10	37
21	57	31	53	35	3	35	5	37	5	34	7	36
22	6	32	2	36	4	34	4	38	4	31	6	35
23	5	39	1	33	1	33	3	33	3	32	3	34
24	4	40	10	34	2	32	2	34	2	39	4	33
25	3	37	9	31	9	31	1	31	1	40	1	32
26	2	38	8	32	10	38	10	32	10	37	2	31
27	1	35	7	39	7	37	9	39	9	38	19	50
28	10	36	6	40	8	36	8	40	18	45	20	49
29	9	33	5	37	5	35	7	47	17	46	17	48
30	8		4	38	6	44	16	48	16	43	18	47
31	7		3		13		15	45		44		46

命数が……　1～10 羅針盤座　11～20 インディアン座　21～30 鳳凰座

に載っています。

銀 1941 昭和16年生 ★ 満83歳

日＼月	1	2	3	4	5	6	7	8	9	10	11	12
1	45	20	47	17	42	17	48	19	49	20	48	12
2	44	19	48	16	49	18	47	18	50	19	55	29
3	43	18	45	15	50	15	46	17	57	28	56	30
4	42	18	50	14	47	16	45	26	58	27	53	27
5	41	25	47	13	43	23	54	25	55	26	54	28
6	60	26	44	22	52	24	53	24	56	25	51	25
7	59	23	56	21	56	21	52	21	53	24	52	26
8	58	24	52	30	53	22	51	21	54	24	59	23
9	57	21	59	29	54	29	60	22	51	22	60	24
10	56	22	60	28	51	30	59	29	52	21	57	21
11	55	29	57	27	52	27	58	30	59	30	58	22
12	54	21	58	26	59	28	57	27	60	29	5	39
13	53	25	55	25	60	25	56	28	7	38	6	40
14	52	26	56	24	59	26	55	35	8	37	3	37
15	51	33	53	21	60	33	4	36	5	36	4	38
16	8	34	54	40	7	34	3	37	6	35	7	35
17	7	31	2	39	8	34	10	38	3	34	8	36
18	6	32	1	33	5	33	9	35	4	33	5	34
19	3	37	10	34	6	32	8	36	2	38	6	33
20	2	38	9	31	3	31	1	33	1	37	3	32
21	1	35	8	32	10	40	10	34	10	36	4	31
22	10	36	7	39	7	39	9	31	9	38	11	50
23	9	33	6	40	8	38	8	40	18	45	20	49
24	8	34	5	37	5	37	7	47	17	46	17	48
25	7	41	4	38	6	46	16	48	16	43	18	47
26	17	42	3	45	13	45	15	45	15	44	15	46
27	15	49	12	46	14	42	14	46	14	41	16	45
28	14	50	11	43	11	41	13	43	13	42	13	44
29	13		20	44	12	50	12	44	12	49	14	43
30	12		19	41	19	50	11	41	11	50	11	42
31	11		18		20		20	42		47		41

金 1942 昭和17年生 ★ 満82歳

日＼月	1	2	3	4	5	6	7	8	9	10	11	12
1	60	25	44	22	55	24	53	24	56	25	51	25
2	59	24	51	21	56	21	52	23	53	24	52	26
3	58	23	52	30	53	22	51	22	54	23	59	23
4	57	21	59	29	54	29	60	21	51	22	60	24
5	56	22	60	28	51	30	59	30	52	21	57	21
6	55	29	57	27	52	27	58	29	59	28	58	22
7	54	30	58	26	59	28	57	28	60	29	5	39
8	53	27	55	25	60	25	56	28	7	38	6	40
9	52	28	56	24	57	26	55	35	8	37	3	37
10	51	35	53	23	58	33	4	36	5	36	4	38
11	10	36	54	32	5	34	3	33	6	35	1	35
12	9	31	1	31	6	31	2	34	2	34	2	36
13	8	32	2	40	3	32	1	31	4	33	9	33
14	7	39	9	39	6	39	10	32	1	32	10	34
15	6	40	10	36	3	40	9	39	2	31	7	31
16	3	37	7	35	4	37	8	34	9	40	4	32
17	2	38	7	34	1	39	7	31	10	39	11	49
18	1	35	6	40	2	38	4	32	17	48	12	50
19	8	34	5	37	9	37	3	49	17	43	19	48
20	7	41	4	38	10	46	12	50	16	42	20	47
21	16	42	3	45	13	45	15	47	15	41	17	46
22	15	49	12	46	14	44	14	48	14	41	18	45
23	14	50	11	43	11	43	13	43	13	42	13	44
24	13	47	20	44	12	42	12	44	12	49	14	43
25	12	48	19	41	19	41	11	41	11	50	11	42
26	11	45	18	42	20	50	20	42	20	47	12	41
27	20	46	17	49	17	47	19	49	19	48	29	60
28	19	43	16	50	18	46	18	50	28	55	30	59
29	18		15	47	15	45	17	57	27	56	27	58
30	17		14	48	16	54	26	58	26	53	28	57
31	26		13		23		25	55		54		56

31~40 時計座　41~50 カメレオン座　51~60 イルカ座

銀

1943

昭和18年生 ★ 満81歳

日＼月	1	2	3	4	5	6	7	8	9	10	11	12
1	55	30	57	27	52	27	58	29	59	30	58	22
2	54	29	58	26	59	28	57	28	60	29	5	39
3	53	28	55	25	60	25	56	27	7	38	6	40
4	51	27	56	24	57	26	55	36	8	37	3	37
5	51	35	53	23	58	33	4	35	5	36	4	38
6	10	36	54	32	3	34	3	34	6	35	1	35
7	9	33	1	31	6	31	2	33	3	37	2	36
8	8	34	2	40	3	32	1	31	4	33	9	33
9	7	31	9	39	4	39	10	32	1	32	10	34
10	6	32	10	38	1	40	9	39	2	31	7	31
11	5	39	7	37	2	37	8	40	9	40	8	32
12	4	40	8	36	9	38	7	37	10	39	15	49
13	3	35	5	35	10	35	6	38	17	48	16	50
14	2	36	6	34	1	36	5	45	18	47	13	47
15	1	43	3	33	2	43	14	46	15	46	14	48
16	18	44	4	50	17	44	13	47	16	45	17	45
17	17	41	12	49	18	44	12	48	13	44	18	46
18	16	42	11	48	15	43	19	45	14	43	17	45
19	13	49	20	44	16	42	18	46	12	48	16	46
20	12	48	19	41	13	41	17	43	11	47	13	43
21	11	45	18	42	20	50	20	44	20	46	14	44
22	20	46	17	49	17	49	19	41	19	48	21	51
23	19	43	16	50	18	48	18	50	28	55	30	60
24	18	44	15	47	15	47	17	57	27	56	27	57
25	17	51	14	48	16	56	26	58	26	53	28	58
26	26	52	13	55	23	55	25	55	25	54	25	55
27	25	59	22	56	24	52	24	56	24	51	26	55
28	24	60	21	53	21	51	23	53	23	52	23	54
29	23		30	54	22	60	22	54	22	59	24	53
30	22		29	51	29	59	21	51	21	60	21	52
31	25		28		30		30	52		57		51

金

1944

昭和19年生 ★ 満80歳

日＼月	1	2	3	4	5	6	7	8	9	10	11	12
1	10	35	1	31	6	31	2	33	3	34	2	36
2	9	34	2	38	3	32	1	32	4	33	9	33
3	8	33	9	39	4	39	10	31	1	32	10	34
4	7	32	10	38	1	40	9	40	2	31	7	31
5	6	32	7	37	2	37	8	39	9	40	8	32
6	5	39	8	36	9	38	8	38	10	39	15	49
7	4	40	5	35	10	35	6	35	17	48	16	50
8	3	37	6	34	7	36	5	45	18	47	13	47
9	2	38	3	33	8	43	14	46	15	46	14	48
10	2	45	4	42	15	44	13	43	16	45	11	45
11	19	46	11	41	16	41	12	44	13	44	12	46
12	19	43	12	50	13	42	11	41	14	43	19	43
13	18	42	19	49	14	49	20	42	11	42	20	44
14	17	49	20	48	13	50	19	49	12	41	17	41
15	16	50	17	45	14	47	18	50	19	50	14	42
16	13	47	18	44	11	48	17	41	20	49	21	59
17	15	48	16	43	12	48	14	42	27	58	22	60
18	11	45	15	47	19	47	13	59	28	53	29	58
19	18	46	14	45	19	56	22	60	26	52	30	57
20	17	51	13	55	27	55	25	57	25	51	27	56
21	26	52	22	56	24	54	24	58	27	51	28	55
22	25	59	21	53	21	53	23	55	23	52	23	54
23	24	60	28	54	22	52	22	54	22	59	24	53
24	23	57	29	51	29	51	21	51	21	60	21	52
25	22	58	28	52	30	60	30	52	30	57	22	51
26	21	55	27	59	27	59	29	59	29	58	39	10
27	30	56	26	60	28	56	28	60	38	5	40	9
28	29	53	25	57	25	55	27	7	37	6	37	8
29	28	54	24	58	26	4	36	8	36	3	38	7
30	27		23	5	33	3	35	5	35	4	35	6
31	36		32		34		34	6		1		5

命数が……　1~10 羅針盤座　11~20 インディアン座　21~30 鳳凰座

銀

1945

昭和20年生 ★ 満79歳

日＼月	1	2	3	4	5	6	7	8	9	10	11	12
1	4	39	8	36	9	38	7	38	10	39	15	49
2	3	38	5	35	10	35	6	37	17	48	16	50
3	2	37	6	34	7	36	5	46	18	47	13	47
4	1	45	3	33	8	43	14	45	15	46	14	48
5	20	46	8	42	15	44	13	44	16	45	11	45
6	19	43	11	41	16	41	12	43	13	44	12	46
7	18	44	12	50	13	42	11	42	14	43	19	43
8	17	41	19	49	14	49	20	42	11	42	20	44
9	16	42	20	48	11	50	19	49	12	41	17	41
10	15	49	17	47	12	47	18	50	19	50	18	42
11	14	50	18	46	19	48	17	47	20	49	25	59
12	13	45	15	45	20	45	16	48	27	58	26	60
13	12	46	16	44	17	46	15	55	28	57	23	57
14	11	53	13	43	20	53	24	56	25	56	24	58
15	30	54	14	60	27	54	23	53	26	55	21	55
16	27	51	21	59	28	51	22	58	23	54	28	56
17	26	52	21	58	25	53	29	55	24	53	25	53
18	25	59	30	54	26	52	28	56	21	52	26	53
19	22	58	29	51	23	51	27	53	21	57	23	52
20	21	55	28	52	24	60	30	54	30	56	24	51
21	30	56	27	59	27	59	29	51	29	55	31	10
22	29	53	26	60	28	58	28	52	38	5	32	9
23	28	54	25	57	25	57	27	7	37	6	37	8
24	27	1	24	58	26	6	36	8	36	3	38	7
25	36	2	23	5	33	5	35	5	35	4	35	6
26	35	9	32	6	34	4	34	6	34	1	36	5
27	34	10	31	3	31	1	33	3	33	2	33	4
28	33	7	40	4	32	10	32	4	32	9	34	3
29	32		39	1	39	9	31	1	31	10	31	2
30	31		38	2	40	8	40	2	40	7	32	1
31	40		37		37		39	9		8		20

金

1946

昭和21年生 ★ 満78歳

日＼月	1	2	3	4	5	6	7	8	9	10	11	12
1	19	44	11	41	16	41	12	43	13	44	12	46
2	18	43	12	50	13	42	11	42	14	43	19	43
3	17	42	19	49	14	49	20	41	11	42	20	44
4	16	42	20	48	11	50	19	50	12	41	17	41
5	15	49	11	47	12	47	18	49	19	50	18	42
6	14	50	18	46	19	48	17	48	20	49	25	59
7	13	47	15	45	20	45	15	47	27	58	26	60
8	12	48	16	44	17	46	15	55	28	57	23	57
9	11	55	13	43	18	53	24	56	25	56	24	58
10	30	56	14	52	25	54	23	53	26	55	21	55
11	29	53	21	51	26	51	22	54	23	54	22	56
12	28	52	22	60	23	52	21	51	24	53	29	53
13	27	59	29	59	24	59	30	52	21	52	30	54
14	26	60	30	58	23	60	29	59	22	51	27	51
15	25	57	27	55	24	57	28	60	29	60	28	52
16	22	58	28	54	21	58	27	51	30	59	31	9
17	21	55	26	53	22	58	26	52	37	8	32	10
18	30	56	25	57	29	57	23	9	38	7	39	7
19	27	1	24	58	30	6	32	10	36	2	40	7
20	36	2	23	5	37	5	31	7	35	1	37	6
21	35	9	32	6	34	4	34	8	34	10	38	5
22	34	10	31	3	31	3	33	5	33	2	35	4
23	33	7	40	4	32	2	32	4	32	9	34	3
24	32	8	39	1	39	1	31	1	31	10	31	2
25	31	5	38	2	40	10	40	2	40	7	32	1
26	40	6	37	9	37	9	39	9	39	8	49	20
27	39	3	36	10	38	6	38	10	48	15	50	19
28	38	4	35	7	35	5	37	17	47	16	47	18
29	37		34	8	36	14	46	18	46	13	48	17
30	46		33	15	43	13	45	15	45	14	45	16
31	45		42		44		44	16		11		15

31~40 時計座　41~50 カメレオン座　51~60 イルカ座

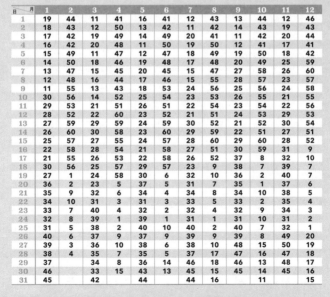

銀

1947

昭和22年生 ★ 満77歳

日＼月	1	2	3	4	5	6	7	8	9	10	11	12
1	14	49	18	46	19	48	17	48	20	49	25	59
2	13	48	15	45	20	45	16	47	27	58	26	60
3	12	47	16	44	17	46	15	56	28	57	23	57
4	11	56	13	43	18	53	24	55	25	56	24	58
5	30	56	14	52	25	54	23	54	26	55	21	55
6	29	53	21	51	26	51	22	53	23	54	22	56
7	28	54	22	60	23	52	21	52	24	53	29	53
8	27	51	29	59	24	59	30	52	21	52	30	54
9	26	52	30	58	21	60	29	59	22	51	27	51
10	25	59	27	57	22	57	28	60	29	60	28	52
11	24	60	28	56	29	58	27	57	30	59	35	9
12	23	57	25	55	30	55	26	58	37	8	36	10
13	22	56	26	54	27	56	25	5	38	7	33	7
14	21	3	23	53	30	3	34	6	35	6	34	8
15	40	4	24	2	37	4	33	3	36	5	31	5
16	37	1	31	9	38	1	32	8	33	4	38	6
17	36	2	31	8	35	3	31	5	34	3	35	3
18	35	9	40	7	36	2	38	6	31	2	36	4
19	32	10	39	1	33	1	37	3	31	7	33	2
20	31	5	38	2	34	10	36	4	40	6	34	1
21	40	6	37	9	37	9	39	1	39	5	41	20
22	39	3	36	10	38	8	38	2	48	15	42	19
23	38	4	35	7	35	7	37	17	47	16	47	18
24	37	11	34	8	36	16	46	18	46	13	48	17
25	46	12	33	15	43	15	45	15	45	14	45	16
26	45	19	42	16	44	14	44	16	44	11	46	15
27	44	20	41	13	41	11	43	13	43	12	43	14
28	43	17	50	14	42	20	42	14	42	19	44	13
29	42		49	11	49	19	41	11	41	20	41	12
30	41		48	12	50	18	50	12	50	17	42	11
31	50		47		47		49	19		18		30

金

1948

昭和23年生 ★ 満76歳

日＼月	1	2	3	4	5	6	7	8	9	10	11	12
1	29	54	22	60	23	52	21	52	24	53	29	53
2	28	53	29	59	24	59	30	51	21	52	30	54
3	27	52	30	58	21	60	29	60	22	51	27	51
4	26	51	27	57	22	57	28	59	29	60	28	52
5	25	59	28	56	29	58	27	58	30	59	35	9
6	24	60	25	55	30	55	26	57	37	8	36	10
7	23	57	26	54	27	56	25	6	38	7	33	7
8	22	58	23	53	28	3	34	6	35	6	34	8
9	21	5	24	2	35	4	33	3	36	5	31	5
10	40	6	31	1	36	1	32	4	33	4	32	6
11	39	3	32	10	33	2	31	1	34	3	39	3
12	38	4	39	9	34	9	40	2	31	2	40	4
13	37	9	40	8	33	10	39	9	32	1	37	1
14	36	10	37	7	34	7	38	10	39	10	38	2
15	35	7	38	4	31	8	37	7	40	9	41	19
16	32	8	35	3	32	5	36	2	47	18	42	20
17	31	5	35	2	39	7	33	19	48	17	49	17
18	40	6	34	8	40	16	42	20	45	12	50	17
19	37	13	33	15	47	15	41	17	45	11	47	16
20	46	12	42	16	44	14	44	18	44	20	48	15
21	45	19	41	13	41	13	43	15	43	12	45	14
22	44	20	50	14	42	12	42	16	42	19	44	13
23	43	17	49	11	49	11	41	11	41	20	41	12
24	42	18	48	12	50	20	50	12	50	17	42	11
25	41	15	47	19	47	19	49	19	49	18	59	30
26	50	16	46	20	48	18	48	20	58	25	60	29
27	49	13	45	17	45	15	47	27	57	26	57	28
28	48	14	44	18	46	24	56	28	56	23	58	27
29	47	21	43	25	55	23	55	26	55	24	55	26
30	56		52	26	53	22	54	25	54	21	56	25
31	55		51		54		53	23		22		24

命数が…… 1~10 羅針盤座　11~20 インディアン座　21~30 鳳凰座

銀 1949
昭和24年生 ★ 満75歳

日＼月	1	2	3	4	5	6	7	8	9	10	11	12
1	23	58	25	55	30	55	26	57	37	8	36	10
2	22	57	26	54	27	56	25	6	38	7	33	7
3	21	6	23	53	28	3	34	5	35	6	34	8
4	40	6	24	2	35	4	33	4	36	5	31	5
5	39	3	31	1	36	1	32	3	33	4	32	6
6	38	4	32	10	33	2	31	2	34	3	39	3
7	37	1	39	9	34	9	40	1	31	2	40	4
8	36	2	40	8	31	10	39	9	32	1	37	1
9	35	9	37	7	32	7	38	10	39	10	38	2
10	34	10	38	6	39	8	37	7	40	9	45	19
11	33	7	35	5	40	5	36	8	47	18	46	20
12	32	6	36	4	37	6	35	15	48	17	43	17
13	31	13	33	3	38	13	44	16	45	16	44	18
14	50	14	34	12	47	14	43	13	46	15	41	15
15	49	11	41	19	48	11	42	14	43	14	42	16
16	46	12	42	18	45	12	41	15	44	13	45	13
17	45	19	50	17	46	12	48	16	41	12	46	14
18	44	20	49	11	43	11	47	13	42	11	43	12
19	41	15	48	12	44	20	46	14	50	16	44	11
20	50	16	47	19	41	19	49	11	49	15	51	30
21	49	13	46	20	48	18	48	12	58	24	52	29
22	48	14	45	17	45	17	47	29	57	26	59	28
23	47	21	44	18	46	26	56	28	56	23	58	27
24	56	22	43	25	53	25	55	25	55	24	55	26
25	55	29	52	26	54	24	54	26	54	21	56	25
26	54	30	51	23	51	21	53	23	53	22	53	24
27	53	27	60	24	52	30	52	24	52	29	54	23
28	52	28	59	21	59	29	51	21	51	30	51	22
29	51		58	22	60	28	60	22	60	27	52	21
30	60		57	29	57	27	59	29	59	28	9	40
31	59		56		58		58	30		35		39

金 1950
昭和25年生 ★ 満74歳

日＼月	1	2	3	4	5	6	7	8	9	10	11	12
1	38	3	32	10	33	2	31	2	34	3	39	3
2	37	2	39	9	34	9	40	1	31	2	40	4
3	36	1	40	8	31	10	39	10	32	1	37	1
4	35	9	37	7	32	7	38	9	39	10	38	2
5	34	10	38	6	39	8	37	8	40	9	45	19
6	33	7	35	5	40	5	36	7	47	18	46	20
7	32	8	36	4	37	6	35	16	48	17	43	17
8	31	15	33	3	38	13	44	16	45	16	44	18
9	50	16	34	12	45	14	43	13	46	15	41	15
10	49	13	41	11	46	11	42	14	43	14	42	16
11	48	14	42	20	43	12	41	11	44	13	49	13
12	47	19	49	19	44	19	50	12	41	12	50	14
13	46	20	50	18	41	20	49	19	42	11	47	11
14	45	17	47	17	44	17	48	20	49	20	48	12
15	44	18	48	14	41	18	47	17	50	19	55	29
16	41	15	45	13	42	15	46	12	57	28	52	30
17	50	16	45	12	49	17	45	29	58	27	59	27
18	49	23	44	18	50	26	52	30	55	26	60	28
19	56	22	43	25	57	25	51	27	55	21	57	26
20	55	29	52	26	58	24	60	28	54	30	58	25
21	54	30	51	23	51	23	53	25	53	29	55	24
22	53	27	60	24	52	22	52	26	52	29	56	23
23	52	28	59	21	59	21	51	21	51	30	51	22
24	51	25	58	22	60	30	60	22	60	27	52	21
25	60	26	57	29	57	29	59	29	59	28	9	40
26	59	23	56	30	58	28	58	30	8	35	10	39
27	58	24	55	27	55	25	57	37	7	36	7	38
28	57	31	54	28	56	34	6	38	6	33	8	37
29	6		53	35	3	33	5	35	5	34	5	36
30	5		2	36	4	32	4	36	4	31	6	35
31	4		1		1		3	33		32		34

31~40 時計座　41~50 カメレオン座　51~60 イルカ座

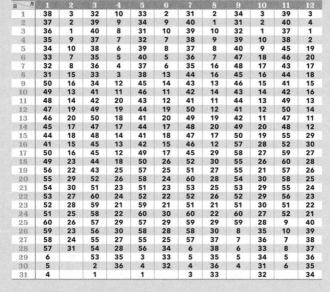

銀

1951

昭和26年生 ★ 満73歳

日＼月	1	2	3	4	5	6	7	8	9	10	11	12
1	33	8	35	5	40	5	36	7	47	18	46	20
2	32	7	36	4	37	6	35	16	48	17	43	17
3	31	16	33	3	38	13	44	15	45	16	44	18
4	50	15	34	12	45	14	43	14	46	15	41	15
5	49	13	41	11	46	11	42	13	43	14	42	16
6	48	14	42	20	43	12	41	12	44	13	49	13
7	47	11	49	19	44	19	50	11	41	12	50	14
8	46	12	50	18	41	20	49	19	42	11	47	11
9	45	19	47	17	42	17	48	20	49	20	48	12
10	44	20	48	16	49	18	47	17	50	19	55	29
11	43	17	45	15	50	15	46	18	57	28	56	30
12	42	18	46	14	47	16	45	25	58	27	53	27
13	41	23	43	13	48	23	54	26	55	26	54	28
14	60	24	44	22	57	24	53	23	56	25	51	25
15	59	21	51	21	58	21	52	24	53	24	52	26
16	56	22	52	28	55	22	51	25	54	23	55	23
17	55	29	60	27	56	22	60	26	51	22	56	24
18	54	30	59	26	53	21	57	23	52	21	53	21
19	51	27	58	22	54	30	56	24	60	26	54	21
20	60	26	57	29	51	29	55	21	59	25	1	40
21	59	23	56	30	58	28	58	22	8	34	2	39
22	58	24	55	27	55	27	57	39	7	36	9	38
23	57	31	54	28	56	36	6	38	6	33	8	37
24	6	32	53	35	3	35	5	35	5	34	5	36
25	5	39	2	36	4	34	4	36	4	31	6	35
26	4	40	1	33	1	33	3	33	3	32	3	34
27	3	37	10	34	2	40	2	34	2	39	4	33
28	2	38	9	31	9	39	1	31	1	40	1	32
29	1		8	32	10	38	10	32	10	37	2	31
30	10		7	39	7	37	9	39	9	38	19	50
31	9		6		8		8	40		45		49

金

1952

昭和27年生 ★ 満72歳

日＼月	1	2	3	4	5	6	7	8	9	10	11	12
1	48	13	49	19	44	19	50	11	41	12	50	14
2	47	12	50	18	41	20	49	20	42	11	47	11
3	46	11	47	17	42	17	48	19	49	20	48	12
4	45	20	48	16	49	18	47	18	50	19	55	29
5	44	20	45	15	50	15	46	17	57	28	56	30
6	43	17	46	14	47	16	45	26	58	27	53	27
7	42	18	43	13	48	23	54	26	55	26	54	28
8	41	25	44	22	55	24	53	23	56	25	51	25
9	60	26	51	21	56	21	52	24	53	24	52	26
10	59	23	52	30	53	22	51	21	54	23	59	23
11	58	24	59	29	54	29	60	22	51	22	60	24
12	57	21	60	28	51	30	59	29	52	21	57	21
13	56	30	57	27	54	27	58	30	59	30	58	22
14	55	27	58	26	51	28	57	27	60	29	5	39
15	54	28	55	23	52	25	56	22	7	38	2	40
16	51	25	56	22	59	26	55	39	8	37	9	37
17	60	26	54	21	60	36	2	40	5	36	10	38
18	59	33	53	35	7	35	1	37	6	31	7	36
19	6	34	2	36	8	34	10	38	4	40	8	35
20	5	39	1	33	1	33	3	35	3	39	5	34
21	4	40	10	34	2	32	2	36	2	39	6	33
22	3	37	9	31	9	31	1	31	1	40	1	32
23	2	38	8	32	10	40	10	32	10	37	2	31
24	1	35	7	39	7	39	9	39	9	38	19	50
25	10	36	6	40	8	38	8	40	18	45	20	49
26	9	33	5	37	5	37	7	47	17	46	17	48
27	8	34	4	38	6	44	16	48	16	43	18	47
28	7	41	3	45	13	43	15	45	15	44	15	46
29	16	42	12	46	14	42	14	46	14	41	16	45
30	15		11	43	11	41	13	43	13	42	13	44
31	14		20		12		12	44		49		43

命数が…… 1~10 羅針盤座　11~20 インディアン座　21~30 鳳凰座

銀

1953

昭和28年生★満71歳

日＼月	1	2	3	4	5	6	7	8	9	10	11	12
1	42	17	46	14	47	16	45	26	58	27	53	27
2	41	26	43	13	48	23	54	25	55	26	54	28
3	60	25	44	22	55	24	53	24	56	25	51	25
4	59	23	51	21	56	21	52	23	53	24	52	26
5	58	24	52	30	53	22	51	22	54	23	59	23
6	57	21	59	29	54	29	60	21	51	22	60	24
7	56	22	60	28	51	30	59	30	52	21	57	21
8	55	29	57	27	52	27	58	30	59	30	58	22
9	54	30	58	26	59	28	57	27	60	29	5	39
10	53	27	55	25	60	25	56	28	7	38	6	40
11	52	28	56	24	57	26	55	35	8	37	3	37
12	51	33	53	23	58	33	4	36	5	36	4	38
13	10	34	54	32	5	34	3	33	6	35	1	35
14	9	31	1	31	8	31	2	34	3	34	2	36
15	8	32	2	38	5	32	1	31	4	33	9	33
16	5	39	9	37	6	39	10	36	1	32	6	34
17	4	40	9	36	3	31	7	33	2	31	3	31
18	3	37	8	32	4	40	6	34	9	36	4	31
19	10	36	7	39	1	39	5	31	9	35	11	50
20	9	33	6	40	2	38	8	32	18	44	12	49
21	8	34	5	37	5	37	7	49	17	46	19	48
22	7	41	4	38	6	46	16	50	16	43	20	47
23	16	42	3	45	13	45	15	45	15	44	15	46
24	15	49	12	46	14	44	14	46	14	41	16	45
25	14	50	11	43	11	43	13	43	13	42	13	44
26	13	47	20	44	12	42	12	44	12	49	14	43
27	12	48	19	41	19	49	11	41	11	50	11	42
28	11	45	18	42	20	48	20	42	20	47	12	41
29	20		17	49	17	47	19	49	19	48	29	60
30	19		16	50	18	46	18	50	28	55	30	59
31	18		15		15		17	57		56		58

金

1954

昭和29年生★満70歳

日＼月	1	2	3	4	5	6	7	8	9	10	11	12
1	57	22	59	29	54	29	60	21	51	22	60	24
2	56	21	60	28	51	30	59	30	52	21	57	21
3	55	30	57	27	52	27	58	29	59	30	58	22
4	54	30	58	26	59	28	57	28	60	29	5	39
5	53	27	55	25	60	25	56	27	7	38	6	40
6	52	28	56	24	57	26	57	36	8	37	3	37
7	51	35	53	23	58	33	4	35	5	36	4	38
8	10	36	54	32	5	34	3	33	6	35	1	35
9	9	33	1	31	6	31	2	34	3	34	2	36
10	8	34	2	40	3	32	1	31	4	33	9	33
11	7	31	9	39	4	39	10	32	1	32	10	34
12	6	40	10	38	1	40	9	39	2	31	7	31
13	5	37	7	37	2	37	8	40	9	40	8	32
14	4	38	8	36	1	38	7	37	10	39	15	49
15	3	35	5	33	2	35	6	38	17	48	16	50
16	10	36	6	32	9	36	5	49	18	47	19	47
17	9	43	4	31	10	46	14	50	15	46	20	48
18	18	44	3	45	17	45	11	47	16	45	17	45
19	15	49	12	46	18	44	20	48	14	50	18	45
20	14	50	11	43	15	43	19	45	13	49	15	44
21	13	47	20	44	12	42	12	46	12	48	16	43
22	12	48	19	41	19	41	11	43	11	50	13	42
23	11	45	18	42	20	50	20	42	20	47	12	41
24	20	46	17	49	17	49	19	49	19	48	29	60
25	19	43	16	50	18	48	18	50	28	55	30	59
26	18	44	15	47	15	47	17	57	27	56	27	58
27	17	51	14	48	16	54	26	58	26	53	28	57
28	26	52	13	55	23	53	25	55	25	54	25	56
29	25		22	56	24	52	24	56	24	51	26	55
30	24		21	53	21	51	23	53	23	52	23	54
31	23		30		22		22	54		59		53

31~40 時計座　41~50 カメレオン座　51~60 イルカ座

銀

1955

昭和30年生

★

満69歳

日＼月	1	2	3	4	5	6	7	8	9	10	11	12
1	52	27	56	24	57	26	55	36	8	37	3	37
2	51	36	53	23	58	33	4	35	5	36	4	38
3	10	35	54	32	5	34	3	34	6	35	1	35
4	9	33	1	31	6	31	2	33	3	34	2	36
5	8	34	2	40	3	32	1	32	4	33	9	33
6	7	31	9	39	4	39	10	31	1	32	10	34
7	6	32	10	38	1	40	9	40	2	31	7	31
8	5	39	7	37	2	37	8	40	9	40	8	32
9	4	40	8	36	9	38	7	37	10	39	15	49
10	3	37	5	35	10	35	6	38	17	48	16	50
11	2	38	6	34	7	36	5	45	18	47	13	47
12	1	43	3	33	8	43	14	46	15	46	14	48
13	20	44	4	42	15	44	13	43	16	45	11	45
14	19	41	11	41	18	41	12	44	13	44	12	46
15	18	42	12	48	15	42	11	41	14	43	19	43
16	15	49	19	47	16	49	20	46	11	42	16	44
17	14	50	19	46	13	41	19	43	12	41	13	41
18	13	47	18	42	14	50	16	44	19	50	14	42
19	20	46	17	49	11	49	15	41	19	45	21	60
20	19	43	16	50	12	48	14	42	28	54	22	59
21	18	44	15	47	15	47	17	59	27	53	29	58
22	17	51	14	48	16	56	26	60	26	53	30	57
23	26	52	13	55	23	55	25	55	25	54	25	56
24	25	59	22	56	24	54	24	56	24	51	26	55
25	24	60	21	53	21	53	23	53	23	52	23	54
26	23	57	30	54	22	52	22	54	22	59	24	53
27	22	58	29	51	29	59	21	51	21	60	21	52
28	21	55	28	52	30	58	30	52	30	57	22	51
29	30		27	59	27	57	29	59	29	58	39	10
30	29		26	60	28	56	28	60	38	5	40	9
31	28		25		25		27	7		6		8

金

1956

昭和31年生

★

満68歳

日＼月	1	2	3	4	5	6	7	8	9	10	11	12
1	7	32	10	38	1	40	9	40	2	31	7	31
2	6	31	7	37	2	37	8	39	9	40	8	32
3	5	40	8	36	9	38	7	38	10	39	15	49
4	4	39	5	35	10	35	6	37	17	48	16	50
5	3	37	6	34	7	36	5	46	18	47	13	47
6	2	38	3	33	8	43	14	45	15	46	14	48
7	1	45	4	42	15	44	13	43	16	45	11	45
8	20	46	11	41	16	41	12	44	13	44	12	46
9	19	43	12	50	13	42	11	41	14	43	19	43
10	18	44	19	49	14	49	20	42	11	42	20	44
11	17	41	20	48	11	50	19	49	12	41	17	41
12	16	42	17	47	12	47	18	50	19	50	18	42
13	15	47	18	46	11	48	17	47	20	49	25	59
14	14	48	15	45	12	45	16	48	27	58	26	60
15	13	45	16	42	19	46	15	59	28	57	29	57
16	20	46	14	41	20	53	24	60	25	56	30	58
17	19	53	13	60	27	55	21	57	26	55	27	55
18	28	54	22	56	28	54	30	58	23	60	28	55
19	25	51	21	53	25	53	29	55	23	59	25	54
20	24	60	30	54	22	52	22	56	22	58	26	53
21	23	57	29	51	29	51	21	53	21	60	23	52
22	22	58	28	52	30	60	30	52	30	57	22	51
23	21	55	27	59	27	59	30	59	29	58	39	10
24	30	56	26	60	28	58	28	60	38	5	40	9
25	29	53	25	57	25	57	27	7	37	6	37	8
26	28	54	24	58	26	6	36	8	36	3	38	7
27	27	1	23	5	33	3	35	5	35	4	35	6
28	36	2	32	6	34	2	34	6	34	1	36	5
29	35	9	31	3	31	1	33	3	33	2	33	4
30	34		40	4	32	10	32	4	32	9	34	3
31	33		39		39		31	1		10		2

命数が……　1~10 羅針盤座　11~20 インディアン座　21~30 鳳凰座

銀

1957

昭和32年生

★

満67歳

日＼月	1	2	3	4	5	6	7	8	9	10	11	12
1	1	46	3	33	8	43	14	45	15	46	14	48
2	20	45	4	42	15	44	13	44	16	45	11	45
3	19	44	11	41	16	41	12	43	13	44	12	46
4	18	44	12	50	13	42	11	42	14	43	19	43
5	17	41	19	49	14	49	20	41	11	42	20	44
6	16	42	20	48	11	50	19	50	12	41	17	41
7	15	49	17	47	12	47	18	49	19	50	18	42
8	14	50	18	46	19	48	17	47	20	49	25	59
9	13	47	15	45	20	45	16	48	27	58	26	60
10	12	48	16	44	17	46	15	55	28	57	23	57
11	11	55	13	43	18	53	24	56	25	56	24	58
12	30	54	14	52	25	54	23	53	26	55	21	55
13	29	51	21	51	26	51	22	54	23	54	22	56
14	28	52	22	60	25	52	21	51	24	53	29	53
15	25	59	29	57	26	59	30	52	21	52	30	54
16	24	60	30	56	23	60	29	53	22	51	23	51
17	23	57	28	55	24	60	26	54	29	60	24	52
18	30	58	27	59	21	59	25	51	30	55	31	10
19	29	53	26	60	22	58	24	52	38	4	32	9
20	28	54	25	57	29	57	27	9	37	3	39	8
21	27	1	24	58	26	6	36	10	36	3	40	7
22	36	2	23	5	33	5	35	7	35	4	37	6
23	35	9	32	6	34	4	34	6	34	1	36	5
24	34	10	31	3	31	3	33	3	33	2	33	4
25	33	7	40	4	32	2	32	4	32	9	34	3
26	32	8	39	1	39	1	31	1	31	10	31	2
27	31	5	38	2	40	8	40	2	40	7	32	1
28	40	6	37	9	37	7	39	9	39	8	49	20
29	39		36	10	38	6	38	10	48	15	50	19
30	38		35	7	35	5	37	17	47	16	47	18
31	37		34		36		46	18		13		17

金

1958

昭和33年生

★

満66歳

日＼月	1	2	3	4	5	6	7	8	9	10	11	12
1	16	41	20	48	11	50	19	50	12	41	17	41
2	15	50	17	47	12	47	18	49	19	50	18	42
3	14	49	18	46	19	48	17	48	20	49	25	59
4	13	47	15	45	20	45	16	47	27	58	26	60
5	12	48	16	44	17	46	15	56	28	57	23	57
6	11	55	13	43	18	53	24	55	25	56	24	58
7	30	56	14	52	25	54	23	54	26	55	21	55
8	29	53	21	51	26	51	22	54	23	54	22	56
9	28	54	22	60	23	52	21	51	24	53	29	53
10	27	51	29	59	24	59	30	52	21	52	30	54
11	26	52	30	58	21	60	29	59	22	51	27	51
12	25	57	27	57	22	57	28	60	29	60	28	52
13	24	58	28	56	29	58	27	57	30	59	35	9
14	23	55	25	55	22	55	26	58	37	8	36	10
15	22	56	26	52	29	56	25	5	38	7	33	7
16	29	3	23	51	30	3	34	10	35	6	40	8
17	38	4	23	10	37	5	33	7	36	5	37	5
18	37	1	32	6	38	4	40	8	33	4	38	5
19	34	10	31	3	35	3	39	5	33	9	35	4
20	33	7	40	4	36	2	38	6	32	8	36	3
21	32	8	39	1	39	1	31	3	31	7	33	2
22	31	5	38	2	40	10	40	4	40	7	34	1
23	40	6	37	9	37	9	39	9	39	8	49	20
24	39	3	36	10	38	8	38	10	48	15	50	19
25	38	4	35	7	35	7	37	17	47	16	47	18
26	37	11	34	8	36	16	46	18	46	13	48	17
27	46	12	33	15	43	13	45	15	45	14	45	16
28	45	19	42	16	44	12	44	16	44	11	46	15
29	44		41	13	41	11	43	13	43	12	43	14
30	43		50	14	42	20	42	14	42	19	44	13
31	42		49		49		41	11		20		12

31~40 時計座　41~50 カメレオン座　51~60 イルカ座

銀

1959

昭和34年生 ★ 満65歳

日＼月	1	2	3	4	5	6	7	8	9	10	11	12
1	11	56	13	43	18	53	24	55	25	56	24	58
2	30	55	14	52	25	54	23	54	26	55	21	55
3	29	54	21	51	26	51	22	53	23	54	22	56
4	28	54	22	60	23	52	21	52	24	53	29	53
5	27	51	29	59	24	59	30	51	21	52	30	54
6	26	52	30	58	21	60	29	60	22	51	27	51
7	25	59	27	57	22	57	28	59	29	60	28	52
8	24	60	28	56	29	58	27	57	30	59	35	9
9	23	57	25	55	30	55	26	58	37	8	36	10
10	22	58	26	54	27	56	25	5	38	7	33	7
11	21	5	23	53	28	3	34	6	35	6	34	8
12	40	4	24	2	35	4	33	3	36	5	31	5
13	39	1	31	1	36	1	32	4	33	4	32	6
14	38	2	32	10	35	2	31	1	34	3	39	3
15	37	9	39	7	36	9	40	2	31	2	40	4
16	34	10	40	6	33	10	39	3	32	1	33	1
17	33	7	38	5	34	10	38	4	39	10	34	2
18	32	8	37	9	31	9	35	1	40	9	41	19
19	39	3	36	10	32	8	34	2	48	14	42	19
20	38	4	35	7	39	7	33	19	47	13	49	18
21	37	11	34	8	36	16	46	20	46	12	50	17
22	46	12	33	15	43	15	45	17	45	14	47	16
23	45	19	42	16	44	14	44	16	44	11	46	15
24	44	20	41	13	41	13	43	13	43	12	43	14
25	43	17	50	14	42	12	42	14	42	19	44	13
26	42	18	49	11	49	11	41	11	41	20	41	12
27	41	15	48	12	50	18	50	12	50	17	42	11
28	50	16	47	19	47	17	49	19	49	18	59	30
29	49		46	20	48	16	48	20	58	25	60	29
30	48		45	17	45	15	47	27	57	26	57	28
31	47		44		46		56	28		23		27

金

1960

昭和35年生 ★ 満64歳

日＼月	1	2	3	4	5	6	7	8	9	10	11	12
1	26	51	27	57	22	57	28	59	29	60	28	52
2	25	60	28	56	29	58	27	58	30	59	35	9
3	24	59	25	55	30	55	26	57	37	8	36	10
4	23	58	26	54	27	56	25	6	38	7	33	7
5	22	58	23	53	28	3	34	5	35	6	34	8
6	21	5	24	2	35	4	33	4	36	5	31	5
7	40	6	31	1	36	1	32	4	33	4	32	6
8	39	3	32	10	33	2	31	1	34	3	39	3
9	38	4	39	9	34	9	40	2	31	2	40	4
10	37	1	40	8	31	10	39	9	32	1	37	1
11	36	2	37	7	32	7	38	10	39	10	38	2
12	35	9	38	6	39	8	37	7	40	9	45	19
13	34	8	35	5	32	5	36	8	47	18	46	20
14	33	5	36	4	39	6	35	15	48	17	43	17
15	32	6	33	1	40	13	44	20	45	16	50	18
16	39	13	33	20	47	14	43	17	46	15	47	15
17	48	14	42	19	48	14	50	18	43	14	48	16
18	47	11	41	13	45	13	49	15	44	19	45	14
19	44	12	50	14	46	12	48	16	42	18	46	13
20	43	17	49	11	49	11	41	13	41	17	43	12
21	42	18	48	12	50	20	50	14	50	17	44	11
22	41	15	47	19	47	19	49	19	49	18	59	30
23	50	16	46	20	48	18	48	20	58	25	60	29
24	49	13	45	17	45	17	47	27	57	26	57	28
25	48	14	44	18	46	26	56	28	56	23	58	27
26	47	21	43	25	53	25	55	25	55	24	55	26
27	56	22	52	26	54	22	54	26	54	21	56	25
28	55	29	51	23	51	21	53	23	53	22	53	24
29	54	30	60	24	52	30	52	24	52	29	54	23
30	53		59	21	59	29	51	21	51	30	51	22
31	52		58		60		60	22		27		21

命数が……
1〜10 羅針盤座
11〜20 インディアン座
21〜30 鳳凰座

銀

1961

昭和36年生 ★ 満63歳

日＼月	1	2	3	4	5	6	7	8	9	10	11	12
1	40	5	24	2	35	4	33	4	36	5	31	5
2	39	4	31	1	36	1	32	3	33	4	32	6
3	38	3	32	10	33	2	31	2	34	3	39	3
4	37	1	39	9	34	9	40	1	31	2	40	4
5	36	2	34	8	31	10	39	10	32	1	37	1
6	35	9	37	7	32	7	38	9	39	10	38	2
7	34	10	38	6	39	8	37	8	40	9	45	19
8	33	7	35	5	40	5	36	8	47	18	46	20
9	32	8	36	4	37	6	35	15	48	17	43	17
10	31	15	33	3	38	13	44	16	45	16	44	18
11	50	16	34	12	45	14	43	13	46	15	41	15
12	49	11	41	11	46	11	42	14	43	14	42	16
13	48	12	42	20	43	12	41	11	44	13	49	13
14	47	19	49	19	46	19	50	12	41	12	50	14
15	44	20	50	16	43	20	49	19	42	11	47	11
16	43	17	47	15	44	17	48	14	49	20	44	12
17	42	18	47	14	41	19	45	11	50	19	51	29
18	49	15	46	20	42	18	44	12	57	24	52	29
19	48	14	45	17	49	17	43	29	57	23	59	28
20	47	21	44	18	50	26	56	30	56	22	60	27
21	56	22	43	25	53	25	55	27	55	24	57	26
22	55	29	52	26	54	24	54	28	54	21	58	25
23	54	30	51	23	51	23	53	23	53	22	53	24
24	53	27	60	24	52	22	52	24	52	29	54	23
25	52	28	59	21	59	21	51	21	51	30	51	22
26	51	25	58	22	60	30	60	22	60	27	52	21
27	60	26	57	29	57	27	59	29	59	28	9	40
28	59	23	56	30	58	26	58	30	8	35	10	39
29	58		55	27	55	25	57	37	7	36	7	38
30	57		54	28	56	34	6	38	6	33	8	37
31	6		53		3		5	35		34		36

金

1962

昭和37年生 ★ 満62歳

日＼月	1	2	3	4	5	6	7	8	9	10	11	12
1	35	10	37	7	32	7	38	9	39	10	38	2
2	34	9	38	6	39	8	37	8	40	9	45	19
3	33	8	35	5	40	5	36	7	47	18	46	20
4	32	8	36	4	37	6	35	16	48	17	43	17
5	31	15	33	3	38	13	44	15	45	16	44	18
6	50	16	34	12	45	14	43	14	46	15	41	15
7	49	13	41	11	46	11	42	13	43	14	42	16
8	48	14	42	20	43	12	41	11	44	13	49	13
9	47	11	49	19	44	19	50	12	41	12	50	14
10	46	12	50	18	41	20	49	19	42	11	47	11
11	45	19	47	17	42	17	48	20	49	20	48	12
12	44	18	48	16	49	18	47	17	50	19	55	29
13	43	15	45	15	50	15	46	18	57	28	56	30
14	42	16	46	14	49	16	45	25	58	27	53	27
15	41	23	43	11	50	23	54	26	55	26	54	28
16	58	24	44	30	57	24	53	27	56	25	57	25
17	57	21	52	29	58	24	60	28	53	24	58	26
18	56	22	51	23	55	23	59	25	54	23	55	24
19	53	27	60	24	56	22	58	26	52	28	56	23
20	52	28	59	21	53	21	51	23	51	27	53	22
21	51	25	58	22	60	30	60	24	60	26	54	21
22	60	26	57	29	57	29	59	21	59	28	1	40
23	59	23	56	30	58	28	58	30	8	35	10	39
24	58	24	55	27	55	27	57	37	7	36	7	38
25	57	31	54	28	56	36	6	38	6	33	8	37
26	6	32	53	35	3	35	5	35	5	34	5	36
27	5	39	2	36	4	32	4	36	4	31	6	35
28	4	40	1	33	1	31	3	33	3	32	3	34
29	3		10	34	2	40	2	34	2	39	4	33
30	2		9	31	9	39	1	31	1	40	1	32
31	1		8		10		10	32		37		31

31～40 時計座　41～50 カメレオン座　51～60 イルカ座

銀

1963

昭和38年生 ★ 満61歳

日＼月	1	2	3	4	5	6	7	8	9	10	11	12
1	50	15	34	12	45	14	43	14	46	15	41	15
2	49	14	41	11	46	11	42	13	43	14	42	16
3	48	13	42	20	43	12	41	12	44	13	49	13
4	47	11	49	19	44	19	50	11	41	12	50	14
5	46	12	50	18	41	20	49	20	42	11	47	11
6	45	19	47	17	42	17	48	19	49	20	48	12
7	44	20	48	16	49	18	47	18	50	19	55	29
8	43	17	45	15	50	15	46	18	57	28	56	30
9	42	18	46	14	47	16	45	25	58	27	53	27
10	41	25	43	13	48	23	54	26	55	26	54	28
11	60	26	44	22	55	24	53	23	56	25	51	25
12	59	21	51	21	56	21	52	24	53	24	52	26
13	58	22	52	30	53	22	51	21	54	23	59	23
14	57	29	59	29	56	29	60	22	51	22	60	24
15	56	30	60	26	53	30	59	29	52	21	57	21
16	53	27	57	25	54	27	58	24	59	30	54	22
17	52	28	57	24	51	29	57	21	60	29	1	39
18	51	25	56	30	52	28	54	22	7	38	2	40
19	58	24	55	27	59	27	53	39	7	33	9	38
20	57	31	54	28	60	36	2	40	6	32	10	37
21	6	32	53	35	3	35	5	37	5	31	7	36
22	5	39	2	36	4	34	4	38	4	31	8	35
23	4	40	1	33	1	33	3	33	3	32	3	34
24	3	37	10	34	2	32	2	34	2	39	4	33
25	2	38	9	31	9	31	1	31	1	40	1	32
26	1	35	8	32	10	40	10	32	10	37	2	31
27	10	36	7	39	7	37	9	39	9	38	19	50
28	9	33	6	40	8	36	8	40	18	45	20	49
29	8		5	37	5	35	7	47	17	46	17	48
30	7		4	38	6	44	16	48	16	43	18	47
31	16		3		13		15	45		44		46

金

1964

昭和39年生 ★ 満60歳

日＼月	1	2	3	4	5	6	7	8	9	10	11	12
1	45	20	48	16	49	18	47	18	50	19	55	29
2	44	19	45	15	50	15	46	17	57	28	56	30
3	43	18	46	14	47	16	45	26	58	27	53	27
4	42	17	43	13	48	23	54	25	55	26	54	28
5	41	25	44	22	55	24	53	24	56	25	51	25
6	60	26	51	21	56	21	52	23	53	24	52	26
7	59	23	52	30	53	22	51	21	54	23	59	23
8	58	24	59	29	54	29	60	22	51	22	60	24
9	57	21	60	28	51	30	59	29	52	21	57	21
10	56	22	57	27	52	27	58	30	59	30	58	22
11	55	29	58	26	59	28	57	27	60	29	5	39
12	54	30	55	25	60	25	56	28	7	38	6	40
13	53	25	56	24	59	26	55	35	8	37	3	37
14	52	26	53	23	60	33	4	36	5	36	4	38
15	51	33	54	40	7	34	3	37	6	35	7	35
16	8	34	2	39	8	31	2	38	3	34	8	36
17	7	31	1	38	5	33	9	35	4	33	5	33
18	6	32	10	34	6	32	8	36	2	38	6	33
19	3	39	9	31	3	31	7	33	1	37	3	32
20	2	38	8	32	10	40	10	34	10	36	4	31
21	1	35	7	39	7	39	9	31	9	38	11	50
22	10	36	6	40	8	38	8	40	18	45	20	49
23	9	33	5	37	5	37	7	47	17	46	17	48
24	8	34	4	38	6	46	16	48	16	43	18	47
25	7	41	3	45	13	45	15	45	15	44	15	46
26	16	42	12	46	14	44	14	46	14	41	16	45
27	15	49	11	43	11	41	13	43	13	42	13	44
28	14	50	20	44	12	50	12	44	12	49	14	43
29	13	47	19	41	19	49	11	41	11	50	11	42
30	12		18	42	20	48	20	42	20	47	12	41
31	11		17		17		19	49		48		60

命数が…… 1~10 羅針盤座　11~20 インディアン座　21~30 鳳凰座

銀

1965

昭和40年生 ★ 満59歳

日＼月	1	2	3	4	5	6	7	8	9	10	11	12
1	59	24	51	21	56	21	52	23	53	24	52	26
2	58	23	52	30	53	22	51	22	54	23	59	23
3	57	22	59	29	54	29	60	21	51	22	60	24
4	56	22	60	28	51	30	59	30	52	21	57	21
5	55	29	57	27	52	27	58	29	59	30	58	22
6	54	30	58	26	59	28	57	28	60	29	5	39
7	53	27	55	25	60	25	56	27	7	38	6	40
8	52	28	56	24	57	26	55	35	8	37	3	37
9	51	35	53	23	58	33	4	36	5	36	4	38
10	10	36	54	32	5	34	3	33	6	35	1	35
11	9	33	1	31	6	31	2	34	3	34	2	36
12	8	32	2	40	3	32	1	31	4	33	9	33
13	7	39	9	39	4	39	10	32	1	32	10	34
14	6	40	10	38	3	40	9	39	2	31	7	31
15	3	37	7	35	4	37	8	40	9	40	4	32
16	2	38	8	34	1	38	7	31	10	39	11	49
17	1	35	6	33	2	38	4	32	17	48	12	50
18	8	36	5	37	9	37	3	49	18	43	19	48
19	7	41	4	38	10	46	12	50	16	42	20	47
20	16	42	3	45	17	45	15	47	15	41	17	46
21	15	49	12	46	14	44	14	48	14	41	18	45
22	14	50	11	43	11	43	13	45	13	42	15	44
23	13	47	20	44	12	42	12	44	12	49	14	43
24	12	48	19	41	19	41	11	41	11	50	11	42
25	11	45	18	42	20	50	20	42	20	47	12	41
26	20	46	17	49	17	49	19	49	19	48	29	60
27	19	43	16	50	18	46	18	50	28	55	30	59
28	18	44	15	47	15	45	17	57	27	56	27	58
29	17		14	48	16	54	26	58	26	53	28	57
30	26		13	55	23	53	25	55	25	54	25	56
31	25		22		24		24	56		51		55

金

1966

昭和41年生 ★ 満58歳

日＼月	1	2	3	4	5	6	7	8	9	10	11	12
1	54	29	58	26	59	28	57	28	60	29	5	39
2	53	28	55	25	60	25	56	27	7	38	6	40
3	52	27	56	24	57	26	55	36	8	37	3	37
4	51	35	53	23	58	33	4	35	5	36	4	38
5	10	36	54	32	5	34	3	34	6	35	1	35
6	9	33	1	31	6	31	2	33	3	34	2	36
7	8	34	2	40	3	32	1	32	4	33	9	33
8	7	31	9	39	4	39	10	32	1	32	10	34
9	6	32	10	38	1	40	9	39	2	31	7	31
10	5	39	7	37	2	37	8	40	9	40	8	32
11	4	40	8	36	9	38	7	37	10	39	15	49
12	3	35	5	35	10	35	6	38	17	48	16	50
13	2	36	6	34	7	36	5	45	18	47	13	47
14	1	43	3	33	10	43	14	46	15	46	14	48
15	20	44	4	50	17	44	13	43	16	45	11	45
16	17	41	11	49	18	41	12	48	13	44	18	46
17	16	42	11	48	15	43	19	45	14	43	15	43
18	15	49	20	44	16	42	18	46	11	42	16	43
19	12	48	19	41	13	41	17	43	11	47	13	42
20	11	45	18	42	14	50	20	44	20	46	14	41
21	20	46	17	49	17	49	19	41	19	45	21	60
22	19	43	16	50	18	48	18	42	28	55	22	59
23	18	44	15	47	15	47	17	57	27	56	27	58
24	17	51	14	48	16	56	26	58	26	53	28	57
25	26	52	13	55	23	55	25	55	25	54	25	56
26	25	59	22	56	24	54	24	56	24	51	26	55
27	24	60	21	53	21	51	23	53	23	52	23	54
28	23	57	30	54	22	60	22	54	22	59	24	53
29	22		29	51	29	59	21	51	21	60	21	52
30	21		28	52	30	58	30	52	30	57	22	51
31	30		27		27		29	59		58		10

31~40 時計座　41~50 カメレオン座　51~60 イルカ座

銀 1967 昭和42年生 ★ 満57歳

日＼月	1	2	3	4	5	6	7	8	9	10	11	12
1	9	34	1	31	6	31	2	33	3	34	2	36
2	8	33	2	40	3	32	1	32	4	33	9	33
3	7	32	9	39	4	39	10	31	1	32	10	34
4	6	32	10	38	1	40	9	40	2	31	7	31
5	5	39	7	37	2	37	8	39	9	40	8	32
6	4	40	8	36	9	38	7	38	10	39	15	49
7	3	37	5	35	10	35	6	37	17	48	16	50
8	2	38	6	34	7	36	5	45	18	47	13	47
9	1	45	3	33	8	43	14	46	15	46	14	48
10	20	46	4	42	15	44	13	43	16	45	11	45
11	19	43	11	41	16	41	12	44	13	44	12	46
12	18	42	12	50	13	42	11	41	14	43	19	43
13	17	49	19	49	14	49	20	42	11	42	20	44
14	16	50	20	48	13	50	19	49	12	41	17	41
15	15	47	17	45	14	47	18	50	19	50	18	42
16	12	48	18	44	11	48	17	41	20	49	21	59
17	11	45	16	43	12	48	16	42	27	58	22	60
18	20	46	15	47	19	47	13	59	28	57	29	57
19	17	51	14	48	20	56	22	60	26	52	30	57
20	26	52	13	55	27	55	21	57	25	51	27	56
21	25	59	22	56	24	54	24	58	24	60	28	55
22	24	60	21	53	21	53	23	55	23	52	25	54
23	23	57	30	54	22	52	22	54	22	59	24	53
24	22	58	29	51	29	51	21	51	21	60	21	52
25	21	55	28	52	30	60	30	52	30	57	22	51
26	30	56	27	59	27	57	29	59	29	58	39	10
27	29	53	26	60	28	56	28	60	38	5	40	9
28	28	54	25	57	25	55	27	7	37	6	37	8
29	27		24	58	26	4	36	8	36	3	38	7
30	36		23	5	33	3	35	5	35	4	35	6
31	35		32		34		34	6		1		5

金 1968 昭和43年生 ★ 満56歳

日＼月	1	2	3	4	5	6	7	8	9	10	11	12
1	4	39	5	35	10	35	6	37	17	48	16	50
2	3	38	6	34	7	36	5	46	18	47	13	47
3	2	37	3	33	8	43	14	45	15	46	14	48
4	1	46	4	42	15	44	13	44	16	45	11	45
5	20	46	11	41	16	41	12	43	13	44	12	46
6	19	43	12	50	13	42	11	42	14	43	19	43
7	18	44	19	49	14	49	20	42	11	42	20	44
8	17	41	20	48	11	50	19	49	12	41	17	41
9	16	42	17	47	12	47	18	50	19	50	18	42
10	15	49	18	46	19	48	17	47	20	49	25	59
11	14	50	15	45	20	45	16	48	27	58	26	60
12	13	47	16	44	17	46	15	55	28	57	23	57
13	12	46	13	43	20	53	24	56	25	56	24	58
14	11	53	14	52	27	54	23	53	26	55	21	55
15	30	54	21	59	28	51	22	58	23	54	28	56
16	27	51	21	58	25	52	21	55	24	53	25	53
17	26	52	30	57	26	52	28	56	21	52	26	54
18	25	59	29	51	23	51	27	53	21	57	23	52
19	22	60	28	52	24	60	26	54	30	56	24	51
20	21	55	27	59	27	59	29	51	29	55	31	10
21	30	56	26	60	28	58	28	52	38	5	32	9
22	29	53	25	57	25	57	27	7	37	6	37	8
23	28	54	24	58	26	6	36	8	36	3	38	7
24	27	1	23	5	33	5	35	5	35	4	35	6
25	36	2	32	6	34	4	34	6	34	1	36	5
26	35	9	31	3	31	3	33	3	33	2	33	4
27	34	10	40	4	32	10	32	4	32	9	34	3
28	33	7	39	1	39	9	31	1	31	10	31	2
29	32	8	38	2	40	8	40	2	40	7	32	1
30	31		37	9	37	7	39	9	39	8	49	20
31	40		36		38		38	10		15		19

命数が……　1〜10 羅針盤座　11〜20 インディアン座　21〜30 鳳凰座

銀 1969 昭和44年生 ★ 満55歳

日＼月	1	2	3	4	5	6	7	8	9	10	11	12
1	18	43	12	50	13	42	11	42	14	43	19	43
2	17	42	19	49	14	49	20	41	11	42	20	44
3	16	41	20	48	11	50	19	50	12	41	17	41
4	15	49	17	47	12	47	18	49	19	50	18	42
5	14	50	18	46	19	48	17	48	20	49	25	59
6	13	47	15	45	20	45	16	47	27	58	26	60
7	12	48	16	44	17	46	15	56	28	57	23	57
8	11	55	13	43	18	53	24	56	25	56	24	58
9	30	56	14	52	25	54	23	53	26	55	21	55
10	29	53	21	51	26	51	22	54	23	54	22	56
11	28	54	22	60	23	52	21	51	24	53	29	53
12	27	59	29	59	24	59	30	52	21	52	30	54
13	26	60	30	58	21	60	29	59	22	51	27	51
14	25	57	27	57	24	57	28	60	29	60	28	52
15	22	58	28	54	21	58	27	57	30	59	31	9
16	21	55	25	53	22	55	26	52	37	8	32	10
17	30	56	25	52	29	57	23	9	38	7	39	7
18	27	3	24	58	30	6	32	10	35	2	40	7
19	36	2	23	5	37	5	31	7	35	1	37	6
20	35	9	32	6	38	4	34	8	34	10	38	5
21	34	10	31	3	31	3	33	5	33	2	35	4
22	33	7	40	4	32	2	32	6	32	9	34	3
23	32	8	39	1	39	1	31	1	31	10	31	2
24	31	5	38	2	40	10	40	2	40	7	32	1
25	40	6	37	9	37	9	39	9	39	8	49	20
26	39	3	36	10	38	8	38	10	48	15	50	19
27	38	4	35	7	35	5	37	17	47	16	47	18
28	37	11	34	8	36	14	46	18	46	13	48	17
29	46		33	15	43	13	45	15	45	14	45	16
30	45		42	16	44	12	44	16	44	11	46	15
31	44		41		41		43	13		12		14

金 1970 昭和45年生 ★ 満54歳

日＼月	1	2	3	4	5	6	7	8	9	10	11	12
1	13	48	15	45	20	45	16	47	27	58	26	60
2	12	47	16	44	17	46	15	56	28	57	23	57
3	11	56	13	43	18	53	24	55	25	56	24	58
4	30	56	14	52	25	54	23	54	26	55	21	55
5	29	53	21	51	28	51	22	53	23	54	22	56
6	28	54	22	60	23	52	21	52	24	53	29	53
7	27	51	29	59	24	59	30	51	21	52	30	54
8	26	52	30	58	21	60	29	59	22	51	27	51
9	25	59	27	57	22	57	28	60	29	60	28	52
10	24	60	28	56	29	58	27	57	30	59	35	9
11	23	57	25	55	30	55	26	58	37	8	36	10
12	22	56	26	54	27	56	25	5	38	7	33	7
13	21	3	23	53	28	3	34	6	35	6	34	8
14	40	4	24	2	37	4	33	3	36	5	31	5
15	39	1	31	9	38	1	32	4	33	4	32	6
16	36	2	32	8	35	2	31	5	34	3	35	3
17	35	9	40	7	36	2	38	6	31	2	36	4
18	34	10	39	1	33	1	37	3	32	1	33	2
19	31	5	38	2	34	10	36	4	40	6	34	1
20	40	6	37	9	31	9	39	1	39	5	41	20
21	39	3	36	10	38	8	38	2	48	14	42	19
22	38	4	35	7	35	7	37	19	47	16	49	18
23	37	11	34	8	36	16	46	18	46	13	48	17
24	46	12	33	15	43	15	45	15	45	14	45	16
25	45	19	42	16	44	14	44	16	44	11	46	15
26	44	20	41	13	41	13	43	13	43	12	43	14
27	43	17	50	14	42	20	42	14	42	19	44	13
28	42	18	49	11	49	19	41	11	41	20	41	12
29	41		48	12	50	18	50	12	50	17	42	11
30	50		47	19	47	17	49	19	49	18	59	30
31	49		46		48		48	20		25		29

31~40 時計座　41~50 カメレオン座　51~60 イルカ座

銀 1971

昭和46年生 ★ 満53歳

日＼月	1	2	3	4	5	6	7	8	9	10	11	12
1	28	53	22	60	23	52	21	52	24	53	29	53
2	27	52	29	59	24	59	30	51	21	52	30	54
3	26	51	30	58	21	60	29	60	22	51	27	51
4	25	59	27	57	22	57	28	59	29	60	28	52
5	24	60	28	56	29	58	27	58	30	59	35	9
6	23	57	25	55	30	55	26	57	37	8	36	10
7	22	58	26	54	27	56	25	6	38	7	33	7
8	21	5	23	53	28	3	34	6	35	6	34	8
9	40	6	24	2	35	4	33	3	36	5	31	5
10	39	3	31	1	36	1	32	4	33	4	32	6
11	38	4	32	10	33	2	31	1	34	3	39	3
12	37	9	39	9	34	9	40	2	31	2	40	4
13	36	10	40	8	31	10	39	9	32	1	37	1
14	35	7	37	7	34	7	38	10	39	10	38	2
15	34	8	38	4	31	8	37	7	40	9	45	19
16	31	5	35	3	32	5	36	2	47	18	42	20
17	40	6	35	2	39	7	35	19	48	17	49	17
18	39	13	34	8	40	16	42	20	45	16	50	18
19	46	12	33	15	47	15	41	17	45	11	47	16
20	45	19	42	16	48	14	50	18	44	20	48	15
21	44	20	41	13	41	13	43	15	43	19	45	14
22	43	17	50	14	42	12	42	16	42	19	46	13
23	42	18	49	11	49	11	41	11	41	20	41	12
24	41	15	48	12	50	20	50	12	50	17	42	11
25	50	16	47	19	47	19	49	19	49	18	59	30
26	49	13	46	20	48	18	48	20	58	25	60	29
27	48	14	45	17	45	15	47	27	57	26	57	28
28	47	21	44	18	46	24	56	28	56	23	58	27
29	56		43	25	53	23	55	25	55	24	55	26
30	55		52	26	54	22	54	26	54	21	56	25
31	54		51		51		53	23		22		24

金 1972

昭和47年生 ★ 満52歳

日＼月	1	2	3	4	5	6	7	8	9	10	11	12
1	23	58	26	54	27	56	25	6	38	7	33	7
2	22	57	23	53	28	3	34	5	35	6	34	8
3	21	6	24	2	35	4	33	4	36	5	31	5
4	40	5	31	1	36	1	32	3	33	4	32	6
5	39	3	32	10	33	2	31	2	34	3	39	3
6	38	4	39	9	34	9	40	1	31	2	33	4
7	37	1	40	8	31	10	39	9	32	1	37	1
8	36	2	37	7	32	7	38	10	39	10	38	2
9	35	9	38	6	39	8	37	7	40	9	45	19
10	34	10	35	5	40	5	36	8	47	18	46	20
11	33	7	36	4	37	6	35	15	48	17	43	17
12	32	8	33	3	38	13	44	16	45	16	44	18
13	31	13	34	12	47	14	43	13	46	15	41	15
14	50	14	41	11	48	11	42	14	43	14	42	16
15	49	11	42	18	45	12	41	15	44	13	45	13
16	46	12	50	17	46	12	50	16	41	12	46	14
17	45	19	49	16	43	11	47	13	42	11	43	11
18	44	20	48	12	44	20	46	14	50	16	44	11
19	41	17	47	19	41	19	45	11	49	15	51	30
20	50	16	46	20	48	18	48	12	58	24	52	29
21	49	13	45	17	45	17	47	29	57	26	59	28
22	48	14	44	18	46	26	56	28	56	23	58	27
23	47	21	43	25	53	25	55	25	55	24	55	26
24	56	22	52	26	54	24	54	26	54	21	56	25
25	55	29	51	23	51	23	53	23	53	22	53	24
26	54	30	60	24	52	30	52	24	52	29	54	23
27	53	27	59	21	59	29	51	21	51	30	51	22
28	52	28	58	22	60	28	60	22	60	27	52	21
29	51	25	57	29	57	27	59	29	59	28	9	40
30	60		56	30	58	26	58	30	8	35	10	39
31	59		55		55		57	37		36		38

命数が……　1～10 羅針盤座　11～20 インディアン座　21～30 鳳凰座

銀

1973

昭和48年生★満51歳

日＼月	1	2	3	4	5	6	7	8	9	10	11	12
1	37	2	39	9	34	9	40	1	31	2	40	4
2	36	1	40	8	31	10	39	10	32	1	37	1
3	35	10	37	7	32	7	38	9	39	10	38	2
4	34	10	38	6	39	8	37	8	40	9	45	19
5	33	7	35	5	40	5	36	7	47	18	46	20
6	32	8	36	4	37	6	35	16	48	17	43	17
7	31	15	33	3	38	13	44	15	45	16	44	18
8	50	16	34	12	45	14	43	13	46	15	41	15
9	49	13	41	11	46	11	42	14	43	14	42	16
10	48	14	42	20	43	12	41	11	44	13	49	13
11	47	11	49	19	44	19	50	12	41	12	50	14
12	46	20	50	18	41	20	49	19	42	11	47	11
13	45	17	47	17	42	17	48	20	49	20	48	12
14	44	18	48	16	41	18	47	17	50	19	55	29
15	41	15	45	13	42	15	46	18	57	28	52	30
16	50	16	46	12	49	16	45	29	58	27	59	27
17	49	23	44	11	50	26	52	30	55	26	60	28
18	56	24	43	25	57	25	51	27	56	21	57	26
19	55	29	52	26	58	24	60	28	54	30	58	25
20	54	30	51	23	55	23	53	25	53	29	55	24
21	53	27	60	24	52	22	52	26	52	29	56	23
22	52	28	59	21	59	21	51	23	51	30	51	22
23	51	25	58	22	60	30	60	22	60	27	52	21
24	60	26	57	29	57	29	59	29	59	28	9	40
25	59	23	56	30	58	28	58	30	8	35	10	39
26	58	24	55	27	55	25	57	37	7	36	7	38
27	57	31	54	28	56	34	6	38	6	33	8	37
28	6	32	53	35	3	33	5	35	5	34	5	36
29	5		2	36	4	32	4	36	4	31	6	35
30	4		1	33	1	31	3	33	3	32	3	34
31	3		10		2		2	34		39		33

金

1974

昭和49年生★満50歳

日＼月	1	2	3	4	5	6	7	8	9	10	11	12
1	32	7	36	4	37	6	35	16	48	17	43	17
2	31	16	33	3	38	13	44	15	45	16	44	18
3	50	15	34	12	45	14	43	14	46	15	41	15
4	49	13	41	11	46	11	42	13	43	14	42	16
5	48	14	42	20	43	12	41	12	44	13	49	13
6	47	11	49	19	44	19	50	11	41	12	50	14
7	46	12	50	18	41	20	49	20	42	11	47	11
8	45	19	47	17	42	17	48	20	49	20	48	12
9	44	20	48	16	49	18	47	17	50	19	55	29
10	43	17	45	15	50	15	46	18	57	28	56	30
11	42	18	46	14	47	16	45	25	58	27	53	27
12	41	23	43	13	48	23	54	26	55	26	54	28
13	60	24	44	22	55	24	53	23	56	25	51	25
14	59	21	51	21	58	21	52	24	53	24	52	26
15	58	22	52	28	55	22	51	21	54	23	59	23
16	55	29	59	27	56	29	60	26	51	22	56	24
17	54	30	59	26	53	21	57	23	52	21	53	21
18	53	27	58	22	54	30	56	24	59	30	54	21
19	60	26	57	29	51	29	55	21	59	25	1	40
20	59	23	56	30	52	28	58	22	8	34	2	39
21	58	24	55	27	55	27	57	39	7	33	9	38
22	57	31	54	28	56	36	6	40	6	33	10	37
23	6	32	53	35	3	35	5	35	5	34	5	36
24	5	39	2	36	4	34	4	36	4	31	6	35
25	4	40	1	33	1	33	3	33	3	32	3	34
26	3	37	10	34	2	32	2	34	2	39	4	33
27	2	38	9	31	9	39	1	31	1	40	1	32
28	1	35	8	32	10	38	10	32	10	37	2	31
29	10		7	39	7	37	9	39	9	38	19	50
30	9		6	40	8	36	8	40	18	45	20	49
31	8		5		5		7	47		46		48

31~40 時計座　41~50 カメレオン座　51~60 イルカ座

銀 1975 昭和50年生 ★ 満49歳

日＼月	1	2	3	4	5	6	7	8	9	10	11	12
1	47	12	49	19	44	19	50	11	41	12	50	14
2	46	11	50	18	41	20	49	20	42	11	47	11
3	45	20	47	17	42	17	48	19	49	20	48	12
4	44	20	48	16	49	18	47	18	50	19	55	29
5	43	17	45	15	50	15	46	17	57	28	56	30
6	42	18	46	14	47	16	45	26	58	27	53	27
7	41	25	43	13	48	23	54	25	55	26	54	28
8	60	26	44	22	55	24	53	23	56	25	51	25
9	59	23	51	21	56	21	52	24	53	24	52	26
10	58	24	52	30	53	22	51	21	54	23	59	23
11	57	21	59	29	54	29	60	22	51	22	60	24
12	56	30	60	28	51	30	59	29	52	21	57	21
13	55	27	57	27	52	27	58	30	59	30	58	22
14	54	28	58	26	51	28	57	27	60	29	5	39
15	53	25	55	23	52	25	56	28	7	38	6	40
16	60	26	56	22	59	26	55	39	8	37	9	37
17	59	33	54	21	60	36	4	40	5	36	10	38
18	8	34	53	35	7	35	1	37	6	35	7	35
19	5	39	2	36	8	34	10	38	4	40	8	35
20	4	40	1	33	5	33	9	35	3	39	5	34
21	3	37	10	34	2	32	2	36	2	38	6	33
22	2	38	9	31	9	31	1	33	1	40	3	32
23	1	35	8	32	10	40	10	32	10	37	2	31
24	10	36	7	39	7	39	9	39	9	38	19	50
25	9	33	6	40	8	38	8	40	18	45	20	49
26	8	34	5	37	5	37	7	47	17	46	17	48
27	7	41	4	38	6	44	16	48	16	43	18	47
28	16	42	3	45	13	43	15	45	15	44	15	46
29	15		12	46	14	42	14	46	14	41	16	45
30	14		11	43	11	41	13	43	13	42	13	44
31	13		20		12		12	44		49		43

金 1976 昭和51年生 ★ 満48歳

日＼月	1	2	3	4	5	6	7	8	9	10	11	12
1	42	17	43	13	48	23	54	25	55	26	54	28
2	41	26	44	22	55	24	53	24	56	25	51	25
3	60	25	51	21	56	21	52	23	53	24	52	26
4	59	24	52	30	53	22	51	22	54	23	59	23
5	58	24	59	29	54	29	60	21	51	22	60	24
6	57	21	60	28	51	30	59	30	52	21	57	21
7	56	22	57	27	52	27	58	30	59	30	58	22
8	55	29	58	26	59	28	57	27	60	29	5	39
9	54	30	55	25	60	25	56	28	7	38	6	40
10	53	27	56	24	57	26	55	35	8	37	3	37
11	52	28	53	23	58	33	4	36	5	36	4	38
12	51	35	54	32	5	34	3	33	6	35	1	35
13	10	34	1	31	8	31	2	34	3	34	2	36
14	9	31	2	40	5	32	1	31	4	33	9	33
15	8	32	9	37	6	39	10	36	1	32	6	34
16	5	39	9	36	3	31	9	33	2	31	3	31
17	4	40	8	35	4	40	6	34	9	40	4	32
18	3	37	7	39	1	39	5	31	9	35	11	50
19	10	38	6	40	2	38	4	32	18	44	12	49
20	9	33	5	37	5	37	7	49	17	43	19	48
21	8	34	4	38	6	46	16	50	16	43	20	47
22	7	41	3	45	13	45	15	45	15	44	15	46
23	16	42	12	46	14	44	14	46	14	41	16	45
24	15	49	11	43	11	43	13	43	13	42	13	44
25	14	50	20	44	12	42	12	44	12	49	14	43
26	13	47	19	41	19	49	11	41	11	50	11	42
27	12	48	18	42	20	48	20	42	20	47	12	41
28	11	45	17	49	17	47	19	49	19	48	29	60
29	20	46	16	50	18	46	18	50	28	55	30	59
30	19		15	47	15	45	17	57	27	56	27	58
31	18		14		16		26	58		53		57

命数が…… 1~10 羅針盤座　11~20 インディアン座　21~30 鳳凰座

銀 1977 昭和52年生 ★ 満47歳

日＼月	1	2	3	4	5	6	7	8	9	10	11	12
1	56	21	60	28	51	30	59	30	52	21	57	21
2	55	30	57	27	52	27	58	29	59	30	58	22
3	54	29	58	26	59	28	57	28	60	29	5	39
4	53	27	55	25	60	25	56	27	7	38	6	40
5	52	28	56	24	57	26	55	36	8	37	3	37
6	51	35	53	23	58	33	4	35	5	36	4	38
7	10	36	54	32	5	34	3	34	6	35	1	35
8	9	33	1	31	6	31	2	34	3	34	2	36
9	8	34	2	40	3	32	1	31	4	33	9	33
10	7	31	9	39	4	39	10	32	1	32	10	34
11	6	32	10	38	1	40	9	39	2	31	7	31
12	5	37	7	37	2	37	8	40	9	40	8	32
13	4	38	8	36	9	38	7	37	10	39	15	49
14	3	35	5	35	2	35	6	38	17	48	16	50
15	10	36	6	32	9	36	5	45	18	47	19	47
16	9	43	3	31	10	43	14	50	15	46	20	48
17	18	44	3	50	17	45	11	47	16	45	17	45
18	15	41	12	46	18	44	20	48	13	50	18	45
19	14	50	11	43	15	43	19	45	13	49	15	44
20	13	47	20	44	16	42	12	46	12	48	16	43
21	12	48	19	41	19	41	11	43	11	50	13	42
22	11	45	18	42	20	50	20	44	20	47	12	41
23	20	46	17	49	17	49	19	49	19	48	29	60
24	19	43	16	50	18	48	18	50	28	55	30	59
25	18	44	15	47	15	47	17	57	27	56	27	58
26	17	51	14	48	16	56	26	58	26	53	28	57
27	26	52	13	55	23	53	25	55	25	54	25	56
28	25	59	22	56	24	52	24	56	24	51	26	55
29	24		21	53	21	51	23	53	23	52	23	54
30	23		30	54	22	60	22	54	22	59	24	53
31	22		29		29		21	51		60		52

金 1978 昭和53年生 ★ 満46歳

日＼月	1	2	3	4	5	6	7	8	9	10	11	12
1	51	36	53	23	58	33	4	35	5	36	4	38
2	10	35	54	32	5	34	3	34	6	35	1	35
3	9	34	1	31	6	31	2	33	3	34	2	36
4	8	34	2	40	3	32	1	32	4	33	9	33
5	7	31	9	39	4	39	10	31	1	32	10	34
6	6	32	10	38	1	40	9	40	2	31	7	31
7	5	39	7	37	2	37	8	39	9	40	8	32
8	4	40	8	36	9	38	7	37	10	39	15	49
9	3	37	5	35	10	35	6	38	17	48	16	50
10	2	38	6	34	7	36	5	45	18	47	13	47
11	1	45	3	33	8	43	14	46	15	46	14	48
12	20	44	4	42	15	44	13	43	16	45	11	45
13	19	41	11	41	16	41	12	44	13	44	12	46
14	18	42	12	50	15	42	11	41	14	43	19	43
15	17	49	19	47	16	49	20	42	11	42	20	44
16	14	50	20	46	13	50	19	43	12	41	13	41
17	13	47	18	45	14	50	16	44	19	50	14	42
18	12	48	17	49	11	49	15	41	20	49	21	60
19	19	43	16	50	12	48	14	42	28	54	22	59
20	18	44	15	47	19	47	17	59	27	53	29	58
21	17	51	14	48	16	56	26	60	26	52	30	57
22	26	52	13	55	23	55	25	57	25	54	27	56
23	25	59	22	56	24	54	24	56	24	51	26	55
24	24	60	21	53	21	53	23	53	23	52	23	54
25	23	57	30	54	22	52	22	54	22	59	24	53
26	22	58	29	51	29	51	21	51	21	60	21	52
27	21	55	28	52	30	58	30	52	30	57	22	51
28	30	56	27	59	27	57	29	59	29	58	39	10
29	29		26	60	28	56	28	60	38	5	40	9
30	28		25	57	25	55	27	7	37	6	37	8
31	27		24		26		36	8		3		7

31~40 時計座　41~50 カメレオン座　51~60 イルカ座

銀

1979

昭和54年生★満45歳

日＼月	1	2	3	4	5	6	7	8	9	10	11	12
1	6	31	10	38	1	40	9	40	2	31	7	31
2	5	40	7	37	2	37	8	39	9	40	8	32
3	4	39	8	36	9	38	7	38	10	39	15	49
4	3	37	5	35	10	35	6	37	17	48	16	50
5	2	38	6	34	7	36	5	46	18	47	13	47
6	1	45	3	33	8	43	14	45	15	46	14	48
7	20	46	4	42	15	44	13	44	16	45	11	45
8	19	43	11	41	16	41	12	44	13	44	12	46
9	18	44	12	50	13	42	11	41	14	43	19	43
10	17	41	19	49	14	49	20	42	11	42	20	44
11	16	42	20	48	11	50	19	49	12	41	17	41
12	15	47	17	47	12	47	18	50	19	50	18	42
13	14	48	18	46	19	48	17	47	20	49	25	59
14	13	45	15	45	12	45	16	48	27	58	26	60
15	12	46	16	42	19	46	15	55	28	57	23	57
16	19	53	13	41	20	53	24	60	25	56	30	58
17	28	54	13	60	27	55	23	57	26	55	27	55
18	27	51	22	56	28	54	30	58	23	54	28	56
19	24	60	21	53	25	53	29	55	23	59	25	54
20	23	57	30	54	26	52	28	56	22	58	26	53
21	22	58	29	51	29	51	21	53	21	57	23	52
22	21	55	28	52	30	60	30	54	30	57	24	51
23	30	56	27	59	27	59	29	59	29	58	39	10
24	29	53	26	60	28	58	28	60	38	5	40	9
25	28	54	25	57	25	57	27	7	37	6	37	8
26	27	1	24	58	26	6	36	8	36	3	38	7
27	36	2	23	5	33	3	35	5	35	4	35	6
28	35	9	32	6	34	2	34	6	34	1	36	5
29	34		31	3	31	1	33	3	33	2	33	4
30	33		40	4	32	10	32	4	32	9	34	3
31	32		39		39		31	1		10		2

金

1980

昭和55年生★満44歳

日＼月	1	2	3	4	5	6	7	8	9	10	11	12
1	1	46	4	42	15	44	13	44	16	45	11	45
2	20	45	11	41	16	41	12	43	13	44	12	46
3	19	44	12	50	13	42	11	42	14	43	19	43
4	18	43	19	49	14	49	20	41	11	42	20	44
5	17	41	20	48	11	50	19	50	12	41	17	41
6	16	42	17	47	12	47	17	49	19	50	18	42
7	15	49	18	46	19	48	17	47	20	49	25	59
8	14	50	15	45	20	45	16	48	27	58	26	60
9	13	47	16	44	17	46	15	55	28	57	23	57
10	12	48	13	43	18	53	24	56	25	56	24	58
11	11	55	14	52	25	54	23	53	26	55	21	55
12	30	56	21	51	26	51	22	54	23	54	22	56
13	29	51	22	60	25	52	21	51	24	53	29	53
14	28	52	29	57	26	59	30	52	21	52	30	54
15	27	59	30	56	23	60	29	53	22	51	23	51
16	24	60	28	55	24	60	28	54	29	60	24	52
17	23	57	27	59	21	59	25	51	30	59	31	9
18	22	58	26	60	22	58	24	52	38	4	32	9
19	29	55	25	57	29	57	23	9	37	3	39	8
20	28	54	24	58	26	6	36	10	36	2	40	7
21	27	1	23	5	33	5	35	7	35	4	37	6
22	36	2	32	6	34	4	34	6	34	1	36	5
23	35	9	31	3	31	3	33	3	33	2	33	4
24	34	10	40	4	32	2	32	4	32	9	34	3
25	33	7	39	1	39	1	31	1	31	10	31	2
26	32	8	38	2	40	8	40	2	40	7	32	1
27	31	5	37	9	37	7	39	9	39	8	49	20
28	40	6	36	10	38	6	38	10	48	15	50	19
29	39	3	35	7	35	5	37	17	47	16	47	18
30	38		34	8	36	14	46	18	46	13	48	17
31	37		33		43		45	15		14		16

命数が…… 1~10 羅針盤座 11~20 インディアン座 21~30 鳳凰座

銀 1981

昭和56年生 ★ 満43歳

日＼月	1	2	3	4	5	6	7	8	9	10	11	12
1	15	50	17	47	12	47	18	49	19	50	18	42
2	14	49	18	46	19	48	17	48	20	49	25	59
3	13	48	15	45	20	45	16	47	27	58	26	60
4	12	48	16	44	17	46	15	56	28	57	23	57
5	11	55	17	43	18	53	24	55	25	56	24	58
6	30	56	14	52	25	54	23	54	26	55	21	55
7	29	53	21	51	26	51	22	54	23	54	22	56
8	28	54	22	60	23	52	21	51	24	53	29	53
9	27	51	29	59	24	59	30	52	21	52	30	54
10	26	52	30	58	21	60	29	59	22	51	27	51
11	25	59	27	57	22	57	28	60	29	60	28	52
12	24	58	28	56	29	58	27	57	30	59	35	9
13	23	55	25	55	22	55	26	58	37	8	36	10
14	22	56	26	54	29	56	25	5	38	7	33	7
15	21	3	23	51	30	3	34	10	35	6	40	8
16	38	4	24	10	37	4	33	7	36	5	37	5
17	37	1	32	9	38	4	40	8	33	4	38	6
18	36	2	31	3	35	3	39	5	34	9	35	4
19	33	7	40	4	36	2	38	6	32	8	36	3
20	32	8	39	1	39	1	31	3	31	7	33	2
21	31	5	38	2	40	10	40	4	40	7	34	1
22	40	6	37	9	37	9	39	9	39	8	49	20
23	39	3	36	10	38	8	38	10	48	15	50	19
24	38	4	35	7	35	7	37	17	47	16	47	18
25	37	11	34	8	36	16	46	18	46	13	48	17
26	46	12	33	15	43	15	45	15	45	14	45	16
27	45	19	42	16	44	12	44	16	44	11	46	15
28	44	20	41	13	41	11	43	13	43	12	43	14
29	43		50	14	42	20	42	14	42	19	44	13
30	42		49	11	49	19	41	11	41	20	41	12
31	41		48		50		50	12		17		11

金 1982

昭和57年生 ★ 満42歳

日＼月	1	2	3	4	5	6	7	8	9	10	11	12
1	30	55	14	52	25	54	23	54	26	55	21	55
2	29	54	21	51	26	51	22	53	23	54	22	56
3	28	53	22	60	23	52	21	52	24	53	29	53
4	27	51	29	59	24	59	30	51	21	52	30	54
5	26	52	24	58	21	60	29	60	22	51	27	51
6	25	59	27	57	22	57	28	59	29	60	28	52
7	24	60	28	56	29	58	27	58	30	59	35	9
8	23	57	25	55	30	55	26	58	37	8	36	10
9	22	58	26	54	27	56	25	5	38	7	33	7
10	21	5	23	53	28	3	34	6	35	6	34	8
11	40	6	24	2	35	4	33	3	36	5	31	5
12	39	1	31	1	36	1	32	4	33	4	32	6
13	38	2	32	10	33	2	31	1	34	3	39	3
14	37	9	39	9	36	9	40	2	31	2	40	4
15	36	10	40	6	33	10	39	9	32	1	37	1
16	33	7	37	5	34	7	38	4	39	10	34	2
17	32	8	37	4	31	9	35	1	40	9	41	19
18	31	5	36	10	32	8	34	2	47	14	42	19
19	38	4	35	7	39	7	33	19	47	13	49	18
20	37	11	34	8	40	16	46	20	46	12	50	17
21	46	12	33	15	43	15	45	17	45	14	47	16
22	45	19	42	16	44	14	44	18	44	11	48	15
23	44	20	41	13	41	13	43	13	43	12	43	14
24	43	17	50	14	42	12	42	14	42	19	44	13
25	42	18	49	11	49	11	41	11	41	20	41	12
26	41	15	48	12	50	20	50	12	50	17	42	11
27	50	16	47	19	47	17	49	19	49	18	59	30
28	49	13	46	20	48	16	48	20	58	25	60	29
29	48		45	17	45	15	47	27	57	26	57	28
30	47		44	18	46	24	56	28	56	23	58	27
31	56		43		53		55	25		24		26

31~40 時計座　41~50 カメレオン座　51~60 イルカ座

銀

1983

昭和58年生

★

満41歳

日＼月	1	2	3	4	5	6	7	8	9	10	11	12
1	25	60	27	57	22	57	28	59	29	60	28	52
2	24	59	28	56	29	58	27	58	30	59	35	9
3	23	58	25	55	30	55	26	57	37	8	36	10
4	22	58	26	54	27	56	25	6	38	7	33	7
5	21	5	23	53	28	3	34	5	35	6	34	8
6	40	6	24	2	35	4	33	4	36	5	31	5
7	39	3	31	1	36	1	31	3	33	4	32	6
8	38	4	32	10	33	2	31	1	34	3	39	3
9	37	1	39	9	34	9	40	2	31	2	40	4
10	36	2	40	8	31	10	39	9	32	1	37	1
11	35	9	37	7	32	7	38	10	39	10	38	2
12	34	8	38	6	39	8	37	7	40	9	45	19
13	33	5	35	5	40	5	36	8	47	18	46	20
14	32	6	36	4	39	6	35	15	48	17	43	17
15	31	13	33	1	40	13	44	16	45	16	44	18
16	48	14	34	20	47	14	43	17	46	15	47	15
17	47	11	42	19	48	14	42	18	43	14	48	16
18	46	12	41	13	45	13	49	15	44	13	45	13
19	43	17	50	14	46	12	48	16	42	18	46	13
20	42	18	49	11	43	11	47	13	41	17	43	12
21	41	15	48	12	50	20	50	14	50	16	44	11
22	50	16	47	19	47	19	49	11	49	18	51	30
23	49	13	46	20	48	18	48	20	58	25	60	29
24	48	14	45	17	45	17	47	27	57	26	57	28
25	47	21	44	18	46	26	56	28	56	23	58	27
26	56	22	43	25	53	25	55	25	55	24	55	26
27	55	29	52	26	54	22	54	26	54	21	56	25
28	54	30	51	23	51	21	53	23	53	22	53	24
29	53		60	24	52	30	52	24	52	29	54	23
30	52		59	21	59	29	51	21	51	30	51	22
31	51		58		60		60	22		27		21

金

1984

昭和59年生

★

満40歳

日＼月	1	2	3	4	5	6	7	8	9	10	11	12
1	40	5	31	1	36	1	32	3	33	4	32	6
2	39	4	32	10	33	2	31	2	34	3	39	3
3	38	3	39	9	34	9	40	1	31	2	40	4
4	37	2	40	8	31	10	39	10	32	1	37	1
5	36	2	37	7	32	7	38	9	39	10	38	2
6	35	9	38	6	39	8	38	8	40	9	45	19
7	34	10	35	5	40	5	36	8	47	18	46	20
8	33	7	36	4	37	6	35	15	48	17	43	17
9	32	8	33	3	38	13	44	16	45	16	44	18
10	31	15	34	12	45	14	43	13	46	15	41	15
11	50	16	41	11	46	11	42	14	43	14	42	16
12	49	13	42	20	43	12	41	11	44	13	49	13
13	48	12	49	19	46	19	50	12	41	12	50	14
14	47	19	50	16	43	20	49	19	42	11	47	11
15	46	20	47	15	44	17	48	14	49	20	44	12
16	43	17	47	14	41	19	47	11	50	19	51	29
17	42	18	46	20	42	18	44	12	57	28	52	30
18	41	15	45	17	49	17	43	29	57	23	59	28
19	48	16	44	18	50	26	52	30	56	22	60	27
20	47	21	43	25	53	25	55	27	55	21	57	26
21	56	22	52	26	54	24	54	28	54	21	58	25
22	55	29	51	23	51	23	53	23	53	22	53	24
23	54	30	60	24	52	22	52	24	52	29	54	23
24	53	27	59	21	59	21	51	21	51	30	51	22
25	52	28	58	22	60	30	60	22	60	27	52	21
26	51	25	57	29	57	27	59	29	59	28	9	40
27	60	26	56	30	58	26	58	30	8	35	10	39
28	59	23	55	27	55	25	57	37	7	36	7	38
29	58	24	54	28	56	34	6	38	6	33	8	37
30	57		53	35	3	33	5	35	5	34	5	36
31	6		2		4		4	36		31		35

命数が……　1~10 羅針盤座　11~20 インディアン座　21~30 鳳凰座

銀 1985

昭和60年生★満39歳

日＼月	1	2	3	4	5	6	7	8	9	10	11	12
1	34	9	38	6	39	8	37	8	40	9	45	19
2	33	8	35	5	40	5	36	7	47	18	46	20
3	32	7	36	4	37	6	35	16	48	17	43	17
4	31	15	33	3	38	13	44	15	45	16	44	18
5	50	16	38	12	45	14	43	14	46	15	41	15
6	49	13	41	11	46	11	42	13	43	14	42	16
7	48	14	42	20	43	12	41	11	44	13	49	13
8	47	11	49	19	44	19	50	12	41	12	50	14
9	46	12	50	18	41	20	49	19	42	11	47	11
10	45	19	47	17	42	17	48	20	49	20	48	12
11	44	20	48	16	49	18	47	17	50	19	55	29
12	43	15	45	15	50	15	46	18	57	28	56	30
13	42	16	46	14	49	16	45	25	58	27	53	27
14	41	23	43	13	50	23	54	26	55	26	54	28
15	58	24	44	30	57	24	53	27	56	25	57	25
16	57	21	51	29	58	21	52	28	53	24	58	26
17	56	22	51	28	55	23	59	25	54	23	55	23
18	53	29	60	24	56	22	58	26	51	28	56	23
19	52	28	59	21	53	21	57	23	51	27	53	22
20	51	25	58	22	60	30	60	24	60	26	54	21
21	60	26	57	29	57	29	59	21	59	28	1	40
22	59	23	56	30	58	28	58	30	8	35	10	39
23	58	24	55	27	55	27	57	37	7	36	7	38
24	57	31	54	28	56	36	6	38	6	33	8	37
25	6	32	53	35	3	35	5	35	5	34	5	36
26	5	39	2	36	4	32	4	36	4	31	6	35
27	4	40	1	33	1	31	3	33	3	32	3	34
28	3	37	10	34	2	40	2	34	2	39	4	33
29	2		9	31	9	39	1	31	1	40	1	32
30	1		8	32	10	38	10	32	10	37	2	31
31	10		7		7		9	39		38		50

金 1986

昭和61年生★満38歳

日＼月	1	2	3	4	5	6	7	8	9	10	11	12
1	49	14	41	11	46	11	42	13	43	14	42	16
2	48	13	42	20	43	12	41	12	44	13	49	13
3	47	12	49	19	44	19	50	11	41	12	50	14
4	46	12	50	18	41	20	49	20	42	11	47	11
5	45	19	41	17	42	17	48	19	49	20	48	12
6	44	20	48	16	49	18	47	18	50	19	55	29
7	43	17	45	15	50	15	46	17	57	28	56	30
8	42	18	46	14	47	16	45	25	58	27	53	27
9	41	25	43	13	48	23	54	26	55	26	54	28
10	60	26	44	22	55	24	53	23	56	25	51	25
11	59	23	51	21	56	21	52	24	53	24	52	26
12	58	22	52	30	53	22	51	21	54	23	59	23
13	57	29	59	29	54	29	60	22	51	22	60	24
14	56	30	60	28	53	30	59	29	52	21	57	21
15	55	27	57	25	54	27	58	30	59	30	58	22
16	52	28	58	24	51	28	57	21	60	29	1	39
17	51	25	56	23	52	28	54	22	7	38	2	40
18	60	26	55	27	59	27	53	39	8	33	9	38
19	57	31	54	28	60	36	2	40	6	32	10	37
20	6	32	53	35	7	35	5	37	5	31	7	36
21	5	39	2	36	4	34	4	38	4	31	8	35
22	4	40	1	33	1	33	3	35	3	32	5	34
23	3	37	10	34	2	32	2	34	2	39	4	33
24	2	38	9	31	9	31	1	31	1	40	1	32
25	1	35	8	32	10	40	10	32	10	37	2	31
26	10	36	7	39	7	39	9	39	9	38	19	50
27	9	33	6	40	8	36	8	40	18	45	20	49
28	8	34	5	37	5	35	7	47	17	46	17	48
29	7		4	38	6	44	16	48	16	43	18	47
30	16		3	45	13	43	15	45	15	44	15	46
31	15		12		14		14	46		41		45

31~40 時計座　41~50 カメレオン座　51~60 イルカ座

銀 1987 昭和62年生 ★ 満37歳

日＼月	1	2	3	4	5	6	7	8	9	10	11	12
1	44	19	48	16	49	18	47	18	50	19	55	29
2	43	18	45	15	50	15	46	17	57	28	56	30
3	42	17	46	14	47	16	45	26	58	27	53	27
4	41	25	43	13	48	23	54	25	55	26	54	28
5	60	26	48	22	55	24	53	24	56	25	51	25
6	59	23	51	21	56	21	52	23	53	24	52	26
7	58	24	52	30	53	22	52	22	54	23	59	23
8	57	21	59	29	54	29	60	22	51	22	60	24
9	56	22	60	28	51	30	59	29	52	21	57	21
10	55	29	57	27	52	27	58	30	59	30	58	22
11	54	30	58	26	59	28	57	27	60	29	5	39
12	53	25	55	25	60	25	56	28	7	38	6	40
13	52	26	56	24	57	26	55	35	8	37	3	37
14	51	33	53	23	60	33	4	36	5	36	4	38
15	10	34	54	40	7	34	3	33	6	35	1	35
16	7	31	1	39	8	31	2	38	3	34	8	36
17	6	32	1	38	5	33	1	35	4	33	5	33
18	5	39	10	34	6	32	8	36	1	32	6	34
19	2	38	9	31	3	31	7	33	1	37	3	32
20	1	35	8	32	4	40	6	34	10	36	4	31
21	10	36	7	39	7	39	9	31	9	35	11	50
22	9	33	6	40	8	38	8	32	18	45	12	49
23	8	34	5	37	5	37	7	47	17	46	17	48
24	7	41	4	38	6	46	16	48	16	43	18	47
25	16	42	3	45	13	45	15	45	15	44	15	46
26	15	49	12	46	14	44	14	46	14	41	16	45
27	14	50	11	43	11	41	13	43	13	42	13	44
28	13	47	20	44	12	50	12	44	12	49	14	43
29	12		19	41	19	49	11	41	11	50	11	42
30	11		18	42	20	48	20	42	20	47	12	41
31	20		17		17		19	49		48		60

金 1988 昭和63年生 ★ 満36歳

日＼月	1	2	3	4	5	6	7	8	9	10	11	12
1	59	24	52	30	53	22	51	22	54	23	59	23
2	58	23	59	29	54	29	60	21	51	22	60	24
3	57	22	60	28	51	30	59	30	52	21	57	21
4	56	22	57	27	52	27	58	29	59	30	58	22
5	55	29	58	26	59	28	57	28	60	29	5	39
6	54	30	55	25	60	25	55	27	7	38	6	40
7	53	27	56	24	57	26	55	35	8	37	3	37
8	52	28	53	23	58	33	4	36	5	36	4	38
9	51	35	54	32	5	34	3	33	6	35	1	35
10	10	36	1	31	6	31	2	34	3	34	2	36
11	9	33	2	40	3	32	1	31	4	33	9	33
12	8	32	9	39	4	39	10	32	1	32	10	34
13	7	39	10	38	3	40	9	39	2	31	7	31
14	6	40	7	35	4	37	8	40	9	40	8	32
15	5	37	8	34	1	38	7	31	10	39	11	49
16	2	38	6	33	2	38	6	32	17	48	12	50
17	1	35	5	37	9	37	3	49	18	47	19	47
18	10	36	4	38	10	46	12	50	16	42	20	47
19	7	41	3	45	17	45	11	47	15	41	17	46
20	16	42	12	46	14	44	14	48	14	50	18	45
21	15	49	11	43	11	43	13	45	13	42	15	44
22	14	50	20	44	12	42	12	44	12	49	14	43
23	13	47	19	41	19	41	11	41	11	50	11	42
24	12	48	18	42	20	50	20	42	20	47	12	41
25	11	45	17	49	17	49	19	49	19	48	29	60
26	20	46	16	50	18	46	18	50	28	55	30	59
27	19	43	15	47	15	45	17	57	27	56	27	58
28	18	44	14	48	16	54	26	58	26	53	28	57
29	17	51	13	55	23	53	25	55	25	54	25	56
30	26		22	56	24	52	24	56	24	51	26	55
31	25		21		21		23	53		52		54

命数が…… 1~10 羅針盤座　11~20 インディアン座　21~30 鳳凰座

銀

1989

平成元年生

昭和64年生

★

満35歳

日＼月	1	2	3	4	5	6	7	8	9	10	11	12
1	53	28	55	25	60	25	56	27	7	38	6	40
2	52	27	56	24	57	26	55	36	8	37	3	37
3	51	36	53	23	58	33	4	35	5	36	4	38
4	10	36	54	32	5	34	3	34	6	35	1	35
5	9	33	1	31	6	31	2	33	3	34	2	36
6	8	34	2	40	3	32	1	32	4	33	9	33
7	7	31	9	39	4	39	10	32	1	32	10	34
8	6	32	10	38	1	40	9	39	2	31	7	31
9	5	39	7	37	2	37	8	40	9	40	8	32
10	4	40	8	36	9	38	7	37	10	39	15	49
11	3	37	5	35	10	35	6	38	17	48	16	50
12	2	36	6	34	7	36	5	45	18	47	13	47
13	1	43	3	33	10	43	14	46	15	46	14	48
14	20	44	4	42	17	44	13	43	16	45	11	45
15	17	41	11	49	18	41	12	48	13	44	18	46
16	16	42	11	48	15	42	11	45	14	43	15	43
17	15	49	20	47	16	42	18	46	11	42	16	44
18	12	50	19	41	13	41	17	43	12	47	13	42
19	11	45	18	42	14	50	16	44	20	46	14	41
20	20	46	17	49	17	49	19	41	19	45	21	60
21	19	43	16	50	18	48	18	42	28	55	22	59
22	18	44	15	47	15	47	17	57	27	56	27	58
23	17	51	14	48	16	56	26	58	26	53	28	57
24	26	52	13	55	23	55	25	55	25	54	25	56
25	25	59	22	56	24	54	24	56	24	51	26	55
26	24	60	21	53	21	53	23	53	23	52	23	54
27	23	57	30	54	22	60	22	54	22	59	24	53
28	22	58	29	51	29	59	21	51	21	60	21	52
29	21		28	52	30	58	30	52	30	57	22	51
30	30		27	59	27	57	29	59	29	58	39	10
31	29		26		28		28	60		5		9

金

1990

平成2年生

★

満34歳

日＼月	1	2	3	4	5	6	7	8	9	10	11	12
1	8	33	2	40	3	32	1	32	4	33	9	33
2	7	32	9	39	4	39	10	31	1	32	10	34
3	6	31	10	38	1	40	9	40	2	31	7	31
4	5	39	7	37	2	37	8	39	9	40	8	32
5	4	40	2	36	9	38	7	38	10	39	15	49
6	3	37	5	35	10	35	6	37	17	48	16	50
7	2	38	6	34	7	36	5	46	18	47	13	47
8	1	45	3	33	8	43	14	46	15	46	14	48
9	20	46	4	42	15	44	13	43	16	45	11	45
10	19	43	11	41	16	41	12	44	13	44	12	46
11	18	44	12	50	13	42	11	41	14	43	19	43
12	17	49	19	49	14	49	20	42	11	42	20	44
13	16	50	20	48	11	50	19	49	12	41	17	41
14	15	47	17	47	14	47	18	50	19	50	18	42
15	12	48	18	44	11	48	17	47	20	49	25	59
16	11	45	15	43	12	45	16	42	27	58	22	60
17	20	46	15	42	19	47	13	59	28	57	29	57
18	17	53	14	48	20	56	22	60	25	52	30	57
19	26	52	13	55	27	55	21	57	25	51	27	56
20	25	59	22	56	28	54	24	58	24	60	28	55
21	24	60	21	53	21	53	23	55	23	52	25	54
22	23	57	30	54	22	52	22	56	22	59	26	53
23	22	58	29	51	29	51	21	51	21	60	21	52
24	21	55	28	52	30	60	30	52	30	57	22	51
25	30	56	27	59	27	59	29	59	29	58	39	10
26	29	53	26	60	28	58	28	60	38	5	40	9
27	28	54	25	57	25	55	27	7	37	6	37	8
28	27	1	24	58	26	4	36	8	36	3	38	7
29	36		23	5	33	3	35	5	35	4	35	6
30	35		32	6	34	2	34	6	34	1	36	5
31	34		31		31		33	3		2		4

31~40 時計座　41~50 カメレオン座　51~60 イルカ座

銀

1991

平成3年生★満33歳

日＼月	1	2	3	4	5	6	7	8	9	10	11	12
1	3	38	5	35	10	35	6	37	17	48	16	50
2	2	37	6	34	7	36	5	46	18	47	13	47
3	1	46	3	33	8	43	14	45	15	46	14	48
4	20	46	4	42	15	44	13	44	16	45	11	45
5	19	43	15	41	16	41	12	43	13	44	12	46
6	18	44	12	50	13	42	11	42	14	43	19	43
7	17	41	19	49	14	49	20	41	11	42	20	44
8	16	42	20	48	11	50	19	49	12	41	17	41
9	15	49	17	47	12	47	18	50	19	50	18	42
10	14	50	18	46	19	48	17	47	20	49	25	59
11	13	47	15	45	20	45	16	48	27	58	26	60
12	12	46	16	44	17	46	15	55	28	57	23	57
13	11	53	13	43	18	53	24	56	25	56	24	58
14	30	54	14	52	27	54	23	53	26	55	21	55
15	29	51	21	59	28	51	22	54	23	54	22	56
16	26	52	22	58	25	52	21	55	24	53	25	53
17	25	59	30	57	26	52	28	56	21	52	26	54
18	24	60	29	51	23	51	27	53	22	51	23	51
19	21	55	28	52	24	60	26	54	30	56	24	51
20	30	56	27	59	21	59	29	51	29	55	31	10
21	29	53	26	60	28	58	28	52	38	4	32	9
22	28	54	25	57	25	57	27	9	37	6	39	8
23	27	1	24	58	26	6	36	8	36	3	38	7
24	36	2	23	5	33	5	35	5	35	4	35	6
25	35	9	32	6	34	4	34	6	34	1	36	5
26	34	10	31	3	31	1	33	3	33	2	33	4
27	33	7	40	4	32	10	32	4	32	9	34	3
28	32	8	39	1	39	9	31	1	31	10	31	2
29	31		38	2	40	8	40	2	40	7	32	1
30	40		37	9	37	7	39	9	39	8	49	20
31	39		36		38		38	10		15		19

金

1992

平成4年生★満32歳

日＼月	1	2	3	4	5	6	7	8	9	10	11	12
1	18	43	19	49	14	49	20	41	11	42	20	44
2	17	42	20	48	11	50	19	50	12	41	17	41
3	16	41	17	47	12	47	18	49	19	50	18	42
4	15	49	18	46	19	48	17	48	20	49	25	59
5	14	50	15	45	20	45	16	47	27	58	26	60
6	13	47	16	44	17	46	16	56	28	57	23	57
7	12	48	13	43	18	53	24	56	25	56	24	58
8	11	55	14	52	25	54	23	53	26	55	21	55
9	30	56	21	51	26	51	22	54	23	54	22	56
10	29	53	22	60	23	52	21	51	24	53	29	53
11	28	54	29	59	24	59	30	52	21	52	30	54
12	27	59	30	58	21	60	29	59	22	51	27	51
13	26	60	27	57	24	57	28	60	29	60	28	52
14	25	57	28	54	21	58	27	57	30	59	35	9
15	24	58	25	53	22	55	26	52	37	8	32	10
16	21	55	25	52	29	57	25	9	38	7	39	7
17	30	56	24	58	30	6	32	10	35	6	40	8
18	29	3	23	5	37	5	31	7	35	1	37	6
19	36	2	32	6	38	4	40	8	34	10	38	5
20	35	9	31	3	31	3	33	5	33	9	35	4
21	34	10	40	4	32	2	32	6	32	9	36	3
22	33	7	39	1	39	1	31	1	31	10	31	2
23	32	8	38	2	40	10	40	2	40	7	32	1
24	31	5	37	9	37	9	39	9	39	8	49	20
25	40	6	36	10	38	8	38	10	48	15	50	19
26	39	3	35	7	35	5	37	17	47	16	47	18
27	38	4	34	8	36	14	46	18	46	13	48	17
28	37	11	33	15	43	13	45	15	45	14	45	16
29	46	12	42	16	44	12	44	16	44	11	46	15
30	45		41	13	41	11	43	13	43	12	43	14
31	44		50		42		42	14		19		13

命数が……　1~10 羅針盤座　11~20 インディアン座　21~30 鳳凰座

銀 1993

平成5年生 ★ 満31歳

日＼月	1	2	3	4	5	6	7	8	9	10	11	12
1	12	47	16	44	17	46	15	56	28	57	23	57
2	11	56	13	43	18	53	24	55	25	56	24	58
3	30	55	14	52	25	54	23	54	26	55	21	55
4	29	53	21	51	26	51	22	53	23	54	22	56
5	28	54	22	60	23	52	21	52	24	53	29	53
6	27	51	29	59	24	59	30	51	21	52	30	54
7	26	52	30	58	21	60	30	59	22	51	27	51
8	25	59	27	57	22	57	28	60	29	60	28	52
9	24	60	28	56	29	58	27	57	30	59	35	9
10	23	57	25	55	30	55	26	58	37	8	36	10
11	22	58	26	54	27	56	25	5	38	7	33	7
12	21	3	23	53	28	3	34	6	35	6	34	8
13	40	4	24	2	37	4	33	3	36	5	31	5
14	39	1	31	1	38	1	32	4	33	4	32	6
15	36	2	32	8	35	2	31	5	34	3	35	3
16	35	9	40	7	36	9	40	6	31	2	36	4
17	34	10	39	6	33	1	39	3	32	1	33	1
18	31	7	38	2	34	10	36	4	39	6	34	1
19	40	6	37	9	31	9	35	1	39	5	41	20
20	39	3	36	10	38	8	34	2	48	14	42	19
21	38	4	35	7	35	7	37	19	47	16	49	18
22	37	11	34	8	36	16	46	18	46	13	48	17
23	46	12	33	15	43	15	45	15	45	14	45	16
24	45	19	42	16	44	14	44	16	44	11	46	15
25	44	20	41	13	41	13	43	13	43	12	43	14
26	43	17	50	14	42	12	42	14	42	19	44	13
27	42	18	49	11	49	19	41	11	41	20	41	12
28	41	15	48	12	50	18	50	12	50	17	42	11
29	50		47	19	47	17	49	19	49	18	59	30
30	49		46	20	48	16	48	20	58	25	60	29
31	48		45		45		47	27		26		28

金 1994

平成6年生 ★ 満30歳

日＼月	1	2	3	4	5	6	7	8	9	10	11	12
1	27	52	29	59	24	59	30	51	21	52	30	54
2	26	51	30	58	21	60	29	60	22	51	27	51
3	25	60	27	57	22	57	28	59	29	60	28	52
4	24	60	28	56	29	58	27	58	30	59	35	9
5	23	57	29	55	30	55	26	57	37	8	36	10
6	22	58	26	54	27	56	25	6	38	7	33	7
7	21	5	23	53	28	3	34	5	35	6	34	8
8	40	6	24	2	35	4	33	3	36	5	31	5
9	39	3	31	1	36	1	32	4	33	4	32	6
10	38	4	32	10	33	2	31	1	34	3	39	3
11	37	1	39	9	34	9	40	2	31	2	40	4
12	36	10	40	8	31	10	39	9	32	1	37	1
13	35	7	37	7	32	7	38	10	39	10	38	2
14	34	8	38	6	31	8	37	7	40	9	45	19
15	31	5	35	3	32	5	36	8	47	18	46	20
16	40	6	36	2	39	6	35	19	48	17	49	17
17	39	13	34	1	40	16	42	20	45	16	50	18
18	46	14	33	15	47	15	41	17	46	11	47	16
19	45	19	42	16	48	14	50	18	44	20	48	15
20	44	20	41	13	45	13	43	15	43	19	45	14
21	43	17	50	14	42	12	42	16	42	19	46	13
22	42	18	49	11	49	11	41	13	41	20	43	12
23	41	15	48	12	50	20	50	12	50	17	42	11
24	50	16	47	19	47	19	49	19	49	18	59	30
25	49	13	46	20	48	18	48	20	58	25	60	29
26	48	14	45	17	45	17	47	27	57	26	57	28
27	47	21	44	18	46	24	56	28	56	23	58	27
28	56	22	43	25	53	23	55	25	55	24	55	26
29	55		52	26	54	22	54	26	54	21	56	25
30	54		51	23	51	21	53	23	53	22	53	24
31	53		60		52		52	24		29		23

31~40 時計座　41~50 カメレオン座　51~60 イルカ座

銀

1995

平成7年生 ★ 満29歳

日＼月	1	2	3	4	5	6	7	8	9	10	11	12
1	22	57	26	54	27	56	25	6	38	7	33	7
2	21	6	23	53	28	3	34	5	35	6	34	8
3	40	5	24	2	35	4	33	4	36	5	31	5
4	39	3	31	1	36	1	32	3	33	4	32	6
5	38	4	32	10	33	2	31	2	34	3	39	3
6	37	1	39	9	34	9	40	1	31	2	40	4
7	36	2	40	8	31	10	39	10	32	1	37	1
8	35	9	37	7	32	7	38	10	39	10	38	2
9	34	10	38	6	39	8	37	7	40	9	45	19
10	33	7	35	5	40	5	36	8	47	18	46	20
11	32	8	36	4	37	6	35	15	48	17	43	17
12	31	13	33	3	38	13	44	16	45	16	44	18
13	50	14	34	12	45	14	43	13	46	15	41	15
14	49	11	41	11	48	11	42	14	43	14	42	16
15	48	12	42	18	45	12	41	11	44	13	49	13
16	45	19	49	17	46	19	50	16	41	12	46	14
17	44	20	49	16	43	11	47	13	42	11	43	11
18	43	17	48	12	44	20	46	14	49	20	44	11
19	50	16	47	19	41	19	45	11	49	15	51	30
20	49	13	46	20	42	18	48	12	58	24	52	29
21	48	14	45	17	45	17	47	29	57	23	59	28
22	47	21	44	18	46	26	56	30	56	23	60	27
23	56	22	43	25	53	25	55	25	55	24	55	26
24	55	29	52	26	54	24	54	26	54	21	56	25
25	54	30	51	23	51	23	53	23	53	22	53	24
26	53	27	60	24	52	22	52	24	52	29	54	23
27	52	28	59	21	59	29	51	21	51	30	51	22
28	51	25	58	22	60	28	60	22	60	27	52	21
29	60		57	29	57	27	59	29	59	28	9	40
30	59		56	30	58	26	58	30	8	35	10	39
31	58		55		55		57	37		36		38

金

1996

平成8年生 ★ 満28歳

日＼月	1	2	3	4	5	6	7	8	9	10	11	12
1	37	2	40	8	31	10	39	10	32	1	37	1
2	36	1	37	7	32	7	38	9	39	10	38	2
3	35	10	38	6	39	8	37	8	40	9	45	19
4	34	10	35	5	40	5	36	7	47	18	46	20
5	33	7	36	4	37	6	35	16	48	17	43	17
6	32	8	33	3	38	13	43	15	45	16	44	18
7	31	15	34	12	45	14	43	13	46	15	41	15
8	50	16	41	11	46	11	42	14	43	14	42	16
9	49	13	42	20	43	12	41	11	44	13	49	13
10	48	14	49	19	44	19	50	12	41	12	50	14
11	47	11	50	18	41	20	49	19	42	11	47	11
12	46	20	47	17	42	17	48	20	49	20	48	12
13	45	17	48	16	41	18	47	17	50	19	55	29
14	44	18	45	13	42	15	46	18	57	28	56	30
15	43	15	46	12	49	16	45	29	58	27	59	27
16	50	16	44	11	50	26	54	30	55	26	60	28
17	49	23	43	25	57	25	51	27	56	25	57	25
18	58	24	52	26	58	24	60	28	54	30	58	25
19	55	29	51	23	55	23	59	25	53	29	55	24
20	54	30	60	24	52	22	52	26	52	28	56	23
21	53	27	59	21	59	21	51	23	51	30	53	22
22	52	28	58	22	60	30	60	22	60	27	52	21
23	51	25	57	29	57	29	59	29	59	28	9	40
24	60	26	56	30	58	28	58	30	8	35	10	39
25	59	23	55	27	55	27	57	37	7	36	7	38
26	58	24	54	28	56	34	6	38	6	33	8	37
27	57	31	53	35	3	33	5	35	5	34	5	36
28	6	32	2	36	4	32	4	36	4	31	6	35
29	5	39	1	33	1	31	3	33	3	32	3	34
30	4		10	34	2	40	2	34	2	39	4	33
31	3		9		9		1	31		40		32

命数が…… 1～10 羅針盤座　11～20 インディアン座　21～30 鳳凰座

銀 1997

平成9年生 ★ 満27歳

日＼月	1	2	3	4	5	6	7	8	9	10	11	12
1	31	16	33	3	38	13	44	15	45	16	44	18
2	50	15	34	12	45	14	43	14	46	15	41	15
3	49	14	41	11	46	11	42	13	43	14	42	16
4	48	14	42	20	43	12	41	12	44	13	49	13
5	47	11	49	19	44	19	50	11	41	12	50	14
6	46	12	50	18	41	20	49	20	42	11	47	11
7	45	19	47	17	42	17	48	20	49	20	48	12
8	44	20	48	16	49	18	47	17	50	19	55	29
9	43	17	45	15	50	15	46	18	57	28	56	30
10	42	18	46	14	47	16	45	25	58	27	53	27
11	41	25	43	13	48	23	54	26	55	26	54	28
12	60	24	44	22	55	24	53	23	56	25	51	25
13	59	21	51	21	58	21	52	24	53	24	52	26
14	58	22	52	30	55	22	51	21	54	23	59	23
15	55	29	59	27	56	29	60	26	51	22	56	24
16	54	30	59	26	53	30	59	23	52	21	53	21
17	53	27	58	25	54	30	56	24	59	30	54	22
18	60	28	57	29	51	29	55	21	59	25	1	40
19	59	23	56	30	52	28	54	22	8	34	2	39
20	58	24	55	27	55	27	57	39	7	33	9	38
21	57	31	54	28	56	36	6	40	6	33	10	37
22	6	32	53	35	3	35	5	35	5	34	5	36
23	5	39	2	36	4	34	4	36	4	31	6	35
24	4	40	1	33	1	33	3	33	3	32	3	34
25	3	37	10	34	2	32	2	34	2	39	4	33
26	2	38	9	31	9	39	1	31	1	40	1	32
27	1	35	8	32	10	38	10	32	10	37	2	31
28	10	36	7	39	7	37	9	39	9	38	19	50
29	9		6	40	8	36	8	40	18	45	20	49
30	8		5	37	5	35	7	47	17	46	17	48
31	7		4		6		16	48		43		47

金 1998

平成10年生 ★ 満26歳

日＼月	1	2	3	4	5	6	7	8	9	10	11	12
1	46	11	50	18	41	20	49	20	42	11	47	11
2	45	20	47	17	42	17	48	19	49	20	48	12
3	44	19	48	16	49	18	47	18	50	19	55	29
4	43	17	45	15	50	15	46	17	57	28	56	30
5	42	18	50	14	47	16	45	26	58	27	53	27
6	41	25	43	13	48	23	54	25	55	26	54	28
7	60	26	44	22	55	24	53	24	56	25	51	25
8	59	23	51	21	56	21	52	24	53	24	52	26
9	58	24	52	30	53	22	51	21	54	23	59	23
10	57	21	59	29	54	29	60	22	51	22	60	24
11	56	22	60	28	51	30	59	29	52	21	57	21
12	55	27	57	27	52	27	58	30	59	30	58	22
13	54	28	58	26	59	28	57	27	60	29	5	39
14	53	25	55	25	52	25	56	28	7	38	6	40
15	60	26	56	22	59	26	55	35	8	37	3	37
16	59	33	53	21	60	33	4	40	5	36	10	38
17	8	34	53	40	7	35	1	37	6	35	7	35
18	5	31	2	36	8	34	10	38	3	40	8	35
19	4	40	1	33	5	33	9	35	3	39	5	34
20	3	37	10	34	6	32	2	36	2	38	6	33
21	2	38	9	31	9	31	1	33	1	40	3	32
22	1	35	8	32	10	40	10	34	10	37	4	31
23	10	36	7	39	7	39	9	39	9	38	19	50
24	9	33	6	40	8	38	8	40	18	45	20	49
25	8	34	5	37	5	37	7	47	17	46	17	48
26	7	41	4	38	6	46	16	48	16	43	18	47
27	16	42	3	45	13	43	15	45	15	44	15	46
28	15	49	12	46	14	42	14	46	14	41	16	45
29	14		11	43	11	41	13	43	13	42	13	44
30	13		20	44	12	50	12	44	12	49	14	43
31	12		19		19		11	41		50		42

31~40 時計座　41~50 カメレオン座　51~60 イルカ座

銀 1999

平成11年生 ★ 満25歳

日＼月	1	2	3	4	5	6	7	8	9	10	11	12
1	41	26	43	13	48	23	54	25	55	26	54	28
2	60	25	44	22	55	24	53	24	56	25	51	25
3	59	24	51	21	56	21	52	23	53	24	52	26
4	58	24	52	30	53	22	51	22	54	23	59	23
5	57	21	53	29	54	29	60	21	51	22	60	24
6	56	22	60	28	51	30	59	30	52	21	57	21
7	55	29	57	27	52	27	58	29	59	30	58	22
8	54	30	58	26	59	28	57	27	60	29	5	39
9	53	27	55	25	60	25	56	28	7	38	6	40
10	52	28	56	24	57	26	55	35	8	37	3	37
11	51	35	53	23	58	33	4	36	5	36	4	38
12	10	34	54	32	5	34	3	33	6	35	1	35
13	9	31	1	31	6	31	2	34	3	34	2	36
14	8	32	2	40	5	32	1	31	4	33	9	33
15	7	39	9	37	6	39	10	32	1	32	10	34
16	4	40	10	36	3	40	9	33	2	31	3	31
17	3	37	8	35	4	40	6	34	9	40	4	32
18	2	38	7	39	1	39	5	31	10	39	11	50
19	9	33	6	40	2	38	4	32	18	44	12	49
20	8	34	5	37	9	37	7	49	17	43	19	48
21	7	41	4	38	6	46	16	50	16	42	20	47
22	16	42	3	45	13	45	15	47	15	44	17	46
23	15	49	12	46	14	44	14	46	14	41	16	45
24	14	50	11	43	11	43	13	43	13	42	13	44
25	13	47	20	44	12	42	12	44	12	49	14	43
26	12	48	19	41	19	41	11	41	11	50	11	42
27	11	45	18	42	20	48	20	42	20	47	12	41
28	20	46	17	49	17	47	19	49	19	48	29	60
29	19		16	50	18	46	18	50	28	55	30	59
30	18		15	47	15	45	17	57	27	56	27	58
31	17		14		16		26	58		53		57

金 2000

平成12年生 ★ 満24歳

日＼月	1	2	3	4	5	6	7	8	9	10	11	12
1	56	21	57	27	52	27	58	29	59	30	58	22
2	55	30	58	26	59	28	57	28	60	29	5	39
3	54	29	55	25	60	25	56	27	7	38	6	40
4	53	27	56	24	57	26	55	36	8	37	3	37
5	52	28	53	23	58	33	4	35	5	36	4	38
6	51	35	54	32	5	34	4	34	6	35	1	35
7	10	36	1	31	6	31	2	34	3	34	2	36
8	9	33	2	40	3	32	1	31	4	33	9	33
9	8	34	9	39	4	39	10	32	1	32	10	34
10	7	31	10	38	1	40	9	39	2	31	7	31
11	6	32	7	37	2	37	8	40	9	40	8	32
12	5	37	8	36	9	38	7	37	10	39	15	49
13	4	38	5	35	2	35	6	38	17	48	16	50
14	3	35	6	32	9	36	5	45	18	47	13	47
15	2	36	3	31	10	43	14	50	15	46	20	48
16	9	43	3	50	17	45	13	47	16	45	17	45
17	18	44	12	46	18	44	20	48	13	44	18	46
18	17	41	11	43	15	43	19	45	13	49	15	44
19	14	50	20	44	16	42	18	46	12	48	16	43
20	13	47	19	41	19	41	11	43	11	47	13	42
21	12	48	18	42	20	50	20	44	20	47	14	41
22	11	45	17	49	17	49	19	49	19	48	29	60
23	20	46	16	50	18	48	18	50	28	55	30	59
24	19	43	15	47	15	47	17	57	27	56	27	58
25	18	44	14	48	16	56	26	58	26	53	28	57
26	17	51	13	55	23	53	25	55	25	54	25	56
27	26	52	22	56	24	52	24	56	24	51	26	55
28	25	59	21	53	21	51	23	53	23	52	23	54
29	24	60	30	54	22	60	22	54	22	59	24	53
30	23		29	51	29	59	21	51	21	60	21	52
31	22		28		30		30	52		57		51

命数が…… 1~10 羅針盤座　11~20 インディアン座　21~30 鳳凰座

銀

2001

平成13年生

★

満23歳

日＼月	1	2	3	4	5	6	7	8	9	10	11	12
1	10	35	54	32	5	34	3	34	6	35	1	35
2	9	34	1	31	6	31	2	33	3	34	2	36
3	8	33	2	40	3	32	1	32	4	33	9	33
4	7	31	9	39	4	39	10	31	1	32	10	34
5	6	32	10	38	1	40	9	40	2	31	7	31
6	5	39	7	37	2	37	7	39	9	40	8	32
7	4	40	8	36	9	38	7	37	10	39	15	49
8	3	37	5	35	10	35	6	38	17	48	16	50
9	2	38	6	34	7	36	5	45	18	47	13	47
10	1	45	3	33	8	43	14	46	15	46	14	48
11	20	46	4	42	15	44	13	43	16	45	11	45
12	19	41	11	41	16	41	12	44	13	44	12	46
13	18	42	12	50	15	42	11	41	14	43	19	43
14	17	49	19	49	16	49	20	42	11	42	20	44
15	14	50	20	46	13	50	19	43	12	41	13	41
16	13	47	18	45	14	50	18	44	19	50	14	42
17	12	48	17	44	11	49	15	41	20	49	21	59
18	19	45	16	50	12	48	14	42	28	54	22	59
19	18	44	15	47	19	47	13	59	27	53	29	58
20	17	51	14	48	16	56	26	60	26	52	30	57
21	26	52	13	55	23	55	25	57	25	54	27	56
22	25	59	22	56	24	54	24	56	24	51	26	55
23	24	60	21	53	21	53	23	53	23	52	23	54
24	23	57	30	54	22	52	22	54	22	59	24	53
25	22	58	29	51	29	51	21	51	21	60	21	52
26	21	55	28	52	30	58	30	52	30	57	22	51
27	30	56	27	59	27	57	29	59	29	58	39	10
28	29	53	26	60	28	56	28	60	38	5	40	9
29	28		25	57	25	55	27	7	37	6	37	8
30	27		24	58	26	4	36	8	36	3	38	7
31	36		23		33		35	5		4		6

金

2002

平成14年生

★

満22歳

日＼月	1	2	3	4	5	6	7	8	9	10	11	12
1	5	40	7	37	2	37	8	39	9	40	8	32
2	4	39	8	36	9	38	7	38	10	39	15	49
3	3	38	5	35	10	35	6	37	17	48	16	50
4	2	38	6	34	7	36	5	46	18	47	13	47
5	1	45	7	33	8	43	14	45	15	46	14	48
6	20	46	4	42	15	44	13	44	16	45	11	45
7	19	43	11	41	16	41	12	43	13	44	12	46
8	18	44	12	50	13	42	11	41	14	43	19	43
9	17	41	19	49	14	49	20	42	11	42	20	44
10	16	42	20	48	11	50	19	49	12	41	17	41
11	15	49	17	47	12	47	18	50	19	50	18	42
12	14	48	18	46	19	48	17	47	20	49	25	59
13	13	45	15	45	20	45	16	48	27	58	26	60
14	12	46	16	44	19	46	15	55	28	57	23	57
15	19	53	13	41	20	53	24	56	25	56	30	58
16	28	54	14	60	27	54	23	57	26	55	27	55
17	27	51	22	59	28	54	30	58	23	54	28	56
18	24	52	21	53	25	53	29	55	24	59	25	54
19	23	57	30	54	26	52	28	56	22	58	26	53
20	22	58	29	51	23	51	21	53	21	57	23	52
21	21	55	28	52	30	60	30	54	30	57	24	51
22	30	56	27	59	27	59	29	51	29	58	39	10
23	29	53	26	60	28	58	28	60	38	5	40	9
24	28	54	25	57	25	57	27	7	37	6	37	8
25	27	1	24	58	26	6	36	8	36	3	38	7
26	36	2	23	5	33	5	35	5	35	4	35	6
27	35	9	32	6	34	2	34	6	34	1	36	5
28	34	10	31	3	31	1	33	3	33	2	33	4
29	33		40	4	32	10	32	4	32	9	34	3
30	32		39	1	39	9	31	1	31	10	31	2
31	31		38		40		40	2		7		1

銀

2003

平成15年生★満21歳

日＼月	1	2	3	4	5	6	7	8	9	10	11	12
1	20	45	4	42	15	44	13	44	16	45	11	45
2	19	44	11	41	16	41	12	43	13	44	12	46
3	18	43	12	50	13	42	11	42	14	43	19	43
4	17	41	19	49	14	49	20	41	11	42	20	44
5	16	42	14	48	11	50	19	50	12	41	17	41
6	15	49	17	47	12	47	18	49	19	50	18	42
7	14	50	18	46	19	48	17	48	20	49	25	59
8	13	47	15	45	20	45	16	48	27	58	26	60
9	12	48	16	44	17	46	15	55	28	57	23	57
10	11	55	13	43	18	53	24	56	25	56	24	58
11	30	56	14	52	25	54	23	53	26	55	21	55
12	29	51	21	51	26	51	22	54	23	54	22	56
13	28	52	22	60	23	52	21	51	24	53	29	53
14	27	59	29	59	26	59	30	52	21	52	30	54
15	26	60	30	56	23	60	29	59	22	51	27	51
16	23	57	27	55	24	57	28	54	29	60	24	52
17	22	58	27	54	21	59	25	51	30	59	31	9
18	21	55	26	60	22	58	24	52	37	8	32	9
19	28	54	25	57	29	57	23	9	37	3	39	8
20	27	1	24	58	30	6	36	10	36	2	40	7
21	36	2	23	5	33	5	35	7	35	1	37	6
22	35	9	32	6	34	4	34	8	34	1	38	5
23	34	10	31	3	31	3	33	3	33	2	33	4
24	33	7	40	4	32	2	32	4	32	9	34	3
25	32	8	39	1	39	1	31	1	31	10	31	2
26	31	5	38	2	40	10	40	2	40	7	32	1
27	40	6	37	9	37	7	39	9	39	8	49	20
28	39	3	36	10	38	6	38	10	48	15	50	19
29	38		35	7	35	5	37	17	47	16	47	18
30	37		34	8	36	14	46	18	46	13	48	17
31	46		33		43		45	15		14		16

金

2004

平成16年生★満20歳

日＼月	1	2	3	4	5	6	7	8	9	10	11	12
1	15	50	18	46	19	48	17	48	20	49	25	59
2	14	49	15	45	20	45	16	47	27	58	26	60
3	13	48	16	44	17	46	15	56	28	57	23	57
4	12	48	13	43	18	53	24	55	25	56	24	58
5	11	55	14	52	25	54	23	54	26	55	21	55
6	30	56	21	51	26	51	21	53	23	54	22	56
7	29	53	22	60	23	52	21	51	24	53	29	53
8	28	54	29	59	24	59	30	52	21	52	30	54
9	27	51	30	58	21	60	29	59	22	51	27	51
10	26	52	27	57	22	57	28	60	29	60	28	52
11	25	59	28	56	29	58	27	57	30	59	35	9
12	24	58	25	55	30	55	26	58	37	8	36	10
13	23	55	26	54	29	56	25	5	38	7	33	7
14	22	56	23	51	30	3	34	6	35	6	34	8
15	21	3	24	10	37	4	33	7	36	5	37	5
16	38	4	32	9	38	4	32	8	33	4	38	6
17	37	1	31	3	35	3	39	5	34	3	35	3
18	36	2	40	4	36	2	38	6	32	8	36	3
19	33	7	39	1	33	1	37	3	31	7	33	2
20	32	8	38	2	40	10	40	4	40	6	34	1
21	31	5	37	9	37	9	39	1	39	8	41	20
22	40	6	36	10	38	8	38	10	48	15	50	19
23	39	3	35	7	35	7	37	17	47	16	47	18
24	38	4	34	8	36	16	46	18	46	13	48	17
25	37	11	33	15	43	15	45	15	45	14	45	16
26	46	12	42	16	44	12	44	16	44	11	46	15
27	45	19	41	13	41	11	43	13	43	12	43	14
28	44	20	50	14	42	20	42	14	42	19	44	13
29	43	17	49	11	49	19	41	11	41	20	41	12
30	42		48	12	50	18	50	12	50	17	42	11
31	41		47		47		49	19		18		30

命数が…… 1~10 羅針盤座　11~20 インディアン座　21~30 鳳凰座

銀 2005 平成17年生 ★ 満19歳

日＼月	1	2	3	4	5	6	7	8	9	10	11	12
1	29	54	21	51	26	51	22	53	23	54	22	56
2	28	53	22	60	23	52	21	52	24	53	29	53
3	27	52	29	59	24	59	30	51	21	52	30	54
4	26	52	30	58	21	60	29	60	22	51	27	51
5	25	59	27	57	22	57	28	59	29	60	28	52
6	24	60	28	56	29	58	28	58	30	59	35	9
7	23	57	25	55	30	55	26	58	37	8	36	10
8	22	58	26	54	27	56	25	5	38	7	33	7
9	21	5	23	53	28	3	34	6	35	6	34	8
10	40	6	24	2	35	4	33	3	36	5	31	5
11	39	3	31	1	36	1	32	4	33	4	32	6
12	38	2	32	10	33	2	31	1	34	3	39	3
13	37	9	39	9	36	9	40	2	31	2	40	4
14	36	10	40	8	33	10	39	9	32	1	37	1
15	33	7	37	5	34	7	38	4	39	10	34	2
16	32	8	37	4	31	9	37	1	40	9	41	19
17	31	5	36	3	32	8	34	2	47	18	42	20
18	38	6	35	7	39	7	33	19	47	13	49	18
19	37	11	34	8	40	16	42	20	46	12	50	17
20	46	12	33	15	43	15	45	17	45	11	47	16
21	45	19	42	16	44	14	44	18	44	11	48	15
22	44	20	41	13	41	13	43	13	43	12	43	14
23	43	17	50	14	42	12	42	14	42	19	44	13
24	42	18	49	11	49	11	41	11	41	20	41	12
25	41	15	48	12	50	20	50	12	50	17	42	11
26	50	16	47	19	47	17	49	19	49	18	59	30
27	49	13	46	20	48	16	48	20	58	25	60	29
28	48	14	45	17	45	15	47	27	57	26	57	28
29	47		44	18	46	24	56	28	56	23	58	27
30	56		43	25	53	23	55	25	55	24	55	26
31	55		52		54		54	26		21		25

金 2006 平成18年生 ★ 満18歳

日＼月	1	2	3	4	5	6	7	8	9	10	11	12
1	24	59	28	56	29	58	27	58	30	59	35	9
2	23	58	25	55	30	55	26	57	37	8	36	10
3	22	57	26	54	27	56	25	6	38	7	33	7
4	21	5	23	53	28	3	34	5	35	6	34	8
5	40	6	28	2	35	4	33	4	36	5	31	5
6	39	3	31	1	36	1	32	3	33	4	32	6
7	38	4	32	10	33	2	31	2	34	3	39	3
8	37	1	39	9	34	9	40	2	31	2	40	4
9	36	2	40	8	31	10	39	9	32	1	37	1
10	35	9	37	7	32	7	38	10	39	10	38	2
11	34	10	38	6	39	8	37	7	40	9	45	19
12	33	5	35	5	40	5	36	8	47	18	46	20
13	32	6	36	4	37	6	35	15	48	17	43	17
14	31	13	33	3	40	13	44	16	45	16	44	18
15	48	14	34	20	47	14	43	13	46	15	47	15
16	47	11	41	19	48	11	42	18	43	14	48	16
17	46	12	41	18	45	13	49	15	44	13	45	13
18	43	19	50	14	46	12	48	16	41	18	46	13
19	42	18	49	11	43	11	47	13	41	17	43	12
20	41	15	48	12	44	20	50	14	50	16	44	11
21	50	16	47	19	47	19	49	11	49	18	51	30
22	49	13	46	20	48	18	48	12	58	25	60	29
23	48	14	45	17	45	17	47	27	57	26	57	28
24	47	21	44	18	46	26	56	28	56	23	58	27
25	56	22	43	25	53	25	55	25	55	24	55	26
26	55	29	52	26	54	24	54	26	54	21	56	25
27	54	30	51	23	51	21	53	23	53	22	53	24
28	53	27	60	24	52	30	52	24	52	29	54	23
29	52		59	21	59	29	51	21	51	30	51	22
30	51		58	22	60	28	60	22	60	27	52	21
31	60		57		57		59	29		28		40

31~40 時計座　41~50 カメレオン座　51~60 イルカ座

銀

2007

平成19年生 ★ 満17歳

日＼月	1	2	3	4	5	6	7	8	9	10	11	12
1	39	4	31	1	36	1	32	3	33	4	32	6
2	38	3	32	10	33	2	31	2	34	3	39	3
3	37	2	39	9	34	9	40	1	31	2	40	4
4	36	2	40	8	31	10	39	10	32	1	37	1
5	35	9	37	7	32	7	38	9	39	10	38	2
6	34	10	38	6	39	8	37	8	40	9	45	19
7	33	7	35	5	40	5	36	7	47	18	46	20
8	32	8	36	4	37	6	35	15	48	17	43	17
9	31	15	33	3	38	13	44	16	45	16	44	18
10	50	16	34	12	45	14	43	13	46	15	41	15
11	49	13	41	11	46	11	42	14	43	14	42	16
12	48	12	42	20	43	12	41	11	44	13	49	13
13	47	19	49	19	44	19	50	12	41	12	50	14
14	46	20	50	18	43	20	49	19	42	11	47	11
15	45	17	47	15	44	17	48	20	49	20	48	12
16	42	18	48	14	41	18	47	11	50	19	51	29
17	41	15	46	13	42	18	44	12	57	28	52	30
18	50	16	45	17	49	17	43	29	58	27	59	28
19	47	21	44	18	50	26	52	30	56	22	60	27
20	56	22	43	25	57	25	55	27	55	21	57	26
21	55	29	52	26	54	24	54	28	54	30	58	25
22	54	30	51	23	51	23	53	25	53	22	55	24
23	53	27	60	24	52	22	52	24	52	29	54	23
24	52	28	59	21	59	21	51	21	51	30	51	22
25	51	25	58	22	60	30	60	22	60	27	52	21
26	60	26	57	29	57	29	59	29	59	28	9	40
27	59	23	56	30	58	26	58	30	8	35	10	39
28	58	24	55	27	55	25	57	37	7	36	7	38
29	57		54	28	56	34	6	38	6	33	8	37
30	6		53	35	3	33	5	35	5	34	5	36
31	5		2		4		4	36		31		35

金

2008

平成20年生 ★ 満16歳

日＼月	1	2	3	4	5	6	7	8	9	10	11	12
1	34	9	35	5	40	5	36	7	47	18	46	20
2	33	8	36	4	37	6	35	16	48	17	43	17
3	32	7	33	3	38	13	44	15	45	16	44	18
4	31	15	34	12	45	14	43	14	46	15	41	15
5	50	16	41	11	46	11	42	13	43	14	42	16
6	49	13	42	20	43	12	42	12	44	13	49	13
7	48	14	49	19	44	19	50	12	41	12	50	14
8	47	11	50	18	41	20	49	19	42	11	47	11
9	46	12	47	17	42	17	48	20	49	20	48	12
10	45	19	48	16	49	18	47	17	50	19	55	29
11	44	20	45	15	50	15	46	18	57	28	56	30
12	43	15	46	14	47	16	45	25	58	27	53	27
13	42	16	43	13	50	23	54	26	55	26	54	28
14	41	23	44	30	57	24	53	23	56	25	51	25
15	60	24	51	29	58	21	52	28	53	24	58	26
16	57	21	51	28	55	23	51	25	54	23	55	23
17	56	22	60	24	56	22	58	26	51	22	56	24
18	55	29	59	21	53	21	57	23	51	27	53	22
19	52	28	58	22	54	30	56	24	60	26	54	21
20	51	25	57	29	57	29	59	21	59	25	1	40
21	60	26	56	30	58	28	58	22	8	35	2	39
22	59	23	55	27	55	27	57	37	7	36	7	38
23	58	24	54	28	56	36	6	38	6	33	8	37
24	57	31	53	35	3	35	5	35	5	34	5	36
25	6	32	2	36	4	34	4	36	4	31	6	35
26	5	39	1	33	1	31	3	33	3	32	3	34
27	4	40	10	34	2	40	2	34	2	39	4	33
28	3	37	9	31	9	39	1	31	1	40	1	32
29	2	38	8	32	10	38	10	32	10	37	2	31
30	1		7	39	7	37	9	39	9	38	19	50
31	10		6		8		8	40		45		49

命数が…… 1~10 羅針盤座　11~20 インディアン座　21~30 鳳凰座

銀 2009

平成21年生 ★ 満15歳

日＼月	1	2	3	4	5	6	7	8	9	10	11	12
1	48	13	42	20	43	12	41	12	44	13	49	13
2	47	12	49	19	44	19	50	11	41	12	50	14
3	46	11	50	18	41	20	49	20	42	11	47	11
4	45	19	47	17	42	17	48	19	49	20	48	12
5	44	20	48	16	49	18	47	18	50	19	55	29
6	43	17	45	15	50	15	46	17	57	28	56	30
7	42	18	46	14	47	16	45	25	58	27	53	27
8	41	25	43	13	48	23	54	26	55	26	54	28
9	60	26	44	22	55	24	53	23	56	25	51	25
10	59	23	51	21	56	21	52	24	53	24	52	26
11	58	24	52	30	53	22	51	21	54	23	59	23
12	57	29	59	29	54	29	60	22	51	22	60	24
13	56	30	60	28	53	30	59	29	52	21	57	21
14	55	27	57	27	54	27	58	30	59	30	58	22
15	52	28	58	24	51	28	57	21	60	29	1	39
16	51	25	56	23	52	28	56	22	7	38	2	40
17	60	26	55	22	59	27	53	39	8	37	9	37
18	57	33	54	28	60	36	2	40	6	32	10	37
19	6	32	53	35	7	35	1	37	5	31	7	36
20	5	39	2	36	4	34	4	38	4	40	8	35
21	4	40	1	33	1	33	3	35	3	32	5	34
22	3	37	10	34	2	32	2	34	2	39	4	33
23	2	38	9	31	9	31	1	31	1	40	1	32
24	1	35	8	32	10	40	10	32	10	37	2	31
25	10	36	7	39	7	39	9	39	9	38	19	50
26	9	33	6	40	8	36	8	40	18	45	20	49
27	8	34	5	37	5	35	7	47	17	46	17	48
28	7	41	4	38	6	44	16	48	16	43	18	47
29	16		3	45	13	43	15	45	15	44	15	46
30	15		12	46	14	42	14	46	14	41	16	45
31	14		11		11		13	43		42		44

金 2010

平成22年生 ★ 満14歳

日＼月	1	2	3	4	5	6	7	8	9	10	11	12
1	43	18	45	15	50	15	46	17	57	28	56	30
2	42	17	46	14	47	16	45	26	58	27	53	27
3	41	26	43	13	48	23	54	25	55	26	54	28
4	60	26	44	22	55	24	53	24	56	25	51	25
5	59	23	55	21	56	21	52	23	53	24	52	26
6	58	24	52	30	53	22	51	22	54	23	59	23
7	57	21	59	29	54	29	60	22	51	22	60	24
8	56	22	60	28	51	30	59	29	52	21	57	21
9	55	29	57	27	52	27	58	30	59	30	58	22
10	54	30	58	26	59	28	57	27	60	29	5	39
11	53	27	55	25	60	25	56	28	7	38	6	40
12	52	26	56	24	57	26	55	35	8	37	3	37
13	51	33	53	23	60	33	4	36	5	36	4	38
14	10	34	54	32	7	34	3	33	6	35	1	35
15	7	31	1	39	8	31	2	38	3	34	8	36
16	6	32	2	38	5	32	1	35	4	33	5	33
17	5	39	10	37	6	32	8	36	1	32	6	34
18	2	40	9	31	3	31	7	33	2	37	3	32
19	1	35	8	32	4	40	6	34	10	36	4	31
20	10	36	7	39	7	39	9	31	9	35	11	50
21	9	33	6	40	8	38	8	32	18	45	12	49
22	8	34	5	37	5	37	7	47	17	46	17	48
23	7	41	4	38	6	46	16	48	16	43	18	47
24	16	42	3	45	13	45	15	45	15	44	15	46
25	15	49	12	46	14	44	14	46	14	41	16	45
26	14	50	11	43	11	43	13	43	13	42	13	44
27	13	47	20	44	12	50	12	44	12	49	14	43
28	12	48	19	41	19	49	11	41	11	50	11	42
29	11		18	42	20	48	20	42	20	47	12	41
30	20		17	49	17	47	19	49	19	48	29	60
31	19		16		18		18	50		55		59

31~40 時計座　41~50 カメレオン座　51~60 イルカ座

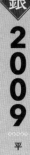

銀 2011 平成23年生 ★ 満13歳

日＼月	1	2	3	4	5	6	7	8	9	10	11	12
1	58	23	52	30	53	22	51	22	54	23	59	23
2	57	22	59	29	54	29	60	21	51	22	60	24
3	56	21	60	28	51	30	59	30	52	21	57	21
4	55	29	57	27	52	27	58	29	59	30	58	22
5	54	30	52	26	59	28	57	28	60	29	5	39
6	53	27	55	25	60	25	56	27	7	38	6	40
7	52	28	56	24	57	26	55	36	8	37	3	37
8	51	35	53	23	58	33	4	36	5	36	4	38
9	10	36	54	32	5	34	3	33	6	35	1	35
10	9	33	1	31	6	31	2	34	3	34	2	36
11	8	34	2	40	3	32	1	31	4	33	9	33
12	7	39	9	39	4	39	10	32	1	32	10	34
13	6	40	10	38	1	40	9	39	2	31	7	31
14	5	37	7	37	4	37	8	40	9	40	8	32
15	4	38	8	34	1	38	7	37	10	39	15	49
16	1	35	5	33	2	35	6	32	17	48	12	50
17	10	36	5	32	9	37	3	49	18	47	19	47
18	9	43	4	38	10	46	12	50	15	46	20	47
19	16	42	3	45	17	45	11	47	15	41	17	46
20	15	49	12	46	18	44	14	48	14	50	18	45
21	14	50	11	43	11	43	13	45	13	49	15	44
22	13	47	20	44	12	42	12	46	12	49	16	43
23	12	48	19	41	19	41	11	41	11	50	11	42
24	11	45	18	42	20	50	20	42	20	47	12	41
25	20	46	17	49	17	49	19	49	19	48	29	60
26	19	43	16	50	18	48	18	50	28	55	30	59
27	18	44	15	47	15	45	17	57	27	56	27	58
28	17	51	14	48	16	54	26	58	26	53	28	57
29	26		13	55	23	53	25	55	25	54	25	56
30	25		22	56	24	52	24	56	24	51	26	55
31	24		21		21		23	53		52		54

金 2012 平成24年生 ★ 満12歳

日＼月	1	2	3	4	5	6	7	8	9	10	11	12
1	53	28	56	24	57	26	55	36	8	37	3	37
2	52	27	53	23	58	33	4	35	5	36	4	38
3	51	36	54	32	5	34	3	34	6	35	1	35
4	10	36	1	31	6	31	2	33	3	34	2	36
5	9	33	2	40	3	32	1	32	4	33	9	33
6	8	34	9	39	4	39	9	31	1	32	10	34
7	7	31	10	38	1	40	9	39	2	31	7	31
8	6	32	7	37	2	37	8	40	9	40	8	32
9	5	39	8	36	9	38	7	37	10	39	15	49
10	4	40	5	35	10	35	6	38	17	48	16	50
11	3	37	6	34	7	36	5	45	18	47	13	47
12	2	36	3	33	8	43	14	46	15	46	14	48
13	1	43	4	42	17	44	13	43	16	45	11	45
14	20	44	11	49	18	41	12	44	13	44	12	46
15	19	41	12	48	15	42	11	45	14	43	15	43
16	16	42	20	47	16	42	20	46	11	42	16	44
17	15	49	19	41	13	41	17	43	12	41	13	41
18	14	50	18	42	14	50	16	44	20	46	14	41
19	11	45	17	49	11	49	15	41	19	45	21	60
20	20	46	16	50	18	48	18	42	28	54	22	59
21	19	43	15	47	15	47	17	59	27	56	29	58
22	18	44	14	48	16	56	26	58	26	53	28	57
23	17	51	13	55	23	55	25	55	25	54	25	56
24	26	52	22	56	24	54	24	56	24	51	26	55
25	25	59	21	53	21	53	23	53	23	52	23	54
26	24	60	30	54	22	60	22	54	22	59	24	53
27	23	57	29	51	29	59	21	51	21	60	21	52
28	22	58	28	52	30	58	30	52	30	57	22	51
29	21	55	27	59	27	57	29	59	29	58	39	10
30	30		26	60	28	56	28	60	38	5	40	9
31	29		25		25		27	7		6		8

命数が…… 1~10 羅針盤座　11~20 インディアン座　21~30 鳳凰座

銀 2013 平成25年生 ★ 満11歳

日＼月	1	2	3	4	5	6	7	8	9	10	11	12
1	7	32	9	39	4	39	10	31	1	32	10	34
2	6	31	10	38	1	40	9	40	2	31	7	31
3	5	40	7	37	2	37	8	39	9	40	8	32
4	4	40	8	36	9	38	7	38	10	39	15	49
5	3	37	5	35	10	35	6	37	17	48	16	50
6	2	38	6	34	7	36	6	46	18	47	13	47
7	1	45	3	33	8	43	14	46	15	46	14	48
8	20	46	4	42	15	44	13	43	16	45	11	45
9	19	43	11	41	16	41	12	44	13	44	12	46
10	18	44	12	50	13	42	11	41	14	43	19	43
11	17	41	19	49	14	49	20	42	11	42	20	44
12	16	50	20	48	11	50	19	49	12	41	17	41
13	15	47	17	47	14	47	18	50	19	50	18	42
14	14	48	18	46	11	48	17	47	20	49	25	59
15	11	45	15	43	12	45	16	42	27	58	22	60
16	20	46	15	42	19	47	15	59	28	57	29	57
17	19	53	14	41	20	56	22	60	25	56	30	58
18	26	54	13	55	27	55	21	57	25	51	27	56
19	25	59	22	56	28	54	30	58	24	60	28	55
20	24	60	21	53	21	53	23	55	23	59	25	54
21	23	57	30	54	22	52	22	56	22	59	26	53
22	22	58	29	51	29	51	21	51	21	60	21	52
23	21	55	28	52	30	60	30	52	30	57	22	51
24	30	56	27	59	27	59	29	59	29	58	39	10
25	29	53	26	60	28	58	28	60	38	5	40	9
26	28	54	25	57	25	55	27	7	37	6	37	8
27	27	1	24	58	26	4	36	8	36	3	38	7
28	36	2	23	5	33	3	35	5	35	4	35	6
29	35		32	6	34	2	34	6	34	1	36	5
30	34		31	3	31	1	33	3	33	2	33	4
31	33		40		32		32	4		9		3

金 2014 平成26年生 ★ 満10歳

日＼月	1	2	3	4	5	6	7	8	9	10	11	12
1	2	37	6	34	7	36	5	46	18	47	13	47
2	1	46	3	33	8	43	14	45	15	46	14	48
3	20	45	4	42	15	44	13	44	16	45	11	45
4	19	43	11	41	16	41	12	43	13	44	12	46
5	18	44	12	50	13	42	11	42	14	43	19	43
6	17	41	19	49	14	49	20	41	11	42	20	44
7	16	42	20	48	11	50	19	49	12	41	17	41
8	15	49	17	47	12	47	18	50	19	50	18	42
9	14	50	18	46	19	48	17	47	20	49	25	59
10	13	47	15	45	20	45	16	48	27	58	26	60
11	12	48	16	44	17	46	15	55	28	57	23	57
12	11	53	13	43	18	53	24	56	25	56	24	58
13	30	54	14	52	27	54	23	53	26	55	21	55
14	29	51	21	51	28	51	22	54	23	54	22	56
15	26	52	22	58	25	52	21	55	24	53	25	53
16	25	59	29	57	26	59	30	56	21	52	26	54
17	24	60	29	56	23	51	27	53	22	51	23	51
18	21	57	28	52	24	60	26	54	29	56	24	51
19	30	56	27	59	21	59	25	51	29	55	31	10
20	29	53	26	60	28	58	28	52	38	4	32	9
21	28	54	25	57	25	57	27	9	37	6	39	8
22	27	1	24	58	26	6	36	8	36	3	38	7
23	36	2	23	5	33	5	35	5	35	4	35	6
24	35	9	32	6	34	4	34	6	34	1	36	5
25	34	10	31	3	31	3	33	3	33	2	33	4
26	33	7	40	4	32	2	32	4	32	9	34	3
27	32	8	39	1	39	9	31	1	31	10	31	2
28	31	5	38	2	40	8	40	2	40	7	32	1
29	40		37	9	37	7	39	9	39	8	49	20
30	39		36	10	38	6	38	10	48	15	50	19
31	38		35		35		37	17		16		18

31~40 時計座　41~50 カメレオン座　51~60 イルカ座

銀

2015

平成27年生 ★ 満9歳

日＼月	1	2	3	4	5	6	7	8	9	10	11	12
1	17	42	19	49	14	49	20	41	11	42	20	44
2	16	41	20	48	11	50	19	50	12	41	17	41
3	15	50	17	47	12	47	18	49	19	50	18	42
4	14	50	18	46	19	48	17	48	20	49	25	59
5	13	47	15	45	20	45	16	47	27	58	26	60
6	12	48	16	44	17	46	15	56	28	57	23	57
7	11	55	13	43	18	53	24	55	25	56	24	58
8	30	56	14	52	25	54	23	53	26	55	21	55
9	29	53	21	51	26	51	22	54	23	54	22	56
10	28	54	22	60	23	52	21	51	24	53	29	53
11	27	51	29	59	24	59	30	52	21	52	30	54
12	26	60	30	58	21	60	29	59	22	51	27	51
13	25	57	27	57	22	57	28	60	29	60	28	52
14	24	58	28	56	21	58	27	57	30	59	35	9
15	23	55	25	53	22	55	26	58	37	8	36	10
16	30	56	26	52	29	56	25	9	38	7	39	7
17	29	3	24	51	30	6	32	10	35	6	40	8
18	38	4	23	5	37	5	31	7	36	1	37	6
19	35	9	32	6	38	4	40	8	34	10	38	5
20	34	10	31	3	35	3	33	5	33	9	35	4
21	33	7	40	4	32	2	32	6	32	9	36	3
22	32	8	39	1	39	1	31	3	31	10	33	2
23	31	5	38	2	40	10	40	2	40	7	32	1
24	40	6	37	9	37	9	39	9	39	8	49	20
25	39	3	36	10	38	8	38	10	48	15	50	19
26	38	4	35	7	35	7	37	17	47	16	47	18
27	37	11	34	8	36	14	46	18	46	13	48	17
28	46	12	33	15	43	13	45	15	45	14	45	16
29	45		42	16	44	12	44	16	44	11	46	15
30	44		41	13	41	11	43	13	43	12	43	14
31	43		50		42		42	14		19		13

金

2016

平成28年生 ★ 満8歳

日＼月	1	2	3	4	5	6	7	8	9	10	11	12
1	12	47	13	43	18	53	24	55	25	56	24	58
2	11	56	14	52	25	54	23	54	26	55	21	55
3	30	55	21	51	26	51	22	53	23	54	22	56
4	29	53	22	60	23	52	21	52	24	53	29	53
5	28	54	29	59	24	59	30	51	21	52	30	54
6	27	51	30	58	21	60	30	60	22	51	27	51
7	26	52	27	57	22	57	28	60	29	60	28	52
8	25	59	28	56	29	58	27	57	30	59	35	9
9	24	60	25	55	30	55	26	58	37	8	36	10
10	23	57	26	54	27	56	25	5	38	7	33	7
11	22	58	23	53	28	3	34	6	35	6	34	8
12	21	3	24	2	35	4	33	3	36	5	31	5
13	40	4	31	1	38	1	32	4	33	4	32	6
14	39	1	32	8	35	2	31	1	34	3	39	3
15	38	2	39	7	36	9	40	6	31	2	36	4
16	35	9	39	6	33	1	39	3	32	1	33	1
17	34	10	38	2	34	10	36	4	39	10	34	2
18	33	7	37	9	31	9	35	1	39	5	41	20
19	40	6	36	10	32	8	34	2	48	14	42	19
20	39	3	35	7	35	7	37	19	47	13	49	18
21	38	4	34	8	36	16	46	20	46	13	50	17
22	37	11	33	15	43	15	45	15	45	14	45	16
23	46	12	42	16	44	14	44	16	44	11	46	15
24	45	19	41	13	41	13	43	13	43	12	43	14
25	44	20	50	14	42	12	42	14	42	19	44	13
26	43	17	49	11	49	19	41	11	41	20	41	12
27	42	18	48	12	50	18	50	12	50	17	42	11
28	41	15	47	19	47	17	49	19	49	18	59	30
29	50	16	46	20	48	16	48	20	58	25	60	29
30	49		45	17	45	15	47	27	57	26	57	28
31	48		44		46		56	28		23		27

命数が……　1~10 羅針盤座　11~20 インディアン座　21~30 鳳凰座

銀 2017 平成29年生 ★ 満7歳

日＼月	1	2	3	4	5	6	7	8	9	10	11	12
1	26	51	30	58	21	60	29	60	22	51	27	51
2	25	60	27	57	22	57	28	59	29	60	28	52
3	24	59	28	56	29	58	27	58	30	59	35	9
4	23	57	25	55	30	55	26	57	37	8	36	10
5	22	58	26	54	27	56	25	6	38	7	33	7
6	21	5	23	53	28	3	33	5	35	6	34	8
7	40	6	24	2	35	4	33	3	36	5	31	5
8	39	3	31	1	36	1	32	4	33	4	32	6
9	38	4	32	10	33	2	31	1	34	3	39	3
10	37	1	39	9	34	9	40	2	31	2	40	4
11	36	2	40	8	31	10	39	9	32	1	37	1
12	35	7	37	7	32	7	38	10	39	10	38	2
13	34	8	38	6	31	8	37	7	40	9	45	19
14	33	5	35	3	32	5	36	8	47	18	46	20
15	40	6	36	2	39	6	35	19	48	17	49	17
16	39	13	34	1	40	16	44	20	45	16	50	18
17	48	14	33	15	47	15	41	17	46	15	47	15
18	45	11	42	16	48	14	50	18	44	20	48	15
19	44	20	41	13	45	13	49	15	43	19	45	14
20	43	17	50	14	42	12	42	16	42	18	46	13
21	42	18	49	11	49	11	41	13	41	20	43	12
22	41	15	48	12	50	20	50	12	50	17	42	11
23	50	16	47	19	47	19	49	19	49	18	59	30
24	49	13	46	20	48	18	48	20	58	25	60	29
25	48	14	45	17	45	17	47	27	57	26	57	28
26	47	21	44	18	46	24	56	28	56	23	58	27
27	56	22	43	25	53	23	55	25	55	24	55	26
28	55	29	52	26	54	22	54	26	54	21	56	25
29	54		51	23	51	21	53	23	53	22	53	24
30	53		60	24	52	30	52	24	52	29	54	23
31	52		59		59		51	21		30		22

金 2018 平成30年生 ★ 満6歳

日＼月	1	2	3	4	5	6	7	8	9	10	11	12
1	21	6	23	53	28	3	34	5	35	6	34	8
2	40	5	24	2	35	4	33	4	36	5	31	5
3	39	4	31	1	36	1	32	3	33	4	32	6
4	38	4	32	10	33	2	31	2	34	3	39	3
5	37	1	33	9	34	9	40	1	31	2	40	4
6	36	2	40	8	31	10	39	10	32	1	37	1
7	35	9	37	7	32	7	38	10	39	10	38	2
8	34	10	38	6	39	8	37	7	40	9	45	19
9	33	7	35	5	40	5	36	8	47	18	46	20
10	32	8	36	4	37	6	35	15	48	17	43	17
11	31	15	33	3	38	13	44	16	45	16	44	18
12	50	14	34	12	45	14	43	13	46	15	41	15
13	49	11	41	11	48	11	42	14	43	14	42	16
14	48	12	42	20	45	12	41	11	44	13	49	13
15	45	19	49	17	46	19	50	16	41	12	46	14
16	44	20	50	16	43	20	49	13	42	11	43	11
17	43	17	48	15	44	20	46	14	49	20	44	12
18	50	18	47	19	41	19	45	11	50	15	51	30
19	49	13	46	20	42	18	44	12	58	24	52	29
20	48	14	45	17	45	17	47	29	57	23	59	28
21	47	21	44	18	46	26	56	30	56	23	60	27
22	56	22	43	25	53	25	55	25	55	24	55	26
23	55	29	52	26	54	24	54	26	54	21	56	25
24	54	30	51	23	51	23	53	23	53	22	53	24
25	53	27	60	24	52	22	52	24	52	29	54	23
26	52	28	59	21	59	21	51	21	51	30	51	22
27	51	25	58	22	60	28	60	22	60	27	52	21
28	60	26	57	29	57	27	59	29	59	28	9	40
29	59		56	30	58	26	58	30	8	35	10	39
30	58		55	27	55	25	57	37	7	36	7	38
31	57		54		56		6	38		33		37

31~40 時計座　41~50 カメレオン座　51~60 イルカ座

銀

2019

令和元年生
平成31年生

★

満5歳

日＼月	1	2	3	4	5	6	7	8	9	10	11	12
1	36	1	40	8	31	10	39	10	32	1	37	1
2	35	10	37	7	32	7	38	9	39	10	38	2
3	34	9	38	6	39	8	37	8	40	9	45	19
4	33	7	35	5	40	5	36	7	47	18	46	20
5	32	8	40	4	37	6	35	16	48	17	43	17
6	31	15	33	3	38	13	44	15	45	16	44	18
7	50	16	34	12	45	14	43	14	46	15	41	15
8	49	13	41	11	46	11	42	14	43	14	42	16
9	48	14	42	20	43	12	41	11	44	13	49	13
10	47	11	49	19	44	19	50	12	41	12	50	14
11	46	12	50	18	41	20	49	19	42	11	47	11
12	45	17	47	17	42	17	48	20	49	20	48	12
13	44	18	48	16	49	18	47	17	50	19	55	29
14	43	15	45	15	42	15	46	18	57	28	56	30
15	42	16	46	12	49	16	45	25	58	27	53	27
16	49	23	43	11	50	23	54	30	55	26	60	28
17	58	24	43	30	57	25	51	27	56	25	57	25
18	57	21	52	26	58	24	60	28	53	30	58	25
19	54	30	51	23	55	23	59	25	53	29	55	24
20	53	27	60	24	56	22	52	26	52	28	56	23
21	52	28	59	21	59	21	51	23	51	30	53	22
22	51	25	58	22	60	30	60	24	60	27	54	21
23	60	26	57	29	57	29	59	29	59	28	9	40
24	59	23	56	30	58	28	58	30	8	35	10	39
25	58	24	55	27	55	27	57	37	7	36	7	38
26	57	31	54	28	56	36	6	38	6	33	8	37
27	6	32	53	35	3	33	5	35	5	34	5	36
28	5	39	2	36	4	32	4	36	4	31	6	35
29	4		1	33	1	31	3	33	3	32	3	34
30	3		10	34	2	40	2	34	2	39	4	33
31	2		9		9		1	31		40		32

金

2020

令和2年生

★

満4歳

日＼月	1	2	3	4	5	6	7	8	9	10	11	12
1	31	16	34	12	45	14	43	14	46	15	41	15
2	50	15	41	11	46	11	42	13	43	14	42	16
3	49	14	42	20	43	12	41	12	44	13	49	13
4	48	14	49	19	44	19	50	11	41	12	50	14
5	47	11	50	18	41	20	49	20	42	11	47	11
6	46	12	47	17	42	17	47	19	49	20	48	12
7	45	19	48	16	49	18	47	17	50	19	55	29
8	44	20	45	15	50	15	46	18	57	28	56	30
9	43	17	46	14	47	16	45	25	58	27	53	27
10	42	18	43	13	48	23	54	26	55	26	54	28
11	41	25	44	22	55	24	53	23	56	25	51	25
12	60	24	51	21	56	21	52	24	53	24	52	26
13	59	21	52	30	55	22	51	21	54	23	59	23
14	58	22	59	27	56	29	60	22	51	22	60	24
15	57	29	60	26	53	30	59	23	52	21	53	21
16	54	30	58	25	54	30	58	24	59	30	54	22
17	53	27	57	29	51	29	55	21	60	29	1	39
18	52	28	56	30	52	28	54	22	8	34	2	39
19	59	23	55	27	59	27	53	39	7	33	9	38
20	58	24	54	28	56	36	6	40	6	32	10	37
21	57	31	53	35	3	35	5	37	5	34	7	36
22	6	32	2	36	4	34	4	36	4	31	6	35
23	5	39	1	33	1	33	3	33	3	32	3	34
24	4	40	10	34	2	32	2	34	2	39	4	33
25	3	37	9	31	9	31	1	31	1	40	1	32
26	2	38	8	32	10	38	10	32	10	37	2	31
27	1	35	7	39	7	37	9	39	9	38	19	50
28	10	36	6	40	8	36	8	40	18	45	20	49
29	9	33	5	37	5	35	7	47	17	46	17	48
30	8		4	38	6	44	16	48	16	43	18	47
31	7		3		13		15	45		44		46

命数が…… 1~10 羅針盤座 11~20 インディアン座 21~30 鳳凰座

銀 2021 令和3年生★満3歳

日＼月	1	2	3	4	5	6	7	8	9	10	11	12
1	45	20	47	17	42	17	48	19	49	20	48	12
2	44	19	48	16	49	18	47	18	50	19	55	29
3	43	17	45	15	50	15	46	17	57	28	56	30
4	42	18	46	14	47	16	45	26	58	27	53	27
5	41	25	43	13	48	23	54	25	55	26	54	28
6	60	26	44	22	55	24	53	24	56	25	51	25
7	59	23	51	21	56	21	52	24	53	24	52	26
8	58	24	52	30	53	22	51	21	54	23	59	23
9	57	21	59	29	54	29	60	22	51	22	60	24
10	56	22	60	28	51	30	59	29	52	21	57	21
11	55	27	57	27	52	27	58	30	59	30	58	22
12	54	28	58	26	59	28	57	27	60	29	5	39
13	53	25	55	25	52	25	56	28	7	38	6	40
14	52	26	56	22	59	26	55	35	8	37	3	37
15	59	33	53	21	60	33	4	40	5	36	10	38
16	8	34	53	40	7	35	3	37	6	35	7	35
17	7	31	2	36	8	34	10	38	3	34	8	36
18	4	40	1	33	5	33	9	35	3	39	5	34
19	3	37	10	34	6	32	8	36	2	38	6	33
20	2	38	9	31	9	31	1	33	1	37	3	32
21	1	35	8	32	10	40	10	34	10	37	4	31
22	10	36	7	39	7	39	9	39	9	38	19	50
23	9	33	6	40	8	38	8	40	18	45	20	49
24	8	34	5	37	5	37	7	47	17	46	17	48
25	7	41	4	38	6	44	16	48	16	43	18	47
26	16	42	3	45	13	43	15	45	15	44	15	46
27	15	49	12	46	14	42	14	46	14	41	16	45
28	14	50	11	43	11	41	13	43	13	42	13	44
29	13		20	44	12	50	12	44	12	49	14	43
30	12		19	41	19	49	11	41	11	50	11	42
31	11		18		20		20	42		47		41

金 2022 令和4年生★満2歳

日＼月	1	2	3	4	5	6	7	8	9	10	11	12
1	60	25	44	22	55	24	53	24	56	25	51	25
2	59	24	51	21	56	21	52	23	53	24	52	26
3	58	23	52	30	53	22	51	22	54	23	59	23
4	57	21	59	29	54	29	60	21	51	22	60	24
5	56	22	60	28	51	30	59	30	52	21	57	21
6	55	29	57	27	52	27	58	29	59	30	58	22
7	54	30	58	26	59	28	57	27	60	29	5	39
8	53	27	55	25	60	25	56	28	7	38	6	40
9	52	28	56	24	57	26	55	35	8	37	3	37
10	51	35	53	23	58	33	4	36	5	36	4	38
11	10	36	54	32	5	34	3	33	6	35	1	35
12	9	31	1	31	6	31	2	34	3	34	2	36
13	8	32	2	40	5	32	1	31	4	33	9	33
14	7	39	9	39	6	39	10	32	1	32	10	34
15	4	40	10	36	3	40	9	33	2	31	3	31
16	3	37	8	35	4	37	8	34	9	40	4	32
17	2	38	7	34	1	39	5	31	10	39	11	49
18	9	35	6	40	2	38	4	32	17	44	12	49
19	8	34	5	37	9	37	3	49	17	43	19	48
20	7	41	4	38	6	46	16	50	16	42	20	47
21	16	42	3	45	13	45	15	47	15	44	17	46
22	15	49	12	46	14	44	14	46	14	41	16	45
23	14	50	11	43	11	43	13	43	13	42	13	44
24	13	47	20	44	12	42	12	44	12	49	14	43
25	12	48	19	41	19	41	11	41	11	50	11	42
26	11	45	18	42	20	48	20	42	20	47	12	41
27	20	46	17	49	17	47	19	49	19	48	29	60
28	19	43	16	50	18	46	18	50	28	55	30	59
29	18		15	47	15	45	17	57	27	56	27	58
30	17		14	48	16	54	26	58	26	53	28	57
31	26		13		23		25	55		54		56

31~40 時計座　41~50 カメレオン座　51~60 イルカ座

銀

2023

令和5年生★満1歳

日 月	1	2	3	4	5	6	7	8	9	10	11	12
1	55	30	57	27	52	27	58	29	59	30	58	22
2	54	29	58	26	59	28	57	28	60	29	5	39
3	53	28	55	25	60	25	56	27	7	38	6	40
4	52	28	56	24	57	26	55	36	8	37	3	37
5	51	35	53	23	58	33	4	35	5	36	4	38
6	10	36	54	32	5	34	3	34	6	35	1	35
7	9	33	1	31	6	31	2	33	3	34	2	36
8	8	34	2	40	3	32	1	31	4	33	9	33
9	7	31	9	39	4	39	10	32	1	32	10	34
10	6	32	10	38	1	40	9	39	2	31	7	31
11	5	39	7	37	2	37	8	40	9	40	8	32
12	4	38	8	36	9	38	7	37	10	39	15	49
13	3	35	5	35	10	35	6	38	17	48	16	50
14	2	36	6	34	9	36	5	45	18	47	13	47
15	9	43	3	31	10	43	14	46	15	46	14	48
16	18	44	4	50	17	44	13	47	16	45	17	45
17	17	41	12	49	18	44	20	48	13	44	18	46
18	14	42	11	43	15	43	19	45	14	49	15	44
19	13	47	20	44	16	42	18	46	12	48	16	43
20	12	48	19	41	13	41	11	43	11	47	13	42
21	11	45	18	42	20	50	20	44	20	47	14	41
22	20	46	17	49	17	49	19	41	19	48	21	60
23	19	43	16	50	18	48	18	50	28	55	30	59
24	18	44	15	47	15	47	17	57	27	56	27	58
25	17	51	14	48	16	56	26	58	26	53	28	57
26	26	52	13	55	23	53	25	55	25	54	25	56
27	25	59	22	56	24	52	24	56	24	51	26	55
28	24	60	21	53	21	51	23	53	23	52	23	54
29	23		30	54	22	60	22	54	22	59	24	53
30	22		29	51	29	59	21	51	21	60	21	52
31	21		28		30		30	52		57		51

金

2024

令和6年生★満0歳

日 月	1	2	3	4	5	6	7	8	9	10	11	12
1	10	35	1	31	6	31	2	33	3	34	2	36
2	9	34	2	40	3	32	1	32	4	33	9	33
3	8	33	9	39	4	39	10	31	1	32	10	34
4	7	31	10	38	1	40	9	40	2	31	7	31
5	6	32	7	37	2	37	8	39	9	40	8	32
6	5	39	8	36	9	38	7	38	10	39	15	49
7	4	40	5	35	10	35	6	38	17	48	16	50
8	3	37	6	34	7	36	5	45	18	47	13	47
9	2	38	3	33	8	43	14	46	15	46	14	48
10	1	45	4	42	15	44	13	43	16	45	11	45
11	20	46	11	41	16	41	12	44	13	44	12	46
12	19	41	12	50	13	42	11	41	14	43	19	43
13	18	42	19	49	16	49	20	42	11	42	20	44
14	17	49	20	46	13	50	19	49	12	41	17	41
15	16	50	17	45	14	47	18	44	19	50	14	42
16	13	47	17	44	11	49	15	41	20	49	21	59
17	12	48	16	50	12	48	14	42	27	58	22	60
18	11	45	15	47	19	47	13	59	27	53	29	58
19	18	44	14	48	20	56	26	60	26	52	30	57
20	17	51	13	55	23	55	25	57	25	51	27	56
21	26	52	22	56	24	54	24	58	24	51	28	55
22	25	59	21	53	21	53	23	53	23	52	23	54
23	24	60	30	54	22	52	22	54	22	59	24	53
24	23	57	29	51	29	51	21	51	21	60	21	52
25	22	58	28	52	30	58	30	52	30	57	22	51
26	21	55	27	59	27	57	29	59	29	58	39	10
27	30	56	26	60	28	56	28	60	38	5	40	9
28	29	53	25	57	25	55	27	7	37	6	37	8
29	28	54	24	58	26	4	36	8	36	3	38	7
30	27		23	5	33	3	35	5	35	4	35	6
31	36		32		34		34	6		1		5

裏の命数表

「五星三心占い」では、「裏の時期」（P.15で詳しく解説）に、
自分の「裏の欲望（才能）」が出てくると考えています。
次のページで「裏の命数」を割り出しましょう。
あなたの裏側は、裏の命数の「基本性格」（P.175~）を読むことで、
詳しく知ることができます。

あなたの裏側は？

詳しい調べ方は、次のページをチェック！

裏の命数表

【裏の命数】とは……裏の時期に出てくるあなたの性質をつかさどる命数です。

裏の命数の導き方

▶**STEP 1**

金 → 銀 になる

銀 → 金 になる

▶**STEP 2**

「裏の命数」は、「自分の命数」の矢印の先にある数字です

例

あなたの命数		裏の命数
金の羅針盤座 **3**	→	銀の時計座 **34**
銀のカメレオン座 **42**	→	金のインディアン座 **11**
金のイルカ座 **59**	→	銀の鳳凰座 **30**

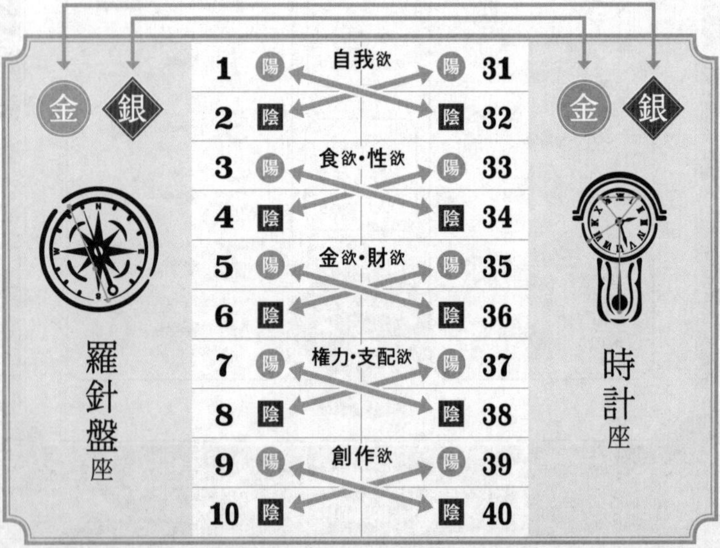

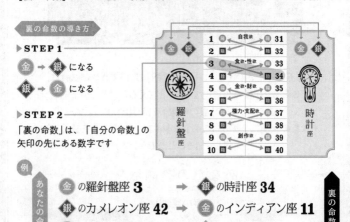

金 銀

インディアン座

11	陽	自我欲	陽	41
12	陰		陰	42
13	陽	食欲・性欲	陽	43
14	陰		陰	44
15	陽	金欲・財欲	陽	45
16	陰		陰	46
17	陽	権力・支配欲	陽	47
18	陰		陰	48
19	陽	創作欲	陽	49
20	陰		陰	50

金 銀

カメレオン座

金 銀

鳳凰座

21	陽	自我欲	陽	51
22	陰		陰	52
23	陽	食欲・性欲	陽	53
24	陰		陰	54
25	陽	金欲・財欲	陽	55
26	陰		陰	56
27	陽	権力・支配欲	陽	57
28	陰		陰	58
29	陽	創作欲	陽	59
30	陰		陰	60

金 銀

イルカ座

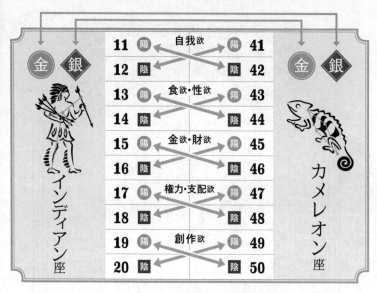

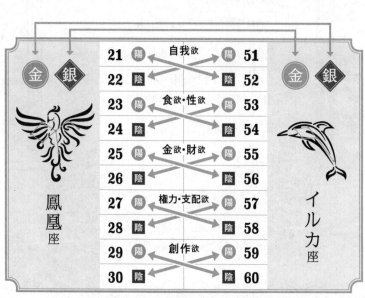

SILVER
PHOENIX

第1部

銀の鳳凰座 2024年の運気

2024年をよりよく過ごすために
折に触れて読み返してみてください。

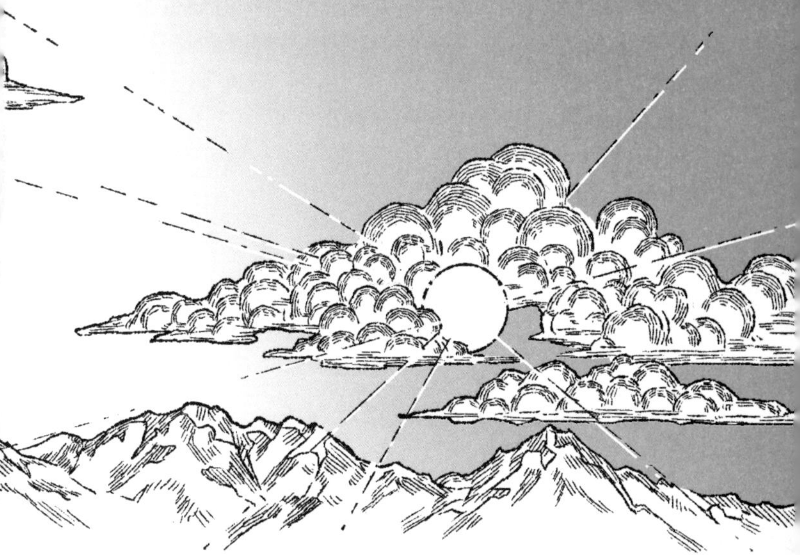

銀の鳳凰座の
基本性格

自分の意志を守り
貫き通す超頑固者

もっている星

★忍耐強い星　★決めたことは貫き通す星　★不器用な星
★覚悟すると驚くような力が出る星　★超頑固な星
★体力がある星　★交友関係が狭い星　★融通がきかない星

総合運

熱く燃えたぎる「金の鳳凰座」に対し、「銀の鳳凰座」はじっくりゆっくりと燃え続けるタイプ。些細なことでは自分の信念を曲げず、**覚悟をもって人生を突き進む超頑固な人です。変化や新しいことを受け入れるのが苦手で、自分で決めたルールは絶対に守る**ため、マイルール以外のことは受け入れられません。人間関係も、最初に相手を「いい人」だと思ったら、あとになって面倒を起こされたり、迷惑をかけられたりして「悪い人」だとわかっても、第一印象を上書きできない頑固さゆえに人間不信になってしまうことがあります。結果的にひとりでなんでもやるようになりますが、何事もじっくりスローペースで進める人なので、本人は単独行動を気楽に感じているでしょう。気をつけるべきことは会話。瞬発力を求められることが苦手なため、会話ではひと言もふた言も足りず、自分の思っていることをその場では伝えきれません。手紙やメールにすると自分の気持ちをしっかりつづれますが、文章が長くなることが多いので、上手にまとめる工夫をしたほうがいいでしょう。

他人に見せない部分では、意外と遊び心をもっています。ただし、ノリや勢いで楽しいことにハマってしまうと、ハメを外しすぎるきらいがあるのでほどほどに。一度ハマると簡単にはやめることができない性格だとしっかり自覚しておかないと、場合によっては危険なほうに進んでしまうこともあります。

本気で好きになるまでに時間はかかりますが、**一度火がつくと延々と燃え続けるタイプ**です。考えすぎて関係が発展するタイミングを逃したり、相手のやさしさを勘違いして猪突猛進してしまうことも。一方で、ストレートな告白に弱く、強引に押し切られて「とりあえず」で付き合うこともあるでしょう。相手への愛情がなくなっても忍耐強さが出てしまい、別れられずに関係が続いてしまう場合もあるかも。恋のパターンが同じになりやすいので、失敗した経験を活かすように努めること。結婚相手には、両親や兄弟姉妹など自分の家族と似ている部分のある人を望むでしょう。

結婚は、過去の恋人の影響を強く受けすぎていたり、理想の結婚観が強くありすぎたりすると、そのこだわりの強さからチャンスを逃しがちに。**「この人と結婚する!」と覚悟を決めれば一気に進めるタイプ**なので、慎重になりすぎず、「簡単に結婚できる」と考えて、腹をくくる度胸が必要です。

頑固さと忍耐強さから、どんな仕事でも一度はじめると長く続けることができるでしょう。最適なのは、**時間をかけて技術を習得する職人や技術畑で、体力もあるため重労働や不規則な夜勤も難なくこなせます。**ただ、仕事を進めるのに時間がかかりすぎたり独特な方法で進めたりするため、職場では浮いてしまうことも。転職癖がつくと、何度も同じ理由で転職を繰り返してしまうので気をつけて。

お金に関しても、**貯金の癖がつけばドンドン貯まりますが、浪費癖がついてしまうとなかなかやめられなくなります。**ファイナンシャルプランナーやお金に詳しい人に相談して、早めに保険や定額預金、少額の投資などをはじめておくといいでしょう。

2023年 下半期の運気

幸運の年

総合運
もっている力を出し切って後悔のないラストスパートを

2023年の下半期は、「幸運の年」から「開運の年」に向かう「五星三心占い」でもっとも大切な時期のひとつ。何事もいまの実力を出し切る気持ちで取り組み、**やり残しや後悔のないように生きることが重要**です。

7～8月はやる気を失ったり、現状に不満をもったかもしれませんが、9～12月は新たに挑戦することや求められることが増え、充実した時間を過ごせるでしょう。できれば、これまで**避けていたことや苦手だと思い込んでいたポジションにも、思い切って挑戦**してみましょう。イメージとのギャップに気づいたり、周囲からの評価が大きく変わってきそうです。

9月以降は出会いも増えてくる運気。人の集まる場所に顔を出すなど、**本来ならしないことにもチャレンジすると、いい縁や経験ができる**でしょう。欲張っていいときですが、12月に1年の疲れが一気に出てしまう場合もあるので無理はしないように。最高のコンディションで新年を迎えられるようにしましょう。年末あたりには、大きな幸せが待ち受けているかも。

恋愛&結婚運
過去の未練を絶ち、次へ目を向けて。11月に「プロポーズの予約」を

片思いの恋に区切りをつける必要があります。8月に過去の恋人や片思いの相手をキッパリ諦められた場合は、9月から年末にかけて新しい出会いがあったり、**2024年に運命的な相手が現れる**でしょう。ただ、「諦めた」と言いながらも面影のある人を求め続けたり、似たようなタイプばかり追って

開運のつぶやき　幸福度と感謝の気持ちは必ず比例する

しまうところがあるので、気をつけること。

9月以降は、これまでとは違う人に目を向けるようにしたり、周囲から勧められた人に会ってみるなど、**出会いのパターンを変えてみる**と、いい人にめぐり合えるでしょう。

結婚運は、10 〜 11月に話がまとまった場合は、2024年の1月、3月、4月あたりに婚姻届を出すと、いい結婚生活を送ることができそうです。相手と前向きな話ができているなら、年末年始にお互いの家族に会う段取りを決めるといいでしょう。恋人からのプロポーズを待っている場合は、**11月に「プロポーズの予約」をしておくと、うまくいく可能性が高まる**でしょう。

仕事運

苦労や努力が報われるとき。結果が出なければ2024年に転職を

これまでの経験をうまく活かせるようになり、仕事がおもしろくなってくる時期。**苦労してきた人ほど、チャンスに恵まれ、努力してきてよかったと思える**でしょう。

2023年になって転職を考えている人も、仕事がある現状に感謝して年末までは走り切ってみましょう。よい結果を出すことや、**いまの仕事が自分に向いているかどうかハッキリさせることができそう**です。年内に手応えを感じられなかったり、ほかに向いている仕事があると思うなら、2024年に転職するといいでしょう。

7〜8月で感じた**不満はいつまでも引きずらないで、9月から気持ちを切り替える**ことが大切です。「銀の鳳凰座」は忍耐力のあるタイプですが、一度「嫌々モード」のスイッチが入ると、前向きに仕事をするモードになかなか切り替えられなくなってしまいます。あなたの存在が役立っていること、感謝されていることや頼りにされていることを目にしたり想像してみたりすると、やる気も出てくるでしょう。

金運&買い物運

金運アップの予感。9月からは買い替えや人との交流に投資を

収入がアップする可能性が徐々に高まる時期。いよいよあなたの実力や能力が認められそうです。**2021年ごろにポジションが変わったり仕事にやりがいを感じていた人ほど、金運がよくなる**でしょう。

10～11月に少額でもNISAや投資信託などをはじめておくと、将来に役立つ資金をつくることができそうです。**お金の勉強をするにもいいタイミング。**用心深くようすをうかがっていないで、本を読んだり詳しい人に教えてもらいましょう。

9～11月は買い替えにいい運気です。ただし、長く使うものや高価なものは2024年になってからのほうがお得に入手できそうなので、急がないものの購入は先送りするといいでしょう。9～10月は、**人との交流を広げるためにお金を使うのがオススメ**です。飲み会や食事会、パーティーなど、ふだん面倒に感じるような場に顔を出してみると、いい縁がつながるでしょう。

美容&健康運

元気でもハードな運動は避けて。最高のコンディションで年明けを

健康運は大きな問題のない時期ですが、元気だからといって無理はしないように。健康のためにはじめたスポーツや筋トレで、逆にケガをするようなタイプなので、**頑張りすぎやハードな運動は避けて**おきましょう。張り切るあまり捻挫したり、関節を痛める場合もあるので注意が必要です。

11月下旬～12月は、過去の不調が再発することがありそうです。少しでも異変を感じた場合は、早めに病院で検査を。最高の運気となる2024年の「開運の年」に向けて、コンディションも最高の状態にしておきましょう。

美容運は、**髪をバッサリ切って若さをアピール**したり、しばらくしていなかった髪型に変えてみるといいでしょう。ダイエット用に買っていたトレーニングマシンや美容器具があるなら、9月あたりからまた使いはじめると、前回よりも効果を感じられそうです。

開運のつぶやき　平均を目指すと平均以下になるもの。つねに平均以上を目指すことが大切

SILVER PHOENIX

銀の鳳凰座

2024年 開運の年 の運気

1年を通して心がけておくべき
「2024年の開運3か条」と、
2024年の運気を総合運、
恋愛運、金運などに分けて
お伝えします。

ラッキーカラー	ラッキーフード	ラッキースポット
ブラック ライトブルー	レバニラ炒め ココア	避暑地 川

2035年までの運気グラフ

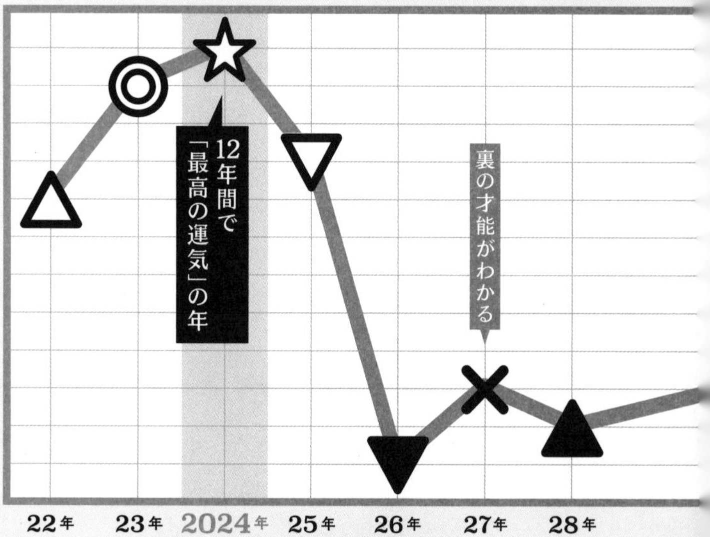

銀の鳳凰座は

☆開運の年

年の運気記号の説明

☆開運の年

過去の努力や積み重ねが評価される最高の年。積極的な行動が大事。新たなスタートを切ると幸運が続きます。

◎幸運の年

前半は、忙しくも充実した時間が増え、経験を活かすことで幸運をつかめる年。後半は新たな挑戦が必要です。

◇解放の年

プレッシャーや嫌なこと、相性の悪い人やものから解放されて気が楽になり、才能や魅力が輝きはじめる年。

○チャレンジの年(1年目)

「新しい」と感じることに挑戦して、体験や経験を増やすことが大事な年。過去の出来事に縛られないこと。

**まずは大きな視点で、今年の「立ち位置」を確認しましょう。
長期的な見通しをもって、毎月毎日の行動を決めていくことが大切です。**

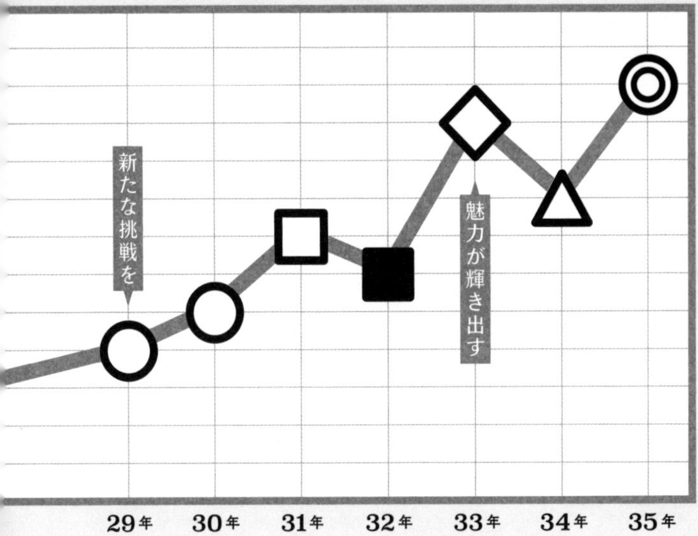

○チャレンジの年（2年目）

さらに人脈を増やし、行動範囲を広げるといい年。ここでの失敗は単なる経験。まだまだ取り返せます。

□健康管理の年

前半は、覚悟を決めて行動し、今後の目標を定める必要がある年。後半は、健康に注意が必要です。

△準備の年

遊ぶことで運気の流れがよくなる年。些細なミスが増えるので、何事も準備を怠らないことが大事。

▽ブレーキの年

「前半は攻め、後半は守り」と運気が変わる年。前半は行動力と決断力が大事。後半は貯金と現状維持を。

■リフレッシュの年

求められることが増え、慌ただしくなる年。体を休ませたり、ゆっくりしたりする時間をつくることが大切。

▲整理の年

前半は、人間関係や不要なものの整理が必要。後半は、チャレンジして人脈を広げることが大事です。

×裏運気の年

自分の思いとは真逆に出る年。予想外なことや学ぶべきことが多く、成長できるきっかけをつかめます。

▼乱気の年

決断には不向きな年。流されながら、求められることに応えることが大事。体調を崩しやすいため要注意。

2024年の運気

開運の年

2024年の開運3か条

- 柔軟性をもち他人の価値観を受け入れる
- 新しい人にたくさん会って話す
- 次の目標を具体的に立てる

総合運

「開運の年」は人生のご褒美をもらえるような最高の年。意志が強く、何事にも粘り強く取り組み、決めたことを曲げずに貫き通す力が「五星三心占い」の12タイプのなかでもっとも強いのが「銀の鳳凰座」です。何をするにも時間はかかりますが、2024年は**長年積み重ねてきたことが高く評価され、満足できる年**となるでしょう。

周囲にも「長く続けることの大切さ」を教えるいい見本となり、諦めない気持ちがどれほど重要なのかを見せられるでしょう。とくに、長く頑張ってきた仕事では信頼を得られ、重要な仕事を任せてもらえるようになり、大きな成果も出せそうです。さらには**運命を変えるような重要な出会いもあり、多くの人から注目されてモテる時期。**結婚を望んでいるなら年内に決まることもあるので、遠慮したりようすをうかがってばかりいないで、思い切ってアプローチしてみるといいでしょう。

上半期の評価を目安に、下半期の動き方を決めよう

「開運の年」は、頑張ってきたことの答えが出る年です。努力の積み重

ねをしてきた人は、大きな幸せを手にできますが、サボってしまった人は、残念な結果がハッキリと出てしまう運気でもあります。上半期の段階で思っていたより評価されず、納得のいかない結果だった場合は、**2024年の下半期が新たなスタートのとき。**12年後、次の「開運の年」まで努力し続けられることを見つけ、コツコツと勉強や地道な努力をしておくと、明るい未来を手にすることができるでしょう。

2024年は、人生を軌道修正するにも重要な年といえます。今年出会った人や挑戦したことで運命が大きく変わる流れにもなるので、これまでの人生を振り返り、向き不向きや好き嫌い、得意・不得意をしっかり分析し、**長く続けられることや本気で取り組みたいことに飛び込む**といいでしょう。

運を味方につけられる最高の年には、仲間や協力者も集まってきます。あなたが幸せをつかんでよろこぶ姿を周囲の人たちも楽しみにしているので、**「幸せの順番が回ってきた」**と思って、前向きに過ごしましょう。

5月中旬まではチャンスに敏感に。大事な出会いを見逃さない

運気のよさは上半期に集中しているため、チャンスと思えることがあるなら躊躇せず、飛び込む勇気をもつことが大切です。

まず、いい出会いがあり人脈ができはじめるのは1月。ここでは恋愛面だけでなく、あなたの運命を変えるような重要な人物に出会える可能性があるので、「内気だから新しい人と会うのは苦手だ」などと言わず、**知り合いからの紹介や、そこからの縁を楽しんでみる**といいでしょう。

3～4月は、時間をかけてきたことに運が味方してくれる最高の時期。これまでの人生でなかなか注目されず、チャンスに恵まれないと思っていた人でも、重要な仕事を任せてもらえたり、運命が変わるような出来事が起きるでしょう。なかにはショックなことも起きますが、それがいいきっかけになり、いろいろなことが動き出すようにもなるので、**小さなマイナスは気にせず、「これはプラスに動き出すきっかけ」**だと思っておきましょう。

5月中旬までは、力を発揮することができ、夢や希望が叶う運気が続きます。信念を曲げずに貫き通した結果が出る期間でもあり、うれしいときは

しっかりよろこぶとさらにいい流れに乗れるでしょう。もともと喜怒哀楽をハッキリ見せないタイプですが、うれしさはドンドン出すと周りの人もよろこんでくれ、幸せが連鎖するので、恥ずかしがらないことが大事です。

このいい流れの時期に身を引いてしまうと、せっかくのチャンスを逃してしまうことになるので、信用してくれる人を信じ、ときには**直感に従って動くくらいの勢いも大切に**しましょう。

人生の決断は11月までに。軌道修正するのもよし

これからの人生に関わる重要な決定をすべき時期は、9～11月です。引っ越しや転職、イメチェン、資格取得、スキルアップのための行動、新しい趣味のスタートなども、**9～11月に行うことでのちの人生に大きく影響を与える**でしょう。上半期に納得のいかなかった人は、これまでの人生のサイクルや、進んできた方向が間違っていたと思い、自分が次に目指す場所や幸せを真剣に考えて、歩む道を変えるようにしましょう。

「銀の鳳凰座」は、ひとりで燃えている鳥のような性格ですから、暑い時期には注意が必要です。6月の「乱気の月」、7月の「裏運気の月」は誘惑に負けてしまいがち。珍しく判断ミスをしたり、警戒心が薄れて**危険な世界に足を踏み入れてしまうなど、気持ちが浮つく出来事が起きやすい**ので注意しておきましょう。つらいことを無理して続けてきた場合には、6月に調子の悪さを感じることがあるので、これ以上の我慢をしないように。

また、本来寒い時期の運気はいいタイプですが、2024年の12月は少しようすが異なります。これまでの人生を**「銀の鳳凰座」らしくない道に進んでしまった人は、12月にも体調を大きく崩す**ことがあるので、少しの異変でも早めに病院に行くようにしましょう。

強すぎる思い込みはNG。他人の価値観も楽しんで

最高な運気の1年ですが、**問題はあなたの思い込みの強さが災いする**こと。すでに自分の頑固さや融通のきかないところには気づいていると思いますが、スローペースで周囲を苛立たせてしまったことも何度かあるはず。

開運のつぶやき 自分は「運がいい」と気がつく人に、運は味方する

遅くても真面目にていねいに取り組んだほうがいいと思ったり、周りに合わせるより単独で動いたほうがいいと考えていると思います。その思い込みに加え今年は、大きなチャンスが訪れたときに「これはチャンスではなく、ピンチだ」と思い込んでしまうと、せっかくの流れを自ら止めてしまいかねません。また、注目される年になりますが、「目立つのは嫌い」などと大事なポジションを断ってしまうと、運気のよさをうまく使いこなせない場合も。「銀の鳳凰座」は柔軟性に欠けるところがありますが、**他人の価値観を楽しんでみることで視野が広がる年**でもあります。お世話になった人のなかでいいアドバイスをしてくれた人や、人を見抜くのが上手な人の言葉を、大切にするといいでしょう。

忍耐強く、真面目に取り組めるのは長所ですが、我慢の限界を感じていたり、逆に緩い環境でゆでガエル状態になっているなら、**上半期の結果を踏まえ、下半期に動きを変える**必要があります。周囲の意見やアドバイスに対し「もう少しようすを見てから」などと言っていると、「この人には言っても無駄だ」と見放され、助けも協力も得られなくなってしまいます。友人や知人、自分のことを思ってくれる人の言葉をよく聞き、幸せをつかむには何をすべきかをしっかり考えて行動するようにしましょう。

最高の出会いが訪れる年。ときには縁を切る勇気も

2024年は、**人間関係の見直しも大切**になります。評判の悪い人や成長しない人だと気づいても、「銀の鳳凰座」は一度仲よくなると縁を切ることができず、ズルズルと関係を続けてしまうことが。そのため、**あなたの人生を振り回す悪友がすでにいる**可能性があります。恋人ができない、仕事がうまくいかないと言うなら、友人や親友に振り回されていないか、その友人と一緒にいる時間が原因になっていないかを、一度振り返ってみること。悪影響を受けていると思うなら、今年は思い切って縁を切り、別の友人や新たな人間関係をつくることが重要です。

一方で、最高の出会いもあるので、人との交流や付き合いは大切にしてください。表面的な人や口ばかりの人ではなく、**一本筋の通った人を探**

して仲よくなるといいでしょう。手に職のある人、特別な技術をもっている人、ストイックに体を鍛えている人など、何かを極めることや探求し続けている人と一緒にいることで、学ぶことをたくさん見つけられるはず。あなたも同様に、ひとつのことを極めるタイプなので、いい刺激を受けたり、深い話もできて楽しい時間を過ごせるでしょう。

問題なのは、不満があるのに現状を守ろうとすること。**「手放す勇気」と「変える度胸」が人生をよりよい方向に進める**ということを忘れずに。

運気がいいからこそ、気づけたことがたくさんある

運気がいいときは、「棚からぼた餅」状態になるわけではなく、これまでの答えが出ます。**運気が最高にいいからこそ見える景色があり、自分のやってこなかったところも見えてきます。**都合が悪いからと目を背けているといつまでも同じ苦労を繰り返し、前に進めなくなってしまうだけ。「運気がいいからこそ道を正せ」と教えてもらっていると思い、自分が変われば世界が変わると信じて、考え方や生き方、視野を変えるべく努力を。また、これまでやってこなかったこと、避けていたことに対し指摘を受ける場合もありますが、今後の課題にし、自分には伸びしろがあると思うといいでしょう。

「銀の鳳凰座」は、思い込みと勘違いで苦労することもありますが、信じた道の先で壁にぶつかったときに、壁を壊してでも突き進むようなタイプです。2024年は**いい勘違いをして、ドンドン前に進んでみてください。**

また、今年はあなたの意見や考えで周囲が動いてくれるので、長年思っていても言えなかったことがあるなら、ハッキリ伝えてみるといいでしょう。周りの動きが変わってきたり、「早く言ってよ～」と突っ込まれることも。**長く辛抱しているなら、ダメ元でも伝えてみる価値がある年**でもあります。

先の幸せを想像し、少しワガママに生きてみる年に

「銀の鳳凰座」は、どのタイプよりも覚悟を決めたときの力が強いので、「いまからじゃ遅いよ」「できるわけがない」などと周囲が止めても、「何年かかってもやる」と、決めたら絶対にやるタイプです。**運を味方につけられる年**

開運のつぶやき　なんでもないときに頑張るより、運気のいい年、月、日に頑張ることが大事

だからこそ、次の目標をしっかりと定めてください。

今年からはじめることを決めたら、少しでも行動しましょう。ここで「自分には無理」「できない」などとマイナスな方向に舵を切ってしまうと、後戻りのできない人生になってしまいます。もし、すでにそんなふうに生きてしまっているなら、「運気のいい今年から人生やり直し！」と宣言し、一から出直す気持ちで努力をスタートさせましょう。**2024年からはじめたことは、最低でも5年は続ける**ことが大切。そうすれば8年後の2032年、9年後の2033年、10年後の2034年に大きな幸せに育っていくので、そのとき自分が何歳で、どんな人生を送るのが一番幸せなのかを想像しておきましょう。

縁の下の力持ちで、誰かのサポートが得意なあなたの魅力や才能に周囲が気づき、頼りにしてくれる1年です。自分の幸せが周囲の笑顔につながるなら、そんな幸せなことはありません。**しっかりチャンスをつかみ、周りに感謝を忘れずに。**もし思ったほどの幸せではなかったとしたら、進むべき道やたどり着きたい場所を変えて、新たなスタートを切ってください。合わないものは合わないし、不得意なものは不得意。好きではないけれど得意なことや、長く続けたら好きになれたりすごい技を身につけられたりする場合もありますが、**今年は不向きなことに忍耐を続けるのはやめましょう。**自分の幸せを考え、少しワガママに生きる1年を楽しんでみてください。

2024年「開運の年」の行動ポイント

- 「幸せの順番が回ってきた」と思い、前向きに過ごす
- 2024年にはじめたことは最低でも5年は続ける
- 「手放す勇気」と「変える度胸」をもつ
- 暑い時期は誘惑に負けないように注意する
- 悪友とは縁を切るなど、人間関係を見直す

恋愛運

「銀の鳳凰座」は、ひとりの時間が好きなタイプ。単独行動のほうが気楽なため、自ら出会いを増やすことが少なく、内気で奥手なところもあるので、ふだんは出会いが少ないほう。しかし2024年は、**あなたにスポットが当たる運気**です。自然と目立ってしまったり、注目を集めるようになるので、出会いが増え、デートに誘われたり告白されることもあるでしょう。「そんな経験、しばらくない」と嘆く人でも、必ずと言っていいほどチャンスがくるので、**まずは「勝手に諦めない」ことが大切**です。

「銀の鳳凰座」は極端で、「自分はモテる」と思い込んで恋人をとっかえひっかえする人と、逆に「まったくモテない」などと、恋愛経験がほぼない人に分かれるのが特徴です。10年以上恋人がいない人も多いタイプですが、「恋愛はもういい」「結婚しない」などと勝手なルールを決めたのは自分なので、**「今年からは恋を楽しむ」とルールを決め直し、恋愛モードのスイッチ**を入れてください。

視野を広げ、違うタイプを見てみると簡単に出会える

早ければ1月から、モテ期を感じられたり出会いのチャンスが増え、突然告白されたり食事の誘いを受けたりするでしょう。**信頼できる先輩や上司から紹介された人なら、勢いで交際をスタート**させてもよさそうです。「銀の鳳凰座」は慎重派なので、そう簡単には動かないと思いますが、ここでの出会いを大切にしておくと、3～4月に交際となる可能性もあります。

4月は仕事が忙しいときですが、運命的な出会いもある時期なので、1～4月はとくに自分磨きをしっかりしておき、イメチェンやダイエットなど、できることを頑張ってみるといいでしょう。そもそも**「美人が多い星」でもあるので、一度磨きはじめると見違える**ようになります。

9月から年末にかけては、視野が広がり出会いもあるので、スポーツや習い事をはじめてみるなど、**これまでと同じ生活リズムを繰り返さない**ことが大切。積極的に変化を楽しんでみると、素敵な出会いがあるでしょう。

「銀の鳳凰座」は、過去の失恋や恋をいつまでも引きずってしまうため、

開運のつぶやき　告白をする、好意を伝えるところから恋はスタートするもの

片思いも長くなりやすいタイプ。過去の縁は2023年までに一度切れているので、2024年からは新しい人を見るようにし、**いまの自分に似合うのはどんな人かを冷静に判断する**ようにしましょう。昔好きだった人の面影を追いかけたい気持ちもわかりますが、少し視野を広げ、違うタイプのよさを見つけようとすると、いい出会いが簡単に増えていくでしょう。

結婚につながる出会いや交際がはじまる年。恋を楽しんで

2024年は、運気がいいぶん仕事が忙しくなってしまうので、「恋愛より仕事」と言い訳したくなることもあると思います。しかし、**仕事で輝けるときだからこそ自分に自信もついてくる**ので、信頼できる人に紹介をお願いしてみるといいでしょう。

自ら探すときは、何かひとつでも極めていたり鍛えていたり、探求しているものがある人を選ぶのがよさそうです。職人気質の人やジムで体を鍛えている人、データを集めて分析している人など、少し**マニアックな仕事や趣味に一生懸命な人と相性がいい**でしょう。スポーツジムやプールなどに通ってみたり、気になる資格の勉強をはじめてみると出会いにもつながるので、行動的になることが大切です。派手な人よりも、**やや地味で目立たない人、やさしくて気配りのできる人が運命の相手**なので、ノリの軽い感じの人とはつながりはないと思っておきましょう。

2024年の出会いや交際は、結婚相手につながる可能性も高いでしょう。恋が苦手だと思い込まず、**恋を楽しむ努力を怠らないように**すると、素敵な恋人ができて、人生がもっと楽しくなるでしょう。

行動ポイント

- 恋愛モードのスイッチを入れる
- 昔好きだった人の面影を追わない
- 「恋愛より仕事」などと言い訳しない

結婚運

2024年は、結婚を決めるにも最高の年です。本気で望んでいる人は、年内に婚姻届を出せたり、婚約に話を進められることがありそうです。とくに**付き合いの長いカップルは、自然な流れで今年ゴールインする**ことになるでしょう。何事も慎重に進めるタイプですが、今年は運気がいいだけでなく、**「2024年に決断したことが、のちの幸せにつながってくる」**ということが重要なポイントです。その意味では、2024年に結婚することは**大きな幸せを保証されたようなもの**です。

交際中は相手につくすことが多く、結婚後も家庭をしっかり守る「銀の鳳凰座」ですが、自分の考えや生活習慣を相手に押しつけすぎてしまうところがあります。一方で、相手の生活習慣を簡単には受け入れられないところもあり、結婚に踏み切れなくなっている場合も。交際相手があなたに合わせてくれるタイプで、**生活習慣にこだわりが少ない人なら、結婚後もいい家庭をつくることができる**でしょう。

結婚の話はドンドン進める。恋人がいなくても諦めないで

2023年の段階で婚約や両親への挨拶が済んでいて、結婚を前提にお付き合いしているなら、**1月に結婚するといい**ので、準備をはじめておきましょう。「さすがに1月は急だね」と思うなら、運気のいい3～4月を目指すといいでしょう。なかには「一度同棲してからがいい」と考える人もいますが、その場合でも1月から同棲をはじめ、4月には結婚する計画を立てておくのがオススメです。

下半期では、10 ～ 11月の間が結婚にいい運気です。なかなか話がまとまらない場合は、2025年の1月に結婚する流れにもっていくといいでしょう。結婚式や披露宴について慎重に考えすぎてしまうと時間がかかるだけなので、計画は恋人と立てて、家族には決めたことを報告するかたちで、ドンドン進めるように動くことも大切です。

まだ恋人はいないけれど結婚を望んでいる人は、**2024年には大きなチャンスが訪れるので、諦めないことが大事。**過去の恋愛は過ぎたこ

開運のつぶやき　「出会いがない」のではなく、偶然の出会いに期待しすぎているだけ

とだと割り切り、「いまの自分と見合う人」を探すようにしましょう。美意識を高めることをサボっていたり、諦めてしまっていた人ほど、**1月から自分磨きに専念**し、髪型を変え、服装も年齢に見合うシンプルなものに変えてみましょう。体型が気になるならダイエットに専念を。

ただ、マッチングアプリは不向きなので、結婚相談所か信頼できる先輩や上司、年配者からの紹介のほうが素敵な人に出会えそうです。ときには、予想外のお金持ちなど、驚くような人とのつながりもできるでしょう。なによりも勝手な思い込みで「結婚できない」と決めつけないこと。**「結婚する」と本気で思い、生活すべてを変えるくらいの気合が必要**です。10年以上恋人がいないなら、2024年に引っ越しをして環境を変えたり、習い事やスポーツジムなどに通いはじめてみるのもよさそうです。

結婚したい気持ちを隠したり、恥ずかしがったりしない

2024年中に結婚できなくても、婚約までは話を進められる人も多いでしょう。2025年に結婚する流れになる場合もありますが、それでも今年の行動が大きく影響するので、結婚したい気持ちを隠したり恥ずかしがったりせず、**「運気のいいときは、望みが叶う流れになる」**ということを信じてください。いざというときに臆病風に吹かれないよう、「運気がいいんだから」と自分に言い聞かせ、思い切って飛び込んでみるといいでしょう。

周囲が止めるような人でなければ、幸せになれるはずです。夫婦で目標を立てると、一生懸命にその未来のために頑張れるタイプです。どんな人でも**勇気や度胸がなければ幸せにはなれないもの。**先のことを考えすぎず、今年の行動が幸せにつながると信じて、自分の気持ちに素直になりましょう。

行動ポイント

- 結婚すると決心して、本気で生活を変える
- 信頼できる先輩や上司に紹介を頼む
- いざというときに臆病にならない

「五星三心占い」12タイプのうち、「開運の年」でもっとも結果を出せるのが「銀の鳳凰座」です。長く辛抱したり、地道な努力や積み重ね、ときには無駄と思えるような遠回りをしてきたぶん、**自分でも驚くほどの実力や能力が身についている**ことでしょう。

ただ、攻めの姿勢が弱く、守りが強くなりすぎているところがあるので、2024年は自分の実力をアピールしましょう。周囲からも目立つポジションを任されるなど、自然と注目や人気を集めてしまいますが、ここで**遠慮をしたり陰に隠れようとすると、せっかくの運気を逃してしまいます。**今年の評価は素直に受け入れ、出世や昇格、リーダー的な立場や管理職、役員への任命など、いまより**上の立場になるよう打診されたときには、素直によろこんで引き受けてみる**といいでしょう。

上半期は絶好調。運気のよさを感じなければ転職も

とくに上半期は、夢や希望が叶う時期。憧れの仕事を任せてもらえたり、目標通りの結果を残せたり、大きなプロジェクトへの誘いなどもありそうです。積極的に仕事に取り組んでおきましょう。

1月から早くも仕事運のよさを実感できそうです。仕事が好きで頑張ってきた人ほど、うれしい結果が出たり、自分の能力を活かせるでしょう。「銀の鳳凰座」は、ひとりでなんでも背負いすぎるところがありますが、今年からはなるべく周囲と協力するよう心がけると、いい仲間や味方もでき、これまで以上に大きな成果を出せるようになるでしょう。

3～4月は、楽しく前向きに仕事に取り組んでいるだけで、**上司の目にとまり引き上げてもらえる**ことがありそうです。臆病にならず、「いい流れ」だと思って、信用してくれる人の期待に応えるよう努めることが大切です。ここで実力をすべて出し切るくらい、真剣に仕事に励みましょう。

10～11月は先のことを考えて行動するのがオススメ。今後に役立ちそうな資格やスキルがあるなら、その勉強をはじめてみるといいでしょう。

もし上半期に、仕事運のよさやいい流れを感じられなかった場合は、こ

開運のつぶやき　運気がいいときは、自分の判断で決めることが大切

こで転職活動をして、自分に合う仕事を探してみるといいでしょう。できれば目立たない仕事や裏方のようなサポート仕事、男性の多い職場などを選んでみると、楽しく仕事ができるようになりそうです。

運気があなたに味方してくれるとき。プラス思考で臨もう

「開運の年」だからこそ、不向きな仕事に就いていたり、努力不足の人、サボってしまった人には、厳しい結果も出てしまいます。忍耐力があり、一度決めたら突き進む力がある「銀の鳳凰座」は、それが長所でもありますが、**不向きな仕事でも続けすぎて苦しみの原因をつくってしまう**場合もあります。5月中旬の段階で、長く勤めている職場での評価や結果が思わしくない場合は、下半期に転職に踏み切れるよう準備してもいいでしょう。

どんな仕事も、嫌々やっていては何も身につかないので、仕事から学べるプラスの要素を見つけ、前向きに取り組めるようにしていきましょう。もちろん、サボっていた人には厳しい追及もあるかもしれませんが、今年から**心を入れ替え真剣に取り組めば、5～6年後に「あのとき心を入れ替えてよかった」**と思える出来事が待っているでしょう。

仕事運が最高にいいぶん、不慣れなポジションにまで上がってしまうこともあり、周囲との協力も必要になりそうです。**新たな人脈づくりや慣れないコミュニケーションをとる必要**も出てくるでしょう。それでも2024年は、すべてあなたのプラスに働くような運気です。「今年は仕事運が最高にいい」と強く思い込んで頑張ることで、運のよさを実感できるような出来事がいろいろと起きるでしょう。「開運の年」である2024年は、**現状を守りすぎず、攻める姿勢**を忘れないように。

─── 行動ポイント ───

- 上の立場への打診は素直に受け入れる
- ひとりで背負わず、周囲と協力する
- 上半期にいい流れを感じられないなら転職も

開運のつぶやき　仕事も恋も「これが最後」と思えば、やることも変わってくる

金運&買い物運

昇級や昇格をして手当が増えたり、臨時ボーナスをもらえるなど、金運のよさを実感できそうな年。自分以外の人の頑張りで一緒に評価されたり、**収入アップに恵まれるラッキーもありそう**です。また、上司や年配の先輩、役員の人などにかわいがられて、これまでにないようなうれしい食事に連れて行ってもらえることもあるでしょう。

ただ一方で、副業などで少しでもお金を増やそうとたくらむと、本業がおろそかになり、評価されて収入アップにつながるはずだったせっかくの運気を自ら逃してしまうことがありそうです。もし、副業のほうが自分に向いていると思うなら、**思い切って本業を辞めて、副業を本業にするほうがうまくいく可能性もある**でしょう。

収入アップの期待大。未来の自分に投資しよう

投資は、NISAやiDeCoなどを使って積み立てながら、**長い目でゆっくりお金を増やすといい**タイプ。株価や為替を眺めながら素早い判断を迫られるトレードやFXは、スピード感のない「銀の鳳凰座」には不向きなので、無理にはじめなくていいでしょう。

今年は運気がいいので、仕事に役立つものを購入したり、仕事関係のことを優先してお金を使うようにすると、ますます仕事の調子が上がり、収入アップにもつながっていくでしょう。また、**将来役立つと思う資格や免許があるなら、今年から本格的に勉強をはじめてみる**といいでしょう。忙しくても、未来の自分がよろこぶことへの努力は、今年の1月、3～4月、9～11月には本格的にスタートさせるのがオススメです。

基本的に「銀の鳳凰座」は、不要な買い物をしないタイプですが、一度浪費癖がついてしまうと湯水のごとくお金を使ってしまう場合も。もし、現在「お金がなかなか貯まらない」というなら、生き方や考え方を大幅に変える必要があります。今年から**節約生活をはじめてみると思った以上に簡単に身につく**ので、買い物では本当に必要なものだけを購入するようにし、不要な固定費やサブスクがないか見直し、削減してみましょう。

開運のつぶやき　明るく幸せそうに見える服を選ぶと、運気はもっとよくなる

また、収入が上がったり臨時収入があると、勢いで出費が増えてしまうこともありそうです。その際に、悪友や危険な人が近くにいることに気づかず過ごしていると、うっかりだまされて、お金をねらわれてしまう場合もあるので要注意。儲け話やお得な買い物など、**お金に関する話をもちかけてくる人とは距離をあけるように**しましょう。

お金を増やしたいなら、自ら積極的に動くといい年

2024年は、金運のよい1年ですが、黙って待っているだけではなんの変化も起きない場合があるので、**自ら給料アップのお願いをしてみてもいい**でしょう。意外と話がうまくいき、実現する可能性が高い時期なので、攻めの姿勢で交渉するのもひとつの手だと思っておくこと。

また、将来**どのくらいの収入を得たいか、現実的で具体的な金額を目標に掲げてみる**といいでしょう。そのためには何が必要で、どんなスキルを身につけなければならないかを、真剣に考えてみましょう。

「開運の年」は、独立や起業をするにもいい運気です。本気でお金をたくさん稼ぎたいと思うなら、雇われていても変わらないので、**これまでの経験を活かして独立するのもアリ**です。周囲に独立や起業について相談したときに、「あなたならできると思う」と応援してくれる人がいるなら、思い切って勝負に出てみてもいいでしょう。

そんなに大胆なことをする勇気はないという人は、目標の貯金額を決めてみたり、ポイ活を楽しんでみるのもオススメです。**ポイントの貯まる情報を調べてコツコツ増やすのをおもしろがってみる**と、いい1年を過ごせるでしょう。

行動ポイント

- 調子のいい副業があるなら本業にする
- 仕事に役立つものにお金を使う
- 給料アップの交渉をしてみる

開運のつぶやき　人にご馳走することをよろこぶ人は、お金持ちになれる

美容&健康運

パワー全開で1年を走り切れるような運気。せっかくの運気なので**ジムに通いはじめたり、プールやランニングなどで体を鍛えるのもいい**でしょう。筋トレやストレッチ、ヨガなどを習慣にすると「体を動かさないと気持ち悪い」という感覚になり、数年後にはアスリート並みの体になっているかも。今年はいい仲間もできやすいので、苦手意識がある団体スポーツや、仕事に役立つならゴルフをはじめてみてもいいでしょう。

美意識を高めるにも最高にいい年。**「磨けば輝く美人の星」の持ち主**なのに、「自分はかわいくない」「頑張っても無駄」などと、学生時代に悪く言われたことを引きずって努力をサボっている人も。しかし今年は、**別人になる気持ちで髪型も服装も大幅にイメチェン**し、メイクを習ってみるとこれまでの自分の間違いに気づけそうです。一度ハマるとドンドン努力するタイプなので、1年後には見違えるほど美しくなれるでしょう。

ダイエットにもいい運気。目標体重を決め、マメに体重計に乗って、食事を腹八分目にすると、ゆっくりですが痩せられそうです。

ひとつだけ要注意なのは、**運気がいいときに大きな病気が発覚するケース**があること。数年前から体の異変に気づきながらも、忍耐力と我慢強さでやり抜いてきた人が、突然倒れてしまう場合が。2019年末や2020年ごろから異変を放置していたり、健康診断の再検査を無視していた人は、早めに検査と治療を受けましょう。

また、運命に逆らって不向きな世界で無理して頑張り続けていると、6～7月か12月に体調を崩すことも。無理のない生活習慣に変え、環境や仕事も変えるようにしましょう。**デスクワークの人は腱鞘炎と痔にも要注意です。**腰痛などの職業病や、鍛えすぎて筋や関節を痛める場合もあるのでほどほどに。

行動ポイント

- 体を鍛えるトレーニングをはじめる
- 美意識を高め、ゆっくりダイエットする
- 我慢強い人こそ、早めに検査する

開運のつぶやき　いま必要でなくても、のちの自分のために努力できる人に運は味方する

家庭&親子運

頑固で自分のルールは絶対に変えず、高い守備力で家族を守りながらも、つくすことが好きなタイプ。誰の言うことも聞かないので、家庭をもっても自分の考えや生活習慣を押し通すでしょう。お金の管理も好きで、「家族旅行のため」「将来家を買う」といった目標を立てると、「外食は記念日だけ」などと決めて貯金します。それに逆らう無駄な出費には、怒りを通り越してガッカリしますが、態度には出さないでしょう。**2024年はあなた中心に回るので、夫婦はいい関係が築けます。** 子どもを望む場合は期待できる年ですが、心配なことがあるなら検査しておきましょう。

親との関係は、母との縁が強いので、母親のために食事会や旅行を企画し、話をたくさん聞いてあげるといいでしょう。ただ、父親を放置しがちなところがあるので、記念日や誕生日にはプレゼントを贈るのもオススメ。「親の言うことを聞かない子」と何度も言われていると思いますが、**少しでも変わろうとする姿を見せるのも親孝行**だと思いましょう。

子どもとの関係は、ルールやしつけに一貫性があり、気分で怒らないので、子どもにも伝わりやすいタイプ。ただ、あなたの**方針が子どもに合っていない場合、反発され成長の妨げ**になるだけ。自分の価値観や生き方を押しつける前に、挨拶やお礼など、社会に出て役立つことを教えましょう。また「子どものために」と、ゲームやネット、動画禁止などのルールを一度つくると貫き通しますが、子どもにも友人との付き合いがあるので、たまにはご褒美で解禁にするなど柔軟に対応しましょう。守りが強いタイプなので、子どもを過保護に育てすぎる場合もあります。**「かわいい子には旅をさせよ」の精神で、成長を温かく見守る**必要もあるでしょう。

今年は、少しお金を使ってでも旅行や外食などの贅沢を楽しみ、家族の思い出をつくることが大切です。

行動ポイント

- 自分の価値観や生活習慣を押しつけない
- 親の記念日にプレゼントを贈ってみる
- 家族で楽しめることにお金を使う

開運のつぶやき　あなたはあなたのままで、他人と比べることはない。でも成長はすること

年代別アドバイス

10代のあなたへ　目標を決めて挑戦するとき。人との交流を広げると運気アップ

夢に向かって動き出すことで、人生が変わる大切な年。具体的な目標を掲げ、2024年からすぐにできることはなんでもはじめてみましょう。挑戦してもいないことを勝手に諦めないように。また、いろいろな人の価値観や考え方を知り、柔軟性を身につけることも大切です。人との交流を広げ、上手に話す練習をしたり、伝え方や話術を少しでも学んでおくといいでしょう。挨拶は、自らすすんで笑顔でするよう心がけて。

20代のあなたへ　理想の自分になる努力をはじめると、いい運気に乗れる

美意識を高め自分磨きをすることで、人生が大きく変わる年。「自分はこんなもの」と勝手に決めつけず、メイクや髪型、体型を変える努力をはじめましょう。好きなことへの挑戦も、2024年からスタートするといい流れに乗れそうです。次に「開運の年」を迎える12年後に、どんな自分になっていたいかを想像し、その理想のためにいまからできる努力や勉強をはじめておきましょう。交友関係は広げられるだけ広げる努力をするように。

30代のあなたへ　勇気を出して行動すれば人生を大きく変えられる

「もう遅い」と勝手に諦めず、恋愛も仕事も2024年から全力で頑張ってみると、人生がガラッと変わるでしょう。いまから学んでも遅くはないので、仕事や人生に役立つ勉強をはじめるように。生活習慣がしっかり決まっているタイプなので、いまが幸せで満足しているならとくに変える必要はありませんが、もし納得のいかない人生を送っているなら、今年引っ越しや転職をするといいでしょう。環境を思いっ切り変える勇気と行動力が必要です。

人生のステージによって、運気のとらえ方も変わってきます。
年代別に異なる起こりやすいこと、気をつけることを頭に入れておきましょう。

40代のあなたへ　面倒くさがらず、新しいことに挑戦すると人生が楽しくなる

年々守りが強くなり、挑戦の一歩を踏み出せない状況が続いてしまうタイプですが、2024年は少しでも気になったことにチャレンジしたり、新たな人脈をつくる勇気が大切です。「いまさら面倒」と動かずにいるのではなく、「面倒の先におもしろいことがあるかも」と思ってあえてチャレンジすることで、人生が大きく変わっていくでしょう。昔から気になっていた習い事があるなら、今年からはじめてみると日々が楽しくなりそうです。

50代のあなたへ　自分にはない意見から刺激を受けるとおもしろくなる年

スポーツジムに通ってみるといい年。水泳やウォーキングなどをはじめると、体がスッキリして人生がより楽しくなってくるでしょう。また、2024年は若い人との交流を増やすなど、自分と違う視点をもつ人との関わりを大切にするといい年です。考え方の違う相手を避けるのではなく、話を聞いて自分にも取り入れてみると、おもしろい発見がたくさんあるでしょう。素敵だと思うところは、少しでも真似してみて。

60代以上のあなたへ　新たな学びで人生観が変わりそう。避けてきたことにもトライして

長く続けられそうな趣味や習い事、語学の勉強や定期的な運動をはじめるといいタイミング。不得意だと思って避けていたことでも、今年から学んでみると人生観が大きく変わってくるでしょう。「おもしろくないだろう」と決めつけていたことにも挑戦し、新たな体験や経験を増やすことで、いい人脈ができたりこれまで知らなかった楽しさに気づけそうです。スクワットなどの家でできる筋トレは、こまめにやっておきましょう。

SILVER PHOENIX

銀の鳳凰座

毎月毎日の
運気カレンダー

2023年9月～
2024年12月

占いを道具として使うには、

毎月の運気グラフ（P.94）で

月ごとの運気の流れを確認し、

運気カレンダー（P.96～）で

日々の計画を立てることが重要です。

毎月の運気グラフ

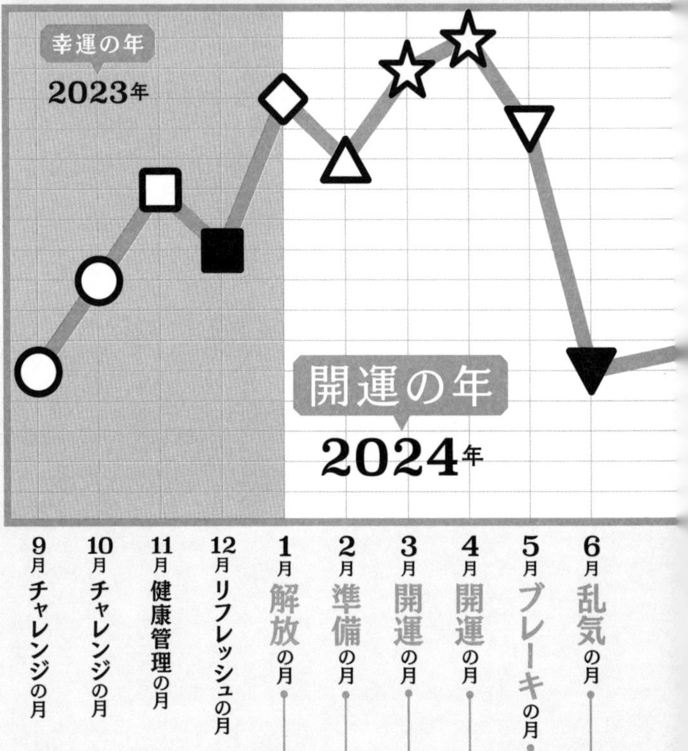

月の運気の概要

- ◇ 1月：「行動力」が幸運のカギ。考える前に動き出そう
- △ 2月：「遊び心」が大事な月。オンとオフの切り替えを意識して
- ☆ 3月：逃したチャンスがもう一度くる月。今度はしっかりつかんで
- ☆ 4月：「開運の年」×「開運の月」。頑張りの結果が出る重要な月
- ▽ 5月：運を味方にできる月。何事も中途半端にしないこと
- ▼ 6月：迷ったらいったん立ち止まる。大きな決断はなるべく避けて

※このページの記号の説明は、「月の運気」を示しています。P.72「年の運気記号の説明」とは、若干異なります

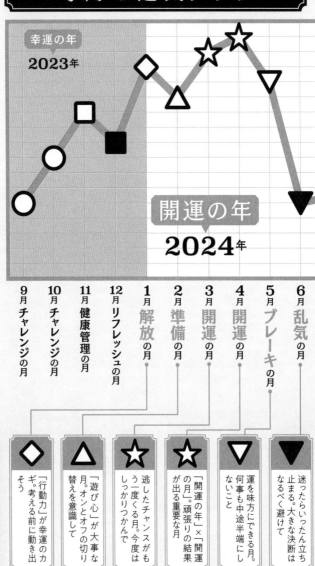

1年を通して、毎月の運気がどう変わるかを確認しておきましょう。
事前に知っておくことで、運気に沿った準備や心構えができます。

※「毎月の運気グラフ」は、その年の運気の影響を受けるため同じ記号でもグラフ上の高さは変わります

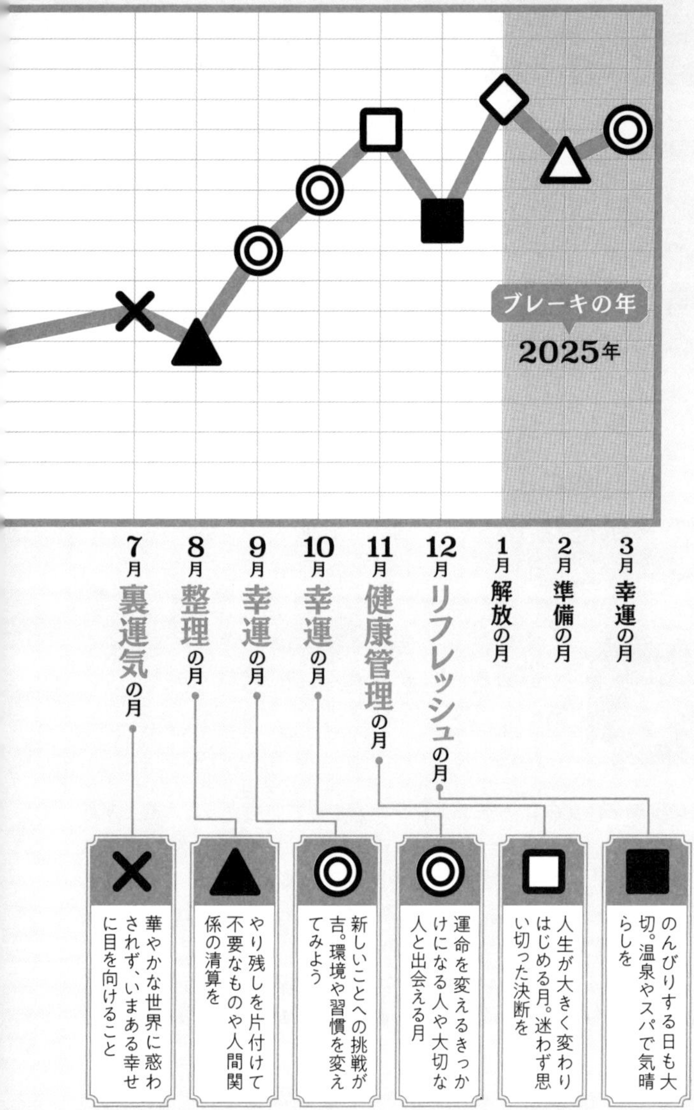

ブレーキの年
2025年
7月 裏運気の月
8月 整理の月
9月 幸運の月
10月 幸運の月
11月 健康管理の月
12月 リフレッシュの月
1月 解放の月
2月 準備の月
3月 幸運の月
華やかな世界に惑わされず、いまある幸せに目を向けること
やり残しを片付けて不要なものや人間関係の清算を
新しいことへの挑戦が吉。環境や習慣を変えてみよう
運命を変えるきっかけになる人や大切な人と出会える月
人生が大きく変わりはじめる月。迷わず思い切った決断を
のんびりする日も大切。温泉やスパで気晴らしを

9月

○チャレンジの月

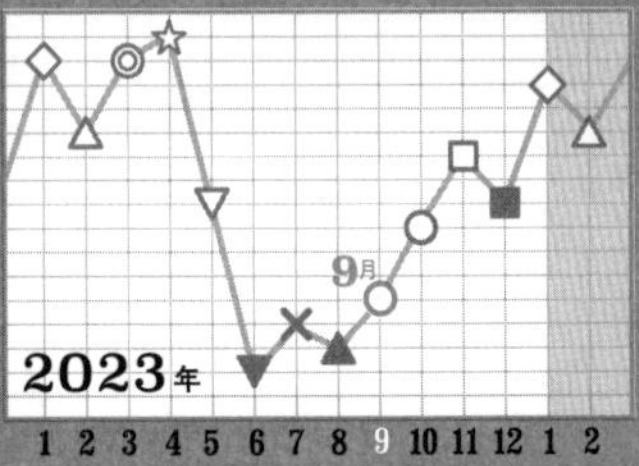

今月の開運3か条

- 新しい生活習慣を身につける
- 興味のあることは即行動する
- 新たな出会いを求めて動く

総合運

本領を発揮できる時期に突入。新しいことにドンドン挑戦して

「幸運の年」なのに運気のよさを実感できていなかった人も、今月からはやる気が出たり、興味がもてることを見つけて行動的になれそうです。いよいよ「本領発揮」の時期に入るので、もっている力を出し切るつもりで、何事も全力で取り組みましょう。新しいことに積極的に挑戦すると、新たな道も切り開けます。環境を変えるために引っ越しをするにもいいタイミング。新たな仲間や友人もできる時期なので、付き合いの場や人の集まりには参加しましょう。

開運のつぶやき　幸せとは、他人から感謝され、一緒によろこび笑える仲間が増えること

新しい人に目を向けて。イメチェンもオススメ

一度好きになると思い続けるタイプですが、昔の恋人からの連絡をいつまでも待っていないで、新しい人に目を向けるようにしましょう。イメチェンをしたり、フットワークを軽くしておくといいでしょう。これまでとは違うタイプの相手を好きになることや、好意を寄せてくれる人との出会いもありそうです。勝手に「きっと無理」と決めつけないで、「ここからモテ期」と思っておくこと。結婚運は、夏に微妙な雰囲気になったカップルも、今月は前向きな話ができそうです。

あなたの評価が高まる月。新規の仕事はよい兆し

あなたの能力や才能を認めてくれる人が現れたり、大事なポジションを任せてもらえそうです。信頼される時期でもあるので、手を抜かず、目の前のことに一生懸命に取り組んでみるといいでしょう。新しい仕事にも臆病にならないこと。「新規の仕事はいい流れの証」だと思って頑張りましょう。職場や仕事関係者とのプライベートな付き合いも大事になる時期。誘いを待っていないで、あなたから誘ってみるといい関係に発展しそうです。

古いものの買い替えを

今月は、買い替えをするにはいい運気です。長く使って古くなっているものがあるなら、最新のものを購入してみるといいでしょう。家電を買う場合は、最新の情報を調べたり、値段を比べて検討を。引っ越しにもいいタイミングのため、決断してもよさそうです。家やマンション、土地の購入にもいい時期。投資は、今月から新しいものをはじめてみると結果につながりやすいので、思い切って挑戦してみるのも手です。

「○曜日は運動の日」

健康的な体づくりを真剣に考えるといい時期。基礎体力をつけるために、軽い運動やスポーツをはじめてみましょう。家でできる筋トレやストレッチなどを習慣にするのもいいでしょう。「○曜日は運動の日」と決めて、朝からウォーキングや、ジョギングをするのもオススメです。美意識も高められるので、髪をいつもより短くしたり、新しい美容院で思い切ったイメチェンをしてみると評判も上がりそうです。

開運のつぶやき　自分を低く評価する必要はない

9月

○チャレンジの月

1（金）	○	なんとなく避けていることに挑戦するといい日。あまり交流がない人と話したり、食事に誘ってみると、いい発見がありそうです。苦手と勝手に決めつけないで、相手の素敵な部分を探してみましょう。
2（土）	□	ひとりの時間が自然と増えてしまうタイプですが、今日は視野を広げるためにも、友人や知人に連絡をして会ってみるといいでしょう。相手の趣味に合わせたり、最近ハマっていることを教えてもらうといいでしょう。
3（日）	■	予定を詰め込みすぎると、疲れがたまって体調を崩してしまいます。できれば自宅で何もせず、好きな音楽を聴くなどして、ゆっくり休むといいでしょう。温泉やスパに行って、のんびりした時間を過ごすのもオススメです。
4（月）	◇	運を味方につけられる日。流れに身を任せて問題ありませんが、積極的に行動すると、いい出会いや大事な体験が待っていそう。何か注意を受けても、自分の行動や判断に問題があると教えてもらえたと、プラスに受け止めて。
5（火）	△	小さなミスが増えそうな日。今日は、失言や忘れ物、遅刻をしやすいので気をつけましょう。あとになってミスが判明する場合もあるため、最終チェックはしっかりするように。
6（水）	◎	あなたに協力してくれる人や、やさしくしてくれる人の存在を忘れないように。これまで支えてくれたり、成長を見守ってくれた人に感謝して、その人のためにも頑張りましょう。
7（木）	☆	いい仕事ができて、結果も出せる日。何事も、いつも以上に真剣に取り組むと、評価されたり、信頼されるようになるでしょう。頑張ったご褒美に買い物をするにもいい日です。
8（金）	▽	日中は、周囲の協力で物事が順調に進むでしょう。問題をうまく解決してもらえることもありそうです。夕方からは、あなたが人を助けるようにしたり、自分のできることで周りの人を笑顔にさせるよう努めてみましょう。
9（土）	▼	相手の立場や状況を考えずに余計な一言を発して、気まずい空気になったり、関係を悪くすることがあるかも。言葉足らずな発言が、順調だった恋にブレーキをかけてしまうことも。今日は言動に気をつけましょう。
10（日）	×	些細なことでイライラしやすい日。「自分の考えや生き方だけが正しい」と思わないで、相手にも立場や事情があることをもっと想像しましょう。「自分が相手だったら」と考えてみると、イライラすることもなくなりそうです。
11（月）	▲	職場の整理整頓や、仕事道具の手入れをしっかりするといい日。朝から片付けをすると、自然と仕事へのやる気がアップしそう。物事を整理することで、今後の課題が見えてくる場合もあるでしょう。
12（火）	○	相手の出方を待っているだけでは、前には進めないでしょう。学びや成長のためにも、自ら動くことが大切です。恋も同様に、気になる人には自分からきっかけをつくってアプローチしましょう。
13（水）	○	なんでもひとりでやろうとするより、協力者を見つけることが大事。面倒なことや苦労もありますが、学びのほうが多く、自分の能力アップにもつながります。他人を認めることで、自分も楽になるでしょう。
14（木）	□	「ほかの座」の人よりも思い込みが激しいタイプですが、どうせ思い込むなら「自分は運がいい!」と思ってみるといいでしょう。意志が強いぶん、本当に運がよくなります。マイナスな思い込みや、不要な心配をしないようにしましょう。
15（金）	■	無理に頑張りすぎると疲れが残ったり、体調を崩すことがありそう。こまめな休憩や、ゆっくり休む時間をつくることを心がけましょう。夜の付き合いも、疲れを感じるなら断ったほうがよさそうです。

開運のつぶやき　どんなに運気がよくても、本人のやる気がなければふつうの日々

16（土）	◇	ただの知り合いと思っていた人とデートすることになったり、好意を伝えられることがありそう。評判がいい人なら、勢いで交際をはじめてみてもいいでしょう。イメチェンするとモテる運気なので、サロンなどに行くのもオススメ。
17（日）	△	ひとりでいるほうが楽かもしれませんが、今日は誰かとしっかり遊ぶことで、運気がよくなる日です。「どんな遊びにも学べることがある」と考えて、知恵をしぼって工夫してみて。のちの自分に役立つ経験になるでしょう。
18（月）	◎	しばらく行っていない場所を訪れると、当時頑張っていたことを思い出したり、懐かしい人と偶然再会することがあるかも。忘れていたことに気づけたり、やる気に火がつくことも。友人との縁も感じる日になりそうです。
19（火）	☆	いつも通りに仕事をしているだけで評価されたり、うれしい結果が出そうな日。気合を入れて目の前のことに取り組んでみると、より大きな成果が期待できるでしょう。行動次第では、運命の流れを変えることもできます。
20（水）	▽	明るい未来につながる努力ほど、おもしろいことはないもの。日々そういう積み重ねができているのか、想像してから頑張るようにしましょう。「人生は、筋トレやダイエットと同じで積み重ねが大事」だと忘れずに。
21（木）	▼	空回りしたり、予定通りに物事が進まない日。順調だと思うときほど、タイミングがズレることや、噛み合わないことがありそうです。何事も早めに準備して、ゆとりをもって行動しておくといいでしょう。
22（金）	×	嫌な思い出があると避けてしまうタイプですが、今日はあえて「ハズレだ」と思ったお店に行ってみたり、苦手な人と遊んでみるといいでしょう。予想よりもよく、いい思い出として上書きできそうです。
23（土）	▲	不要なものを処分するにはいい日。年齢に見合わない幼稚なものや、頭の片隅にある昔の恋人からのプレゼントは、執着せずにドンドン捨てると気持ちがスッキリするでしょう。学生時代のものも処分しましょう。
24（日）	○	季節や年齢に見合わないものを片付けながら、部屋の模様替えもするといい日。何年も使っているものは、思い切って買い替えてみましょう。カーテンやラグ、壁紙を変えてみるのもオススメです。
25（月）	○	生活リズムを変えてみるといい日。ふだんとは違う時間に仕事をはじめたり、使う道や乗る電車の時間を変えてみるのもオススメ。人との縁や、運の流れが変化するのを楽しめそうです。
26（火）	□	一度できたサイクルを変化させることが難しいタイプですが、連絡が途切れたままの人がいるなら、今日連絡してみて。切れた縁がつながってきそうです。
27（水）	■	疲れを感じやすい日。無理をせず、あいた時間はストレス発散のために軽い運動をしましょう。夜は恋愛運がいいので、気になる人がいるなら連絡してみて。週末に遊ぶ約束をとりつけるのもいいでしょう。
28（木）	◇	急にほめられたり、大事な仕事を任されることがありそう。びっくりしてチャンスを逃したり、遠慮しないように。「押しつけられた」などと思わずに、「今日は求められる日だ」と前向きにとらえるようにしましょう。
29（金）	△	真面目に取り組むのはいいですが、遊び心も大切。周囲が笑顔になることに力を入れたり、自分も周囲も楽しめることを考えて行動してみましょう。自分がおもしろいと思っていることを周りに教えると、楽しんでもらえそう。
30（土）	◎	しばらく遊んでいない友人や、少し気になっている人に連絡をしてみるといい日。食事に行くことになったり、遊ぶ予定ができたりしそう。ちょっと贅沢をして、「大人の雰囲気」がある場所に行くと、いい思い出ができるでしょう。

☆開運の日　◎幸運の日　◇解放の日　○チャレンジの日　□健康管理の日　△準備の日
▽ブレーキの日　■リフレッシュの日　▲整理の日　×裏運気の日　▼乱気の日　＝運気の影響がない日

10月

○ チャレンジの月

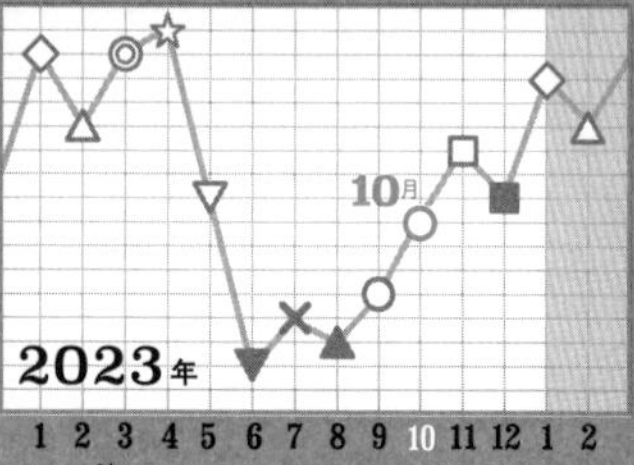

今月の開運3か条

- 新しいことに挑戦する
- 習い事や勉強をはじめる
- 生活リズムを変える

総合運

気になることを見つけたら モタモタしないで、すぐ行動

新しい流れに乗ることで、人生が変わりはじめる時期。未経験のことや不慣れなことに臆病にならず、すぐに行動に移すことが大切です。何事もスローペースで進めるタイプですが、気になることを見つけたりおもしろそうな情報を入手したら、思い切って飛び込んでみましょう。新たな人脈をつくるための行動も大事です。環境や生活リズムを変えるにもいい運気なので、引っ越しやイメチェン、習い事をはじめるのもオススメ。ピンとくることを探してみて。

開運のつぶやき｜不慣れで、苦手で、面倒なほうに進み、自分を鍛えた先にあるのが本当の自分

恋愛&結婚運

恋愛のスタイルだけでなく自分の雰囲気も変えてみる

先月、今月に出会った人とはいい関係に発展しやすいので、気になる相手がいるならこまめに連絡したり、遊びに誘ってみましょう。相手の出方を待っていても何も変わりません。「これまでとは違う感じの恋愛にする」と覚悟をしておくこと。年齢や流行に合わせて服装や髪型を変えてみるなど、いままでと違う雰囲気にすることも大切。結婚運は、上半期に一度話が盛り上がったカップルは、年末の入籍を目指して具体的な話を進めるといいでしょう。

仕事運

変化があるのはいい証拠。将来のことも真剣に考えて

新しい仕事を任されたり、部署やポジションに変化がある時期。変化があるのはいい流れに乗っている証拠なので、勝手にマイナスに受け止めないように。これまで学んできたことを後輩や部下に教えたり、育成を任される場合もありそうです。苦手と思わずに、ゆっくりとていねいに伝えてみましょう。仕事の目標やリズムを変えるのもいいので、将来どこまで出世したいか、どんな仕事をやりたいのかを想像して、いまからできる努力をはじめましょう。

金運&買い物運

最新のものを使ってみて

自己投資をするといい時期。勉強や資格取得、スキルアップのためにお金を使うようにしましょう。とくに今月から、気になるスクールや通信教育、習い事をはじめるのがオススメ。買い物では、最新の家電や、新発売の商品を探してみるのがいいでしょう。はじめて行くお店で、いいものを見つけられそうです。投資は、新銘柄や、これまで手を出していないものを、少額からはじめるとよいでしょう。

美容&健康運

目標だけでなく期限も決める

筋トレやダイエットをスタートするにはいい時期。目標だけでなく、達成する期限も決めておくことが大切です。数年かけて結果を出すくらいのゆったりとしたペースがオススメなので、まずは間食やジュースを控えるようにするのがいいでしょう。就寝時間もふだんより1時間早くしてみて。美意識を高めるのもいいので、理想とする体型のモデルの写真を飾ったり、定期的に体重計に乗って、スタイルを確認するようにしましょう。

開運のつぶやき ｜ あなたよりも結果を出している人は、あなたよりも何倍も努力した人

10月 ○チャレンジの月

1（日）	☆	買い物をするにはいい日。服の系統を変えたり、ふだんとは違うショップに入ってみるのがオススメ。髪を切るにも適した日なので、気になっていた美容院に行って、思い切ったイメチェンをしてみるといいでしょう。
2（月）	▽	午前中に終わりそうな仕事や用事は、早めに手をつけて片付けておきましょう。午後からは、ペースをゆっくりにしたり、ゆとりをもって行動するのがオススメ。急な仕事を任されることや、突然忙しくなることがありそうです。
3（火）	▼	過去の失敗や失言を突っ込まれるなどして、モヤモヤした気持ちになりそう。ひとりの時間を大事にするようにしましょう。好きな音楽を聴いて、のんびりする時間をつくるといいでしょう。
4（水）	×	油断しているとあなたの手柄を横取りされたり、邪魔をされることがありそう。今日は、邪心のある人が見えるときなので、今後の付き合いや距離のとり方を考えるきっかけにしましょう。
5（木）	▲	不用品や使わないものを処分することが大切な日。仕事への集中を妨げるものは、目の前に置かないように。無駄な時間を費やしているアプリなども、消去するようにしましょう。
6（金）	○	新しい仕事を任されたり、のちにポジションが変わる話があるなど、変化の流れがやってきそう。現状維持を考えるよりも、流れに乗ったほうがいいでしょう。自ら志願して変化を起こすにもいい日です。
7（土）	○	新たな知識を得られる日。美術館やイベントのほか、本屋さんで偶然手にした本からも大切なことが学べそうです。視野を広げられそうなものや、これまでは食わず嫌いしていたジャンルの本を選んでみるといいでしょう。
8（日）	□	一度決めたルールを変えることが苦手なタイプですが、今日はいつもと違う過ごし方をしてみるといいでしょう。少しでも気になった映画やライブ、イベントがあるなら、足を運んでみましょう。
9（月）	■	ストレス発散のために軽い運動をするなど、健康的に過ごすといい日。リラックスできる入浴剤などを使ってみるのもいいでしょう。好きな音楽を聴いて、ゆっくりする時間をつくるのもオススメです。
10（火）	◇	周囲から頼りにされる日。思っている以上にあなたの能力を認めてくれる人や、求めてくれる人が現れそう。ケチケチしないで、いまの力を出し切ってみるといいでしょう。自分が教えられることも伝えてみましょう。
11（水）	△	人の話を最後までしっかり聞いて、柔軟な対応や、機転のきいた行動をとるように意識することが大事な日。適当な返事をしていると、信用を失う原因になります。心が疲れ、吸収力も対応力も鈍くなってしまうので気をつけましょう。
12（木）	◎	「苦労してよかった」と思えることが起きたり、「人生に無駄はない」と実感できることがありそう。厳しく指導してくれた人、成長を見守ってくれた人や親への感謝を忘れないようにしましょう。
13（金）	☆	運命的な出会いや、考え方を変えるきっかけとなる出来事があるでしょう。大きな決断をするにもいい日なので、今後のことを考えて、買い物や契約をするのもオススメです。
14（土）	▽	満足できる1日を過ごせそうな運気。気になる人がいるならランチデートに誘ってみるといいでしょう。夜は、誘惑に流されて余計な出費が増えてしまうかも。
15（日）	▼	急に予定が変わったり、ドタキャンされたりして、無駄な時間を過ごしてしまいそう。あなたが寝坊して、相手に迷惑をかけてしまうこともあるので要注意。また、慌ててケガをすることのないように気をつけましょう。

開運のつぶやき　知らないことを楽しく聞ける人に幸運はやってくる

16（月）	×	余計な情報に振り回されたり、無駄にスマホを見る時間が増えてしまいそうな日。見てもなんの得にもならない動画の誘惑に負けないように。日ごろの悪習慣も見えてくるので、今後気をつけるようにしましょう。
17（火）	▲	何かを切り離したり、捨てることで、良くも悪くも区切りをつけられる日。別れを選択したからこそ、チャンスをつかめる場合もあるでしょう。幼稚なことからは離れましょう。
18（水）	○	「自分のペースでは間に合わない」などと言って諦めないで。急いでみることで、無駄だったことや、合理的に進める方法を見つけられるかも。やってみないとわからない場合があることを知れそうです。
19（木）	○	知り合いの輪や、あなたの視野が広がる日。集まりに参加すると、素敵な人を紹介してもらえたり、尊敬できる人に会えることも。人見知りしていいのは子どものときだけ。初対面の人にはきちんと笑顔で挨拶するようにしましょう。
20（金）	□	人生を楽しむためには、学びが必要です。仕事でも趣味でも恋でも、いまの自分に何が足りなくて、何が必要なのかを考えましょう。「人は学んで成長しなければならない」ということを忘れないように。
21（土）	■	ストレスや寒暖差で体調を崩さないように。今日は、家でのんびり過ごすといいでしょう。消化のいい食事をとることも大切です。また、小さな段差につまずきやすいので注意しましょう。
22（日）	◇	恋愛運がいい日。突然デートや遊びに誘われることもありそう。興味がない相手でも、会いに行ってみると、思ったよりも素敵な時間を過ごせるかも。勢いで交際がスタートする流れもありそうです。
23（月）	△	「遊び心」が運命を大きく分ける日。真面目に取り組むだけでなく、周囲が笑顔になることに力を注ぎましょう。多くの人をよろこばせることを楽しめると、幸運をつかむことができるでしょう。
24（火）	◎	長く努力していることほどいい結果につながったり、いい流れで仕事ができそう。一緒に仕事をしているメンバーに感謝を忘れないように。付き合いの長い人と話してみると、大事な指摘や情報を得られそうです。
25（水）	☆	真剣に仕事をすることで、大きな結果が出たり、のちの出世や昇給につながりそうな日。買い物運もいいので、買い替えを考えている家具や家電などは、今日買うのがオススメです。投資に興味があるなら、少額からはじめてみて。
26（木）	▽	午前中から積極的に行動することで、評価を得られたり、チャンスをつかめそうです。夕方あたりからはゆっくりしてもいいので、それまでは全力で取り組んでおきましょう。
27（金）	▼	手応えを感じられず、何事も必要以上に時間や手間がかかってしまいそうな日。停滞しても「時間を贅沢に使っている」のだと前向きに受け止めること。失敗から学んで、反省を活かすようにしましょう。
28（土）	×	予定が急に変更になったり、予想外の渋滞や行列に時間をとられやすい日。ガッカリするような店員さんに遭遇することも。過度な期待はしないで、トラブルを楽しむくらいの気持ちでいるといいでしょう。
29（日）	▲	季節外れのものは片付けて、使わないものや置きっぱなしのものも、思い切って処分するといいでしょう。ふだんは掃除しない場所もできるだけきれいにしてみると、気分がスッキリしそうです。
30（月）	○	髪型を少し変えたり、ふだん着ない服を選んでみるといい日。些細な変化をつけると、いい1日を過ごせそう。いつもは選ばないランチやお菓子を食べてみたら、おもしろい発見があるかも。
31（火）	○	気になることに挑戦するといい日。同じ仕事でも、工夫次第で違う結果が出たり、手応えも変わってくるでしょう。恋愛でも、片思いの相手や気になる人に連絡をしてみると、デートの約束を取り付けられそう。

☆開運の日　◎幸運の日　◇解放の日　○チャレンジの日　□健康管理の日　△準備の日
▽ブレーキの日　■リフレッシュの日　▲整理の日　×裏運気の日　▼乱気の日　＝運気の影響がない日

11月

□ 健康管理の月

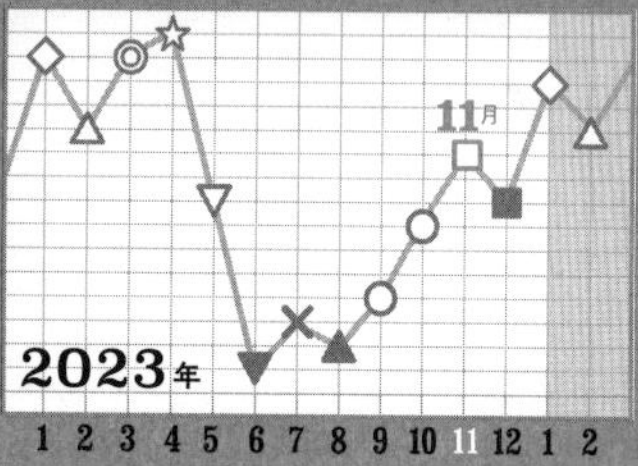

今月の開運3か条

- 新しい人に会う
- 好きな人に気持ちを伝える
- 得意なことや強みを極める

総合運

「軌道修正」ができる時期。中旬までは自分から行動を

中旬までは、積極的に行動することで、今後の人生を大きく変えられたり、軌道修正できるタイミングです。この1年に満足できていない場合は、引っ越しなど環境を変える決断をして、行動に移すといいでしょう。新たな出会い運もいいので、人の集まりに参加してみるのがオススメです。友人や知人からの紹介は期待できるため、短時間でも会って連絡先を交換しておきましょう。下旬になると風邪をひいたり、疲れを感じやすくなるので無理は禁物です。

開運のつぶやき　プレッシャーを楽しめる人は、運を味方につけられる

恋愛＆結婚運

昔の恋に区切りをつけて 新たな出会いに注目を

新たに出会う人との縁が強くなる時期ですが、昔の恋人や過去の恋を引きずっていると、素敵な出会いを逃してしまいます。キッパリ諦めるか、告白して白黒ハッキリさせておきましょう。急に飲み会や食事に誘われたときは、忙しくても顔を出しておくと、のちの恋人や結婚相手に出会える場合が。少しでも気になった相手には、こまめに連絡するようにしましょう。結婚運は、入籍や、入籍日を決めるにはいいタイミング。「プロポーズの予約」もしてみましょう。

仕事運

お世話になった人との再会も。 下旬は忙しくなりそう

不慣れや苦手をそのままにしていたり、都合の悪い仕事や雑用を避けてきた人は、厳しい指摘を受けそうです。いますぐ改善する努力をしましょう。どうしても難しい場合は、自分の強みをさらに鍛えるように。また、過去にいた職場や部署に戻ることや、お世話になった人と一緒に仕事をすることになるケースも。下旬は、予想外に仕事が増えたり、慌ただしくなりそう。安請け合いはせず、押しつけられそうになったら断る勇気も必要です。

金運＆買い物運

買い替えは 今月中に検討を

引っ越しや、土地・家などの大きな買い物、家具・家電など長期的に使うものの購入にはいい時期。ほかにも、古くなって買い替えが必要なものがあるなら、今月中に検討するといいでしょう。10年以上使っている家電の調子をチェックしてみましょう。積立預金をはじめたり、お金の使い方を学ぶにもいいタイミング。家計簿をつけはじめたり、長期保有を見据えて投資などをスタートするのもいいでしょう。

美容＆健康運

時間を要する ケアをはじめる

定期的な運動を習慣づけたり、エステに通いはじめるにはいいタイミングです。長く同じ美容院に通っている場合は、今月から新しいところにしてみるといいので、周囲の評判がいいサロンに行ってみましょう。歯の矯正やホワイトニングなど、少し時間のかかるケアやメンテナンスも、今月からスタートするのがオススメです。下旬は、体調を崩しやすいので、無駄な夜更かしは控え、睡眠を多くとるようにしましょう。

開運のつぶやき 「素直に聞く力」と「自分で考える力」のバランスのいい人が幸運をつかむ

11月

□健康管理の月

1（水）	□	大きな目標よりも、確実にクリアできそうな目標を掲げてみるといい日。達成感を得られて、次に進むこともできそうです。そのためにも、自分の実力や才能、見た目などについて、自分と向き合う時間をつくるといいでしょう。
2（木）	■	周囲に合わせて急ぐと疲れてしまう日。自分のペースを守ることが大切です。遅れそうだと思うなら、人より先にはじめるようにしたり、あとから追いつく時間を確保しておくといいでしょう。
3（金）	◇	異性から注目を浴びたり、デートに誘われることがありそうです。のちの恋人になる人がすでに近くにいる可能性があるので、身近な人にもっと敏感になっておくといいでしょう。気になる人がいるなら、自分から連絡してみましょう。
4（土）	△	珍しくはしゃぎすぎてしまったり、調子に乗りすぎてしまいそうな日。楽しむのはいいですが、小さな間違いや、判断ミスをしやすいので気をつけましょう。夜は、長い付き合いの人との縁が深まりそう。
5（日）	◎	なんとなく先延ばしにしていることをはじめるといい日。買ったけれど開いていなかった本を読みはじめたり、いつかやろうと思っていた筋トレやダイエットをスタートすると、想像以上に効果がありそうです。
6（月）	☆	お金の使い方を考えるにはいい日。毎日なんとなく使っているお金のなかに、不要なものがあるタイプのあなた。食事やお菓子、お酒代、ネットの課金やサブスクなどを見直してみるといいでしょう。
7（火）	▽	午前中は調子のよさを感じられそう。目標を達成できることもあるでしょう。夕方あたりからは、小さな判断ミスや心配事が出てきたり、タイミングの悪さを感じる場合があるかも。一歩引いて冷静に判断するようにしましょう。
8（水）	▼	ふだんなら興味をもたないような物事に目を向けるのはいいですが、判断ミスをしやすい日なので、情報不足のまま動いたり、無計画な行動はしないように。遊び心に火がついて、面倒事を引き起こす場合もあるので気をつけましょう。
9（木）	×	目の前のことに集中できず、ダラダラと1日を過ごしてしまいそう。周囲への不満も出やすくなりますが、「変わるべきなのは自分のほう」だということを肝に銘じておきましょう。
10（金）	▲	一度進みはじめると、止まったり変化することが苦手なタイプですが、今日は少し立ち止まって、日々の生活習慣などを見直してみるといいでしょう。無駄なことを手放すと、気持ちが一気に楽になりそうです。
11（土）	○	一度も遊んだことのない片思いの相手や、気になる人に連絡すると、タイミングよく食事に行けるかも。待っていても何も変わらないので、勇気を出して誘ってみて。おもしろい話ができるように、ネタを用意しておくとよさそうです。
12（日）	○	興味がわいた場所やはじめて行く場所で、いい発見やおもしろい体験ができそうな日。気になるお店があったら、自分の勘を信じて入ってみるといいでしょう。いつもと違う場所に行く体験を楽しんでみましょう。
13（月）	□	1日の予定をしっかり考えてから行動するといい日。先のことをいろいろと予測して、時間を逆算し、「いま何をするべきか」を判断しましょう。夜は、ゆっくりお風呂に入るのがオススメです。
14（火）	■	思い込みが疲れの原因になってしまいそう。話しているときに、相手とのズレを感じる場合は「自分が間違っているのでは?」と立ち止まってみること。「自分が正しい」と思っていると、いつまでも解決しないままになりそうです。
15（水）	◇	いいパートナーと仕事ができたり、付き合いの長い人から助言をもらえて、うれしい結果を残せそう。友人や昔からの知り合いに気になる人がいたら、告白するといい関係になれるかも。デートや食事に誘ってみるといいでしょう。

開運のつぶやき　尊敬できる人に会うことは大切。憧れや尊敬は人を大きく成長させる

16（木）	△	準備や勉強、経験が足りないことを実感しそうな日。至らない点は、「今後の成長への課題」だと前向きに受け止めましょう。つまらないミスにも気をつけること。
17（金）	◎	あなたの能力が求められる日。いろいろな経験が周囲の人の役に立ったり、いい結果につながりそうです。学んだことや趣味の知識などを活かせることも。
18（土）	☆	買い物に出かけるにはいい日。引っ越しを決めたり、家電や家具、土地や家など、大きな買い物の決断にも最適なタイミングです。今日手に入れたものは、あなたの運を上げるラッキーアイテムになるでしょう。
19（日）	▽	告白やデートの誘いをするなら、日中がオススメ。午前中のうちに好きな人にメッセージを送っておくと、いいきっかけがつくれそう。気になっているランチを一緒に食べに行くのもいいかも。夜は、予定が乱れることがありそうです。
20（月）	▼	愚痴や不満、文句を言いたくなるような出来事が起きそうな日。自分中心に考えていると、周囲が見えなくなってしまうことが。会社や上司など、人にはいろいろな立場や事情があることを忘れないようにしましょう。
21（火）	×	自分ではきちんと伝えたつもりが、相手に理解されていない場合がありそうです。上品な言葉を選んで、ていねいに話すと、うまく考えを伝えられるでしょう。また、年下や後輩を頭ごなしに否定しないよう気をつけること。
22（水）	▲	何事も順序が大切な日。慣れた仕事でもていねいに行うようにしましょう。思った以上に雑になったり、いつの間にか、基本やマニュアルを無視した行動をとっている場合もありそうです。
23（木）	○	最新の流行を学ぶといい日。若い人のブームを一緒に楽しんでみることで、いい刺激を受けられます。新たに学べることを見つけると、やる気にもなれそうです。新刊本を読んだり、話題の映画を観るのもオススメ。
24（金）	○	些細なことでかまわないので、新しいことに挑戦するといい日。重荷になると思っていた仕事や立場も、受け入れてみるといい勉強になったり、予想よりも楽しく取り組めそうです。
25（土）	□	気になった場所に行ってみるなど、自分の勘を信じて行動するといい日。急に思い浮かんだ人に連絡をすると、楽しい時間を過ごせそうです。体験教室やイベントなどをのぞいてみるのもいいかも。
26（日）	■	今日は、ひとりの時間をつくって、心身をリセットするといいでしょう。軽い運動や筋トレ、ダイエットをするのもオススメです。就寝時間や食事のバランスも見直してみましょう。食事は腹八分目に抑えて、間食は避けること。
27（月）	◇	あなたの魅力がアップして、注目が集まる日。気になる人に連絡すると、会えることになったり、急な誘いでもタイミングよくごはんに行けるかも。仕事でも自信をもって行動してみると、いい結果につながりそうです。
28（火）	△	忘れっぽくなってしまう日。大事な約束や連絡を忘れて焦りそう。置き忘れなどもしやすいので、席を立つときは身の回りをしっかり確認するように。
29（水）	◎	これまでの経験をうまく活かせる日。学生時代や、数年前に学んだことのなかから、自分らしさを活かした新しい手法を生み出せそうです。自分で思う以上に実力がついているはずなので、積極的に行動してみて。
30（木）	☆	会社の儲けや数字、時間にもっとシビアになってみるといい日。不要な経費を使わないようにするなど、経営者の視点で物事を考えることを意識してみましょう。自分のお金の使い方についてもシビアになっておくといいでしょう。

☆開運の日　◎幸運の日　◇解放の日　○チャレンジの日　□健康管理の日　△準備の日
▽ブレーキの日　■リフレッシュの日　▲整理の日　×裏運気の日　▼乱気の日　＝運気の影響がない日

12月

■リフレッシュの月

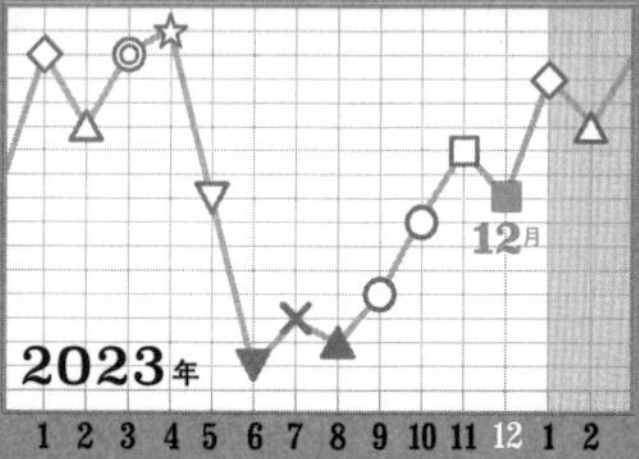

今月の開運3か条

- 結果が出なくても焦らない
- 夜更かしをしない
- 入浴剤を入れた湯船にゆっくり浸かる

総合運

今月は頑張りすぎないで しっかり体を休ませること

焦らずじっくりゆっくり進めたほうがいい時期。慌てて結果を出そうとすると、空回りしたり思い通りにいかなくて、不満やストレスの原因になってしまいます。とくに中旬までは、生活リズムを整えて、しっかり体を休ませておくことが大切。ここで頑張りすぎてしまうと、来月に力を発揮できなくなってしまうことがあるでしょう。温泉旅行の計画や、ゆっくりする時間の確保など、休日の予定を先に決めておくといいでしょう。

開運のつぶやき　相手がよろこぶことを先にすると、自然と運も味方してくれるもの

恋愛&結婚運

年末年始の行事には参加を

好きな人への告白や、もう一押しをするなら下旬がオススメ。中旬までは空回りしたり、タイミングが合わない感じになりそうです。気になる人がいるなら、新年会の約束をしてみると、いい展開を望めるでしょう。新しい出会い運も下旬はよさそうなので、急に友人から忘年会に誘われたら、顔を出しておくといいかも。結婚運も、下旬に真剣な話をすると進展しやすいでしょう。正月にお互いの両親に会う流れをつくっておくとよさそうです。

仕事運

疲れが出やすいタイミング。無理はほどほどに

疲れからミスをして、やり直しているうちにまた疲れがたまってしまう、という悪循環に陥りやすい月。休憩中はしっかり体を休ませ、仕事を詰め込みすぎないようにしましょう。忍耐強いのはいいですが、無理はほどほどにしておくこと。評価はあとからついてくるので、今月は周囲のことは気にしないようにしましょう。仕事での付き合いも増えますが、夜は早めに帰宅して、次の日に疲れを残さない工夫を。

金運&買い物運

運気のいい日に買い物を

イライラやストレスを発散したくて、余計な出費が増えてしまいそうな時期。気分での買い物はせず、いったん冷静になり、運気のいいタイミングまで待つように。今月は、ものよりも「リフレッシュになること」にお金を使うといいので、タイ古式マッサージなどのマッサージや、エステなどに行ってみましょう。投資などは、月末はいい結果につながりやすいので、気になるものがあるならはじめてみてもいいですが、来月からのほうがオススメです。

美容&健康運

生活習慣を整える月

油断すると風邪をひいたり、体調を崩しやすい時期。きちんと体を休ませて、無理のない生活を送りましょう。夜更かしは避けて、湯船にしっかりと浸かり、水分をとってから寝るようにすること。常温の水や白湯をこまめに飲むようにすると、むくみや疲れもとれていいでしょう。美意識を高めるためにも、好きな香りを嗅いだり、少しいい入浴剤を選んでみるのもよさそう。好きな音楽を聴く時間をつくるのもオススメです。

開運のつぶやき｜不器用な人間のほうが、ひとつのことを極められる

12月 ■リフレッシュの月

1（金）	▽	日中は、堅実にコツコツ積み重ねたことに結果が出て、満足できそうです。いまもっている実力を評価されるので、不満に思ったら、勉強や努力をはじめましょう。夜は疲れやすいため、注意して過ごすように。
2（土）	▼	思い通りに進まないことが多く、行列に並ぶことになったり、渋滞にハマるなどして疲れてしまいそう。無理にあらがわず、流れに身を任せておきましょう。今日はストレス発散にはいい日です。
3（日）	×	些細なことでイライラして、不機嫌な感じが顔に出てしまいそうです。気を許せる人との時間を大切にすると、心が安定するでしょう。気持ちが穏やかになる音楽でも聴きながら、のんびり過ごすのがオススメ。
4（月）	▲	いろいろと準備していたことや、これまで頑張ってきた物事が、急に方向転換することになったり、やり直しになることがありそう。実力はアップしているはずなので、ガッカリしないで、よりよいものになるよう努めましょう。
5（火）	＝	何事も勢いが肝心な日。あなたはじっくり考えてから動くタイプですが、今日は「まず行動して経験を積んでいくことが大事」だと思うこと。失敗することがあっても、いい経験になるでしょう。
6（水）	＝	苦手や面倒だと思い込んで避けていたことに、少しでも手を出してみるといい日。思ったよりも簡単にできたり、イメージと違うことに気づく場合もありそうです。周囲からオススメされたことにも、素直に挑戦してみましょう。
7（木）	□	自分の考えや生き方だけが正しいと思っていると、視野が狭くなってしまいそう。いろいろな人の意見や生き方から学ぶことを意識して、柔軟な発想を心がけてみましょう。すぐにはできなくても、まずは意識することが大切です。
8（金）	■	疲れが一気に出そうな日。今日は、急な仕事がきたり、疲れる人と一緒にいる時間が増えてしまうかも。夜に突然元気になって、遊びに出かける流れになることも。
9（土）	◇	友人と思っていた人や、好みのタイプではない人から好意を寄せられることがあるかも。急な連絡があったら、億劫にならずに、少しだけでも会ってみましょう。思い切って、あなたから気になる人に声をかけるにもいい運気です。
10（日）	△	急に遊びに誘われたり、遠出をすることになりそうな日。「いまから!?」と慌てて準備すると、忘れ物や足の小指をぶつけるなどのドジをしそうです。焦らずに、落ち着いて行動するようにしましょう。
11（月）	○	いままで積み重ねてきたことや実力を評価される日。頼られることが増えますが、無理だけはしないように。自分の得意なことで周囲の人を笑顔にできる幸せを、楽しんでみるといいでしょう。
12（火）	○	出費が増えてしまいそうな日ですが、ストレス発散になるなら多少は気にしないこと。ふだんより少し高いドリンクやランチを選んでみるといいでしょう。お菓子などを買って、周りに配ってみるのもよさそうです。
13（水）	▽	日中はいい仕事ができて順調に進みそうですが、そのぶん疲れはたまってしまうかも。周りのトラブルに巻き込まれてしまうこともありそうです。夜は早めに帰宅して、湯船に浸かるなど、バスタイムを充実させましょう。
14（木）	▼	機械の操作ミスでデータを消したり、勘違いしたまま書類を作成したり、タイプミスなどをしやすい日。「確認したつもり」で済ませず、しっかり見直しましょう。時間に追われそうなので、何事も少し早めに取りかかっておくこと。
15（金）	×	日ごろの疲れも重なって、判断ミスをしやすい日。いつもならじっくり考えて決断することを、勢いだけで決めないように。気持ちが先走りすぎたり、落ち着かないときは、深呼吸をしましょう。ひとりで決めず、周りに甘えることも大事です。

開運のつぶやき　人付き合いが上手な人は、謝る、許す、認める、ほめるが自然にできる

16（土）	▲	大掃除をするには最適な日。置きっぱなしのものは一気に片付けて、着ていない服や履かない靴も処分しましょう。「置いてあるだけ」が一番もったいないことだと忘れないように。
17（日）	＝	今日は、おいしいお店やエンタメを楽しめる場所に足を運ぶと、運気の追い風に乗れそう。また、気になる人とデートをすると、いい展開になりそうです。突然でもかまわないので、勇気を出して誘ってみましょう。
18（月）	＝	ちょっとしたものでもいいので、新しいアイテムを身につけたり、持ち歩くといい日。とくに思いつかないときは、新発売のお菓子や飲み物などにトライして。いい発見やいい体験につながりそうです。
19（火）	□	予定や段取りをしっかり決めて過ごすといい日。無計画に動いたり、目的のない行動はとらないようにしましょう。とくに夜は疲れやすいので、無理せず早めに帰宅すること。
20（水）	■	風邪をひいたり、体調を崩しやすいので、無理はしないように。出かけるときは暖かい服装を心がけておきましょう。こまめにお茶を飲むようにするのもオススメです。
21（木）	◇	良くも悪くもあなたに注目が集まる日。意見が通りやすくなりますが、そのぶん忙しくなったり、責任を背負うことにもなりそうです。何を言うかよく考えてから発言するようにしましょう。
22（金）	△	ドジなケガや小さなミスをしやすい日。自分で思っている以上に集中力が欠けてしまいそうです。ミスに気づかないままのちに大きな問題になる場合もあるので、確認はしっかり行いましょう。
23（土）	○	しばらく会っていなかった人に偶然再会したり、急に連絡がくることがありそう。以前の印象だけで相手を決めつけずに、あらためて向き合ってみると、その人のいいところを見つけられそうです。
24（日）	○	今日は、「体験」や「思い出」にお金を使うのがオススメ。映画や芝居を観たり、カラオケで思い切りはしゃいだりしてみましょう。恋人や大切な人に、ご馳走するのもいいでしょう。
25（月）	▽	日中は満足できるペースで過ごせそうですが、夕方あたりから身内や仲のいい人に予定を乱されてしまうかも。自分の考えと違っても反発しないで。素直に相手にゆだねてみると、おもしろい話が聞けたり、いい経験ができそう。
26（火）	▼	タイミングの悪さを感じたり、物事が期待通りに進まなくてガッカリすることがありそう。「自分の常識や考えだけが正しい」などと思わないで、いろいろな人の個性を認めると、気持ちが楽になるでしょう。
27（水）	×	いい感じだった人と気まずい雰囲気になったり、相手の嫌な部分が見えてしまうかも。「人のふり見て我がふり直せ」を心得ておきましょう。他人の欠点が目につくときは、自分の欠点も出ているときなので気をつけて。
28（木）	▲	身の回りをきれいにするにはいい日。年齢に見合わないものや、読み終わった本、サイズの合わない服や流行遅れのものは処分しましょう。買い替えを考えているものも、先に捨ててしまいましょう。
29（金）	○	いつもの年末とは違うお店で買い物をしてみるのがオススメ。お得なものを見つけられたり、「また来たい」と思えることがありそうです。髪を切ったり、服の印象を変えてみるなどして、少しイメチェンするのもいいでしょう。
30（土）	○	友人や知人を誘って忘年会をしたり、気になる人に連絡をしてみるといい日。今日会えない場合は、来月に会う約束をしておくといいでしょう。ふだん自分から誘うことが少ないと思うなら、ぜひやってみて。
31（日）	□	急にカウントダウン・ライブや遊びに誘われたら、即OKするといい日。「予定が変更になること」を楽しんでみるといいでしょう。ただし、夜は体調を崩しやすいので、無理はしないように。

☆開運の日　◎幸運の日　◇解放の日　○チャレンジの日　□健康管理の日　△準備の日
▽ブレーキの日　■リフレッシュの日　▲整理の日　×裏運気の日　▼乱気の日　＝運気の影響がない日

1月

◇ 解放の月

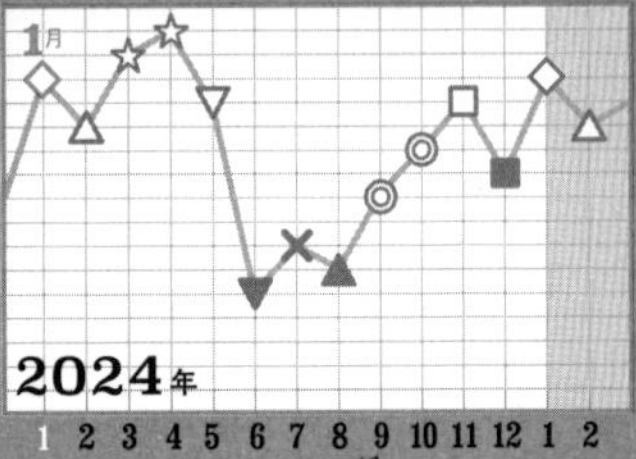

今月の開運3か条

- じっくり考えていないで即行動する
- 新しい出会いを増やす
- お礼や挨拶など、礼儀をしっかりする

総合運

「行動力」が幸運のカギ。考える前に動き出そう

積極的に行動すると、簡単に運を味方にできる最高の月。ゆっくりしている場合ではありません。自分の幸せや夢に向かって突っ走ってみると、幸せをつかめるでしょう。運命を変えるような出会いや経験にも恵まれる運気なので、ノリや勢いが大切ですが、それ以上に礼儀や挨拶をしっかりしておくこと。評価が上がったり、チャンスをつくってくれる人とつながることもできそうです。今月は、行動力が幸運のカギになります。考える前に動き出しましょう。

開運のつぶやき｜憧れられる生き方ができる人に、運は集まる

恋愛&結婚運

出会いも片思いも結婚も すべてが最高の月

出会いのチャンスが少ないタイプですが、今月からは人生が変わったかのように新しい出会いが増えそう。ただし、遠慮したり人に会うことを避けていては、この運気を逃すだけ。周囲に紹介してくれる人がいるならドンドン会ってみましょう。片思い中の人もいいきっかけをつかめるので、自ら連絡を。結婚運は、今月結婚すると、その後の幸せが保証されるくらい最高のタイミング。あなたからプロポーズをするにもいい運気でしょう。

仕事運

期待以上の結果を出せそう。積極性を大切に

予想外に忙しくなることや、求められることが増えそうですが、それ以上にいい結果を残せたり、期待を上回る仕事ができるでしょう。長く関わっている仕事ほど今月から流れが大きく変わってくるので、積極的に取り組みましょう。とくに、目上の人と仲よくなれるきっかけがあるため遠慮しないように。仕事関係者との付き合いも大切にしてみると、これまで以上に仕事がやりやすくなったり、いい関係を築けるでしょう。

金運&買い物運

長く使うものを購入しよう

欲しかったものが手に入ったり、お得な買い物ができる時期。気になったお店に入ってみると、よい品を見つけられそう。いつも同じような服になりがちですが、今月は年齢や流行を意識しつつ、明るい感じのファッションを選んでみましょう。家やマンションといった長く使うものの購入や引っ越しを決めるにもいいタイミング。投資などの資産運用をスタートしたり、すでにはじめている場合は金額を上げるにもいい時期です。自分の勘を信じてみましょう。

美容&健康運

気になる部位のお手入れを

美意識を高めるには最高の時期。スポーツジムやエステ通いなど、これまで避けていたことに思い切ってトライして、自分磨きに努めてみるといいでしょう。脱毛や歯列矯正、ホワイトニング、気になっていたほくろの除去などもオススメです。少しいい美容室で髪型を変えたり、おしゃれな友人から服装のアドバイスをもらうのも効果的。健康運は、ダイエットを兼ねて運動をスタートすると、美しく痩せられそうです。

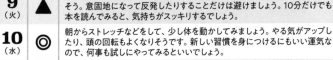

1月

◇解放の月

1（月）	■	新年早々に風邪をひいたり、疲れてしまいそうな日。日中は行動的になるよりも、家でのんびり過ごしましょう。無理に予定を詰め込まないよう気をつけて。
2（火）	◇	新年会や遊びに誘われたり、うれしい知らせが多い日。突然告白されることもありそうです。「好みではない」などと言わず、まずはデートの約束をしてみましょう。
3（水）	△	楽しい時間を過ごせそうですが、小さなドジもしやすい日。スマホや財布を忘れて家を出たり、ものを置き忘れて探すことになってしまいそう。確認作業をしっかり行い、慎重に行動しましょう。
4（木）	☆	外出先で偶然の出会いがありそう。久しぶりに会う人と楽しく話せたり、恋に発展する場合もあるので、周囲をよく観察しておきましょう。しばらく行っていなかった場所に足を運ぶと、ラッキーな出来事が起きるかも。
5（金）	☆	買い物をするといい日。気になるお店でいいものを見つけられそうです。今日購入した服や靴、カバンなどは、ラッキーアイテムになるでしょう。資格の勉強や投資をはじめるにもいいタイミングです。
6（土）	▽	ランチデートをするにはオススメの日。気になる人を誘ってみるといいでしょう。夕方あたりからはイライラすることや、予想外の出来事が増えてしまいそうです。大事な用事は午前中に終わらせておきましょう。
7（日）	▼	疲れがたまったり、少しだけ流れが止まりそう。今日は、できるだけひとりになる時間をつくってみましょう。気になっていた映画を観たり、好きな音楽を聴くなどして、のんびり過ごすといいでしょう。
8（月）	×	よかれと思った行動が裏目に出てしまう日。今月は即行動するといい運気ですが、今日はじっくり考えてから動くようにしましょう。ときには立ち止まって冷静に判断することも大切に。
9（火）	▲	余計な作業を任されてしまうなど、目の前のことに集中できない場面が増えそう。意固地になって反発したりすることだけは避けましょう。10分だけでも本を読んでみると、気持ちがスッキリするでしょう。
10（水）	◎	朝からストレッチなどをして、少し体を動かしてみましょう。やる気がアップしたり、頭の回転もよくなりそうです。新しい習慣を身につけるにもいい運気なので、何事も試しにやってみるといいでしょう。
11（木）	◎	挑戦したいことがあるなら、思い切って行動してみるといい日。生活リズムを変えたり、気になっていたお店に行ってみるのもオススメです。新商品を購入すると、いい経験になりそう。
12（金）	□	10年後の自分の幸せな姿を想像してみて。それを実現するためには、いまの自分に何ができるか、どんな努力や勉強をすべきなのかを考えてみましょう。そして、すぐにできそうなことから行動に移してみるといいでしょう。
13（土）	■	日ごろの疲れをしっかりとるといい日。ダラダラ寝ていないで、午前中に家のことを済ませて、午後に昼寝をすると心も体もスッキリしそうです。夜は恋愛運が突然上がって、異性から連絡がくるかも。
14（日）	◇	素敵な出会いのある日。知り合いの集まりに参加したり、自らいろいろな人を集めてみるのもいいでしょう。「面倒」と思って何もしないでいると、いつまでも恋のチャンスは訪れません。イメチェンをするにもいい運気です。
15（月）	△	油断していると、チェックミスをしたり時間を間違えたりするので気をつけて。準備と確認をしっかりしておけば、楽しい1日を過ごせるでしょう。

開運のつぶやき｜遠回りでいいので、自分の信じた方法を貫き通す覚悟が大事

16（火）	☆	付き合いの長い人や信頼できる上司から、大事な仕事を任されたり、チャンスをつくってもらえそう。自分のことを信じてくれる人のために全力をつくしてみると、いい結果につながるでしょう。
17（水）	☆	真剣に仕事に取り組むと、いい流れができる日。人脈が広がったり、実力を認めてくれる人に出会うきっかけも生まれるでしょう。恋愛運もいい日なので、気になる人がいるなら連絡しておきましょう。
18（木）	▽	日中は頭の回転が速くなり、いい勘も働きそう。思い切って行動することで、運も味方してくれそうです。夕方あたりからは誘惑に負けたり、集中力が欠けてしまいそうなので気をつけましょう。
19（金）	▼	決めつけが、不運や苦労の原因になってしまう日。イライラしたりいちいち落ち込まず、「いろいろな考えがあるものだ」と柔軟な姿勢でいるといいでしょう。世の中、すべて自分の思い通りに生きている人などいないことを忘れないように。
20（土）	×	期待外れの出来事が多くなる日。予定が突然キャンセルになって、ガッカリすることもあるかも。何事も過度な期待をせず、「今日は裏運気の日」と思って、慎重に過ごすようにしましょう。
21（日）	▲	午前中に部屋の掃除をして、使っていないものや着ていない服を処分しましょう。午後は、知り合いの集まる場所に呼ばれることがありそうです。挨拶やお礼などはいつも以上にキッチリしておきましょう。
22（月）	◎	変化を楽しんでみるといい日。視野が広がって新しいことが気になったり、受け入れられるようになるでしょう。ふだん話す機会が少ない人に、自ら挨拶して話しかけてみるといい関係になれそうです。
23（火）	◎	友人や、いつもあなたの味方をしてくれる人、支えてくれる人に、素直に「ありがとう」と笑顔で伝えましょう。これまで以上に仲が深まりそうです。今日は、「感謝の一言」の大切さを忘れないように過ごしましょう。
24（水）	□	思い通りにならないときは、計画の甘さを認めることが大切です。今日はプランを組み直したり、自分がどこに向かっているのかをあらためて考えてみましょう。ゆっくりでもいいので、自分の幸せのために、いまできることをはじめてみて。
25（木）	■	少し疲れを感じそうです。気になっていたスイーツを食べたり、癒やされる音楽を聴くなどして、気分転換をしてみましょう。集中できないときは、時間を区切って短時間だけ頑張ってみると、徐々に軌道に乗れるようになるでしょう。
26（金）	◇	自然にしているだけで目立ったり、人から注目されてしまいそうな日。何度も目が合う人はあなたに好意がある可能性が高いので、自分から挨拶をしてきっかけをつくってみるといいでしょう。
27（土）	△	約束をすっかり忘れてしまうようなことがあるかも。寝坊や遅刻をする場合もあるので、早めの行動を心がけるように。軽はずみな言動にも気をつけましょう。余計なことをしゃべりすぎると、後悔するハメになりそうです。
28（日）	☆	いろいろな縁がつながる日。知り合いの集まりに顔を出してみると、数年ぶりに再会する人がいるかも。また、初対面の人と話したら共通の知り合いがいるとわかるなど、縁を感じることもありそうです。
29（月）	☆	仕事で大きな結果を出せる日。今日の頑張りはのちの出世や収入アップにつながるため、一生懸命やってみるといいでしょう。素敵な出会いも期待できる運気なので、誘われたら即OKして。
30（火）	▽	午前中からいい知らせが入ったり、リラックスして仕事ができそうな日。苦手な上司や先輩と顔を合わせず、気楽に働けるかも。夕方あたりからは、求められることが増えて忙しくなりそう。自分を過信せず、素直に周りを頼ることも大事です。
31（水）	▼	行動が雑になりやすい日。操作ミスで作業がやり直しになったり、機械を壊してしまうことがありそう。お気に入りのものを落とす場合もあるので要注意。今日は慎重かつていねいに行動しましょう。

☆開運の日　◎幸運の日　◇解放の日　○チャレンジの日　□健康管理の日　△準備の日
▽ブレーキの日　■リフレッシュの日　▲整理の日　×裏運気の日　▼乱気の日　＝運気の影響がない日

2月

△ 準備の月

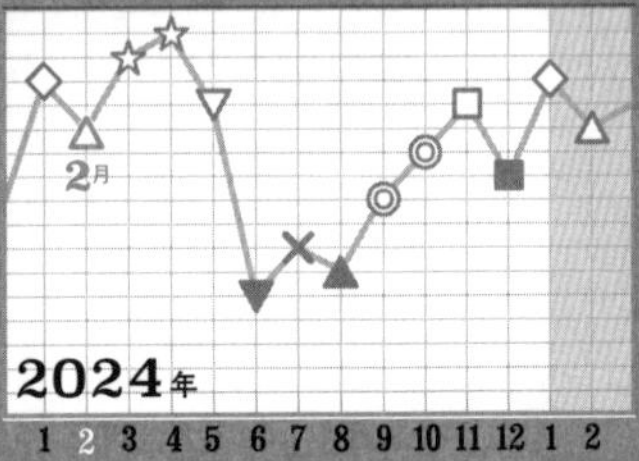

今月の開運3か条

- 遊びの計画を先に立てる
- フットワークを軽くする
- 明るい印象の服を着る

総合運

「遊び心」が大事な月。オンとオフの切り替えを意識して

「開運の年」の運気のよさを実感するのは、来月からになりそうです。今月は「遊び心」が大切な時期。周囲を楽しませたり、うれしいときは素直によろこびましょう。また、遊びの計画を先に立て、しっかり遊びしっかり仕事をして、メリハリをつけて過ごしましょう。ただし、予定は詰め込まず、ゆとりをもたせること。珍しいミスや遅刻、忘れ物や落とし物をして焦ることがあるので、うっかりしやすい時期だと思って気を引き締めておきましょう。

開運のつぶやき　人生とは、感謝できることをたくさん見つけるゲームのようなもの

恋愛&結婚運

場の雰囲気を楽しむと恋のきっかけになりそう

今月は、知り合いや異性との関わりを素直に楽しんでみるといい運気。「人見知りだから」と言い訳をしても、何も変わりません。飲み会や食事会などを楽しむことで、いい恋がはじまったり、モテるようになりそうです。髪型や服装も明るくして、爽やかな印象にしてみるといいでしょう。また、今月新しく出会った人は、いい話し相手にもなるかも。結婚運は、恋人がよろこぶようなデートプランを考えてみると、関係が進むでしょう。

仕事運

確認作業と事前準備を怠らないように

ジワジワと忙しくなる年ですが、今月はやる気が出なかったり、小さな失敗が増えてしまいそう。寝坊や遅刻、ふだんならしないような小さな確認ミスもしやすいので、確認作業や事前準備をしっかり行うようにしましょう。ミスをしたら、素早く素直に報告して謝罪を。いつもは慎重に進められている作業が雑になってしまう場合もあるので気をつけること。時間や数字などに、もっとこだわってみましょう。職場の人との付き合いも大切にするように。

金運&買い物運

今月の契約は苦労のもと

ついつい余計な買い物が増えたり、無駄なサブスク契約などをしやすい時期。営業トークに乗せられて、ローンを組んでしまうこともあるので気をつけましょう。今月結んだ契約は、後悔することになったり、のちに生活を圧迫する場合もありそうです。適度に遊んでストレス発散をして、楽しいことにお金を使いましょう。投資は間違った判断をしやすいので、オススメできません。来月に先送りするといいでしょう。

美容&健康運

ケガや夜更かしに要注意

油断して美意識が低下しやすい時期。スポーツなどで遊びながら体を動かすと、楽しく健康でいられるでしょう。ただし、ミスをしやすい運気でもあるので、調子に乗りすぎないように。捻挫や足のケガをする場合もあるため、気をつけておきましょう。遊びの誘いも増えそうですが、飲みすぎや食べすぎには十分用心すること。また、夜更かしをしたり、寝る前に食事をする習慣が身についてしまうこともあるので要注意。

開運のつぶやき 「嫌い」を探すより、「好き」をいっぱい探したらいい

2月

△準備の月

1（木）	×	集中力が欠けたり、誘惑に負けてしまいそうな日。つい仕事をサボってしまうことがあるかも。ミスもしやすく、厳しい指摘を受けることもあるでしょう。集中できないときは気分転換をしたり、休憩中に柔軟体操をしておくとよさそうです。
2（金）	▲	変化が苦手なタイプですが、自分の頑固な部分や物事を決めつける癖を、少しでもなくす努力をするといいでしょう。「絶対こうだ」と思ったときほど、「ほかの方法もあるのでは?」と自問自答してみて。
3（土）	○	新しい出会いや体験に恵まれそう。友人や仲間を集めて遊びに出かけると、楽しい思い出ができるでしょう。誘われた場所やはじめて行くお店でも、いい出会いや発見がありそうです。笑顔で過ごしていれば、自然と楽しくなってくるでしょう。
4（日）	○	時間をつくって本屋さんに行ってみるといい日。気になった本を購入してみると、いい勉強になるでしょう。ふだん本を読まない人は、話題の本など読みやすそうなものを選んでみましょう。
5（月）	□	1日の計画をしっかり立ててから行動するといいでしょう。ただし、思い通りにならないケースも想定しておくことが大切です。うまく運ばなかったときほど、自分の計画の甘さを認めて、そこから学んで成長しましょう。
6（火）	■	頑張りすぎに注意が必要な日。無理をするとケガをしたり、疲れすぎてしまいそう。張り切るのはいいですが、限界まで頑張らないように。
7（水）	◇	自分のペースでのびのびと仕事を進められたり、目標を達成できて気持ちが楽になるでしょう。恋愛でも、好きな人といい関係になれそう。フットワークを軽くして、髪型や服、メイクにも気合を入れるといいでしょう。
8（木）	△	楽しく仕事をするのはいいですが、小さなミスや雑な行動をしやすいので、気をつけましょう。食べこぼしをして、周囲から「子どもじゃないんだから」と突っ込まれるようなこともあるかも。
9（金）	○	コツコツ積み上げてきたことに結果が出る日。恋も仕事も簡単に諦めないで、もう一押ししてみましょう。夜は飲み会や食事会に顔を出すと、予想以上に楽しめそう。
10（土）	○	服を買いに行くにはいい日。年齢に見合うものや、少し明るい感じのものを購入してみるといいでしょう。「幸せそうに見えるかな」と想像しながら選んでみましょう。
11（日）	▽	ランチデートには最高の日です。気になる人を誘うといい返事がもらえそう。連絡先を交換したのに、まだ会っていない人がいるなら誘ってみましょう。夕方以降は判断ミスをしやすいので気をつけて。
12（月）	▼	誘惑に負けやすくなる日。不要な買い物をしたり、デザートを食べなくてもいいのについ注文して、満腹になって後悔することもありそう。今日は何事もほどほどを楽しみましょう。
13（火）	×	ガッカリする連絡や、予定を乱されることがありそう。体調も崩しやすいため、無理は禁物です。ネガティブな言葉はヘコむだけなので、自分からは発しないこと。
14（水）	▲	バレンタインのチョコレートを渡すなら、夕方以降がオススメ。義理チョコなら日中でいいですが、本命は夕方か夜に渡すと、いい結果につながりそうです。今日渡せない場合は、週末に会う約束をしておきましょう。
15（木）	○	「日常の幸せ」を見逃さないように。笑顔になれることがあるだけでも、十分幸せだと思いましょう。恋人や友人、家族など、支えてくれる人の存在にも「ありがとう」を。周りに目を向け、感謝できることを見つけるといい1日になるでしょう。

開運のつぶやき　娯楽のなかに必ず人生の学びがある

16（金）	○	過去を気にするタイプですが、すべて過ぎ去っているから「過去」。今日は、小さなことでもいいので、新たな挑戦をしたり、新しいことに目を向けてみましょう。
17（土）	□	少し遠出をして、温泉やスパに行ってみるのがオススメ。サウナで汗を流してのんびりすると、日ごろの疲れがとれて気分がスッキリするでしょう。ただし、湯冷めには注意してください。
18（日）	■	楽しく話せる人と一緒にいるといい日。友人や好きな人に連絡してみましょう。いい時間を過ごせそうです。ただし、暴飲暴食には気をつけること。
19（月）	◇	自分の得意なことをしっかりアピールし、リラックスして取り組めば、いい結果を出せる日です。恋愛運も好調なので、意識して口角を上げて笑顔でいるようにすると、チャンスがめぐってくるでしょう。
20（火）	△	恥ずかしい失敗やドジをしやすい日。思ったよりもうっかりミスが増えるので気をつけましょう。失言や転倒、購入した商品をどこかに忘れてしまうようなこともありそうです。
21（水）	○	これまでの経験をうまく活かせる日。周囲を助けたり、笑顔にできそうです。得意なことには積極的に取り組み、力の出し惜しみをしないように。夜は、友人や知り合いを誘うと楽しい時間を過ごせそうです。
22（木）	○	思った以上の結果を出せる日。ケチケチしないで全力を出し切りましょう。もっとレベルの高い仕事ができるよう努力することも大切です。本気になることの楽しさを学べるでしょう。
23（金）	▽	午前中から楽しい時間を過ごせそう。気になる人から突然遊びやランチに誘われたら、即OKを。お茶をご馳走したり、小さなプレゼントをしてみると、いい関係が長く続くでしょう。
24（土）	▼	今日は、思い通りに進みにくい運気ですが、うまくいかなくてもガッカリしないこと。どんな場面も楽しむ覚悟をしておきましょう。自分の思いと違った方向に進むからこそ、人生はおもしろいということを忘れないように。
25（日）	×	どんなことにもプラス面とマイナス面があるもの。自分で勝手にマイナス面にフォーカスしていると、つらく感じてしまうだけ。今日は、物事のプラス面を探すように意識してみるといいでしょう。
26（月）	▲	大事なものの保管場所を忘れたり、必要な書類を処分してしまうなど、ミスを連発してしまいそうです。重要なことはメモをとって、しっかり確認作業をすること。行き当たりばったりの行動にも気をつけましょう。
27（火）	○	視野を広げるように意識すると、いい情報や楽しい情報が得られそう。いろいろな人の話を、最後までしっかり聞いてみましょう。自分とは違う発想をする人からも学べることがありそうです。
28（水）	○	フットワークを軽くすることで、素敵な出会いがあったり、貴重な経験ができそう。今日は「ひとりが楽」と思っていないで、誘われた場所に顔を出してみましょう。やる気がわいたり、思わぬ発見があるかも。
29（木）	□	自分のことばかり考えていると、前に進めなくなったり、視野を狭めてしまうだけ。もっと相手や周囲、社会全体のことを想像してみましょう。いい発見や、おもしろいアイデアを得られるようになりそうです。

☆開運の日　◎幸運の日　◇解放の日　○チャレンジの日　□健康管理の日　△準備の日
▽ブレーキの日　■リフレッシュの日　▲整理の日　×裏運気の日　▼乱気の日　＝運気の影響がない日

3月

☆開運の月

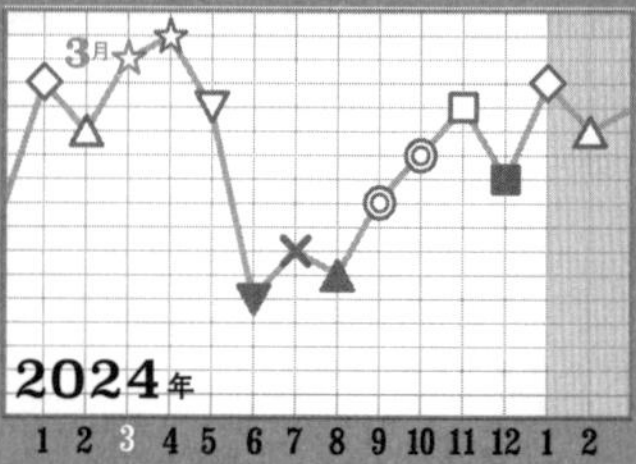

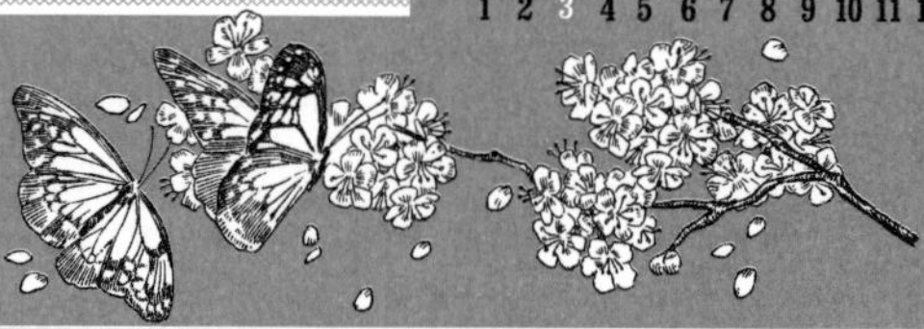

今月の開運3か条

- 欲張る
- 好きな人に自ら連絡する
- お気に入りの場所に行く

総合運

逃したチャンスがもう一度くる月。今度はしっかりつかんで

これまで「チャンスを逃したな」と思ったことがあるなら、まったく同じ状況ではなくとも、次のチャンスをつかむ流れがくるでしょう。今月は、遠慮は無用です。自分の幸せのために素直に行動することで、自然と運を味方につけられたり、周囲の人の協力も得られるでしょう。勝手に諦めると、せっかくの運気の流れに乗れなくなってしまいます。一歩引くのではなく、一歩前に出るくらいのつもりで、目立つポジションをねらってみましょう。

開運のつぶやき　コツコツと地道に地味に継続することが、幸せへの近道

今月の行動が進展のカギ。告白される可能性も

一度いい関係に発展したのに付き合えていなければ、今月もう一押ししてみましょう。片思いの恋はここで終わらせたほうが次に進めるので、関係が進まない場合はキッパリ諦める覚悟も必要です。友人や付き合いの長い人から告白されて交際がはじまる可能性も高い月。遊びに誘われたときは心の準備をしておくといいかも。結婚運は、1月に話が進んだカップルは婚姻届を出すといい時期。話が出ていない場合は、今月真剣に話してみましょう。

すべてがあなたに味方する月。度胸と勇気を大切に

実力をうまく発揮できて、やる気も感じられる月。周囲の環境もよくなり、「すべてが自分に味方している」と思えるような状況になりそうです。たまには勢い任せで取り組んでみると、いい結果につながるでしょう。運気のいいときは、度胸や勇気が大切だということを忘れないように。周囲に差をつけられたと思っている人ほど、評価をしっかり受け止めることで一気に巻き返せたり大逆転できる場合があるでしょう。

信頼できるお店で買い物を

長年欲しかったものがあれば、思い切って購入するといい時期。行きつけのお店やお気に入りの店員さんがいるお店など、安心できるところで買うのがオススメです。引っ越しを決めるにもいい運気なので、なんとなく同じ場所に長く住んでいるなら、思い切って決断してもいいでしょう。投資は、勝算があると思える場合は、試してもよさそうです。今月からはじめてみると、思った以上にうまくいくでしょう。

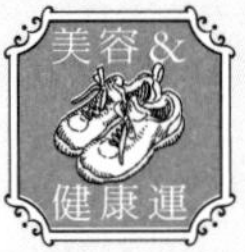

遊びすぎはほどほどに

絶好調を感じられそうな時期。元気なのはいいですが、暴飲暴食や、連日の夜更かしはしないよう気をつけておきましょう。運気も体調も好調だからといって遊びすぎると、せっかくのパワーを使い果たしてしまうのでほどほどに。美意識を上げるにもいい時期です。ダイエットや筋トレなど、なんとなくサボっていたことがあるなら再開してみて。軽い運動や友人に誘われたスポーツなどをはじめてみるのもいいでしょう。

3月

☆開運の月

1（金）	■	精神的な疲れがたまりそうな日。好きな香りをつけたり、好きなスイーツを食べるなどしてリフレッシュしましょう。軽く体を動かして汗を流すのもいいですが、頑張りすぎてケガをしないよう気をつけておくこと。
2（土）	◇	片思いの恋が進展しやすいでしょう。少しでも気になる人がいるなら、思い切ってデートに誘ってみて。友人との縁も強い日なので、偶然再会したり、急な誘いがあるかも。
3（日）	△	楽しい時間を過ごせる日ですが、うっかりミスやドジをしやすいので気をつけること。はしゃぎすぎて、食べこぼしをしたり、ドリンクを倒してしまうかも。ドジを連発して自分で笑いすぎてしまうこともありそうです。
4（月）	◎	失くしたと思っていたものが出てきそうな日。引き出しの奥からお金が出てきてラッキーな思いをすることも。片付けたり掃除したりしながら気になった場所を探してみるといいでしょう。
5（火）	☆	重要な仕事を任されたり、これまでの頑張りを評価してもらえそう。手応えや成長を感じたら、帰宅途中に買い物をするといいでしょう。今日購入したものはあなたのラッキーアイテムになります。好きなものを選んでみて。
6（水）	▽	午前中は肩の力を抜いて仕事に取り組めそうです。リラックスをするほどいい結果につながるでしょう。夜は誘惑に負けやすくなるので、暴飲暴食に走らないよう十分気をつけておくこと。
7（木）	▼	人の欠点が気になったり、些細なことでイライラしやすい日。他人に過度に期待せず、自分のペースを守りましょう。あなたの伝え下手が原因で気まずい空気が流れる場合もあるので、ていねいな言葉を選ぶように。
8（金）	×	集中力が低下したり、やる気の出ない感じがするかも。今日は少しペースを落としてゆっくり仕事を進めるといいでしょう。結果がうまく出なくても、「こんな日もある」と思って割り切って。
9（土）	▲	気持ちの切り替えが大事な日。過ぎたことに執着せず、失敗や失恋から学んで成長することが大切です。言い訳をして立ち止まっていないで、うまくいかなかったことをバネにして前に進みましょう。
10（日）	○	新しいことに興味がわく日。気になった場所には、ひとりでも行ってみるといいでしょう。一人旅を楽しめたり、いろいろな発見もあるはず。
11（月）	○	新しい出会いや経験が増えるでしょう。意識して視野を広げると、おもしろい発見がありそう。素敵な出会いも期待できるので、前から気になっていた場所に行ってみるのもオススメです。知り合いに連絡すると、いい情報が聞けるかも。
12（火）	□	集中力が高まる日。目の前の仕事に一生懸命取り組むといいですが、夕方には疲れが出てきそう。休憩時間はしっかり目を休ませておくといいでしょう。
13（水）	■	寝起きから疲れを感じたり、肌荒れでテンションが下がりそうな日。栄養ドリンクに頼らず、ストレッチや軽い運動をしてから出かけるといいでしょう。いい思い出のある音楽を聴いて過ごすのもオススメ。
14（木）	◇	今日は、周囲から注目されてしまいそう。品のある態度を忘れず、挨拶やお礼はしっかりしましょう。周りから「真似したい」と思われるような行動を心がけるといいでしょう。
15（金）	△	恋愛運はいいですが、仕事ではミスをしやすい日。寝坊や遅刻には注意しましょう。職場恋愛をしている人は、相手にドジな姿を見せてしまうことがあるので気をつけて。

開運のつぶやき　「自分より努力している人を見たことがない」と言える分野があるか

16（土）	◎	以前から行きたいと思っていたお店や、気になっていたイベント、ライブなどに行ってみるといい日。友人を誘ってみると、楽しい時間を過ごせたりおもしろい出会いがありそうです。
17（日）	☆	買い物には最高にいい日。長く使えるものや欲しかった服や靴、最新の家電などを買いましょう。財布の買い替えもオススメです。引っ越しを決めたり、家やマンションを購入するにもいい運気なので、不動産の情報をチェックしてみて。
18（月）	▽	午前中からいい流れで仕事ができたり、うれしい出来事もあるでしょう。周りの人への感謝を忘れないように。夜は、周囲に振り回されてバタバタするなど、予定が乱れてしまうかも。
19（火）	▼	ここ数日の勢いが収まってくるので、こだわりすぎたり、自分勝手な行動をするのは控えるように。周りの声に耳を傾けないと、人間関係がギクシャクしてしまいます。今日は、周囲の流れに合わせ、ようすを見ながら動くといいでしょう。
20（水）	×	ふだん興味のわかないことが気になったり、不思議なことにハマりそうな日。意外性を楽しんでみるといいですが、余計なことをして面倒事に巻き込まれる場合もあるので、注意は必要です。
21（木）	▲	何事も手順をしっかり守り、ていねいに取り組むことが大事な日。慌てるとものを失くしたり、雑な行動が原因で無駄な時間が生じてしまいそうです。身の回りもきれいに整えておきましょう。
22（金）	○	いいアイデアが浮かんだときは、すぐにメモをとるようにしましょう。覚えておこうと思っていたのに忘れてしまったことが、過去にもあったはず。
23（土）	○	新しい出会いがあったり、いい体験ができる日。今日はひとりではなく、人と過ごすといいでしょう。知り合いや仲間のいる場所に顔を出したり、思い浮かんだ人を遊びに誘ってみるとよさそうです。
24（日）	□	遊び心を大切にするといい日。いつも同じものばかり選んでしまうタイプですが、今日はふだんなら選ばないようなメニューを注文したり、周囲からオススメされたものを試してみるといいでしょう。
25（月）	■	朝から寝不足や疲れを感じそう。休憩時間はしっかり体を休ませるようにしましょう。濃いめのコーヒーや渋いお茶を飲んでおくのもオススメ。調子が悪いときは早めに帰宅して、のんびりお風呂に入ってから寝るようにしましょう。
26（火）	◇	積極的に行動することで、運を味方につけられる日。ようすをうかがうことも大切ですが、今日は自分の直感を信じて動いてみましょう。自分も周囲もよろこぶと思えることがあれば、即行動を。
27（水）	△	約束の時間を勘違いするなど、数字に関するミスをしやすい日。何事も事前に確認するよう心がけておきましょう。失敗をフォローしてくれた人への感謝も忘れないように。
28（木）	◎	悩みや不安があるなら、家族や親友に話してみましょう。とくに悩みがない場合は、将来の夢を語ってみるといいでしょう。楽しかった思い出についてしゃべるのもオススメ。
29（金）	☆	本気で仕事に取り組むと、周囲からの評価が変わるでしょう。やったことのある作業でも、これまで以上に真剣にこなして、周りに頑張りをアピールすることが大事です。重要な仕事を任されても臆せず受けてみましょう。
30（土）	▽	午前中から用事や掃除をドンドン済ませておきましょう。ダラダラ過ごすと、1日を無駄にしてしまいます。ただし、夜は予定を詰め込みすぎないほうがよさそうです。
31（日）	▼	身近な人と気まずくなったり、冷戦状態になってしまいそう。相手のせいにして八つ当たりするのではなく、自分の機嫌は自分でしっかりコントロールしましょう。適度に距離をあけることも大切です。

☆開運の日　◎幸運の日　◇解放の日　○チャレンジの日　□健康管理の日　△準備の日
▽ブレーキの日　■リフレッシュの日　▲整理の日　×裏運気の日　▼乱気の日　＝運気の影響がない日

4月

☆開運の月

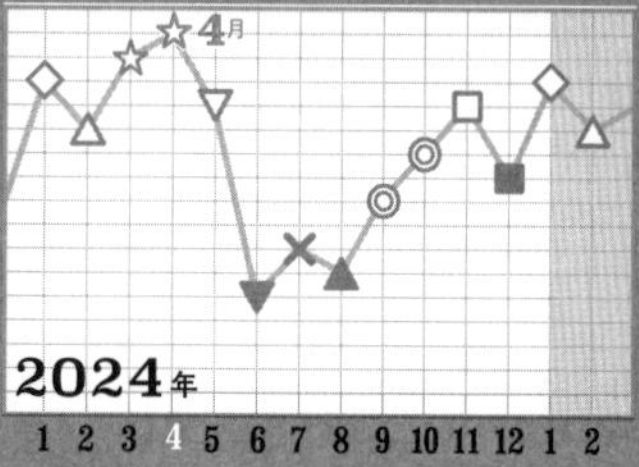

今月の開運3か条

- 新しい出会いを増やす
- 財布を購入する
- 直感を信じて行動する

総合運

「開運の年」×「開運の月」頑張りの結果が出る重要な月

今後の人生を決める重要な月。これまでの答えがハッキリ出るタイミングのため、自分が頑張ってきたぶんの幸せを手に入れられるでしょう。真面目に頑張ってきた人ほど大きなチャンスがめぐってくるので、遠慮せずに受け止めること。ときには大胆な行動をしても運を味方につけられるでしょう。現状に納得がいかない場合は、今月から新たなスタートを切る必要があります。勉強をはじめるなど、日々の努力を積み重ねていきましょう。

開運のつぶやき　幸せは追いかけるものではなく、気がつくもの

恋愛&結婚運

最高の出会いがある月。髪を短くすると印象アップ

忙しくなりますが、気になる人とは短時間でも会うことが大切です。少しでも会って話せるようにスケジュールを組んだり、素直な気持ちをメールなどでもいいので伝えてみると、相手の心をつかめそう。最高の出会いもあるため、飲み会や知り合いの集まりには顔を出しておきましょう。髪を少し短くすると、いい印象を与えられそうです。結婚運は、決めるには最高の運気。あなたからプロポーズしてもいいでしょう。

仕事運

真面目に取り組むことで大きな結果を出せそう

仕事運は最高ですが、求められることが増えるぶん、遊ぶ時間が減ったり忙しくなりすぎてしまう時期。真面目に取り組めば、周囲の人にも協力してもらえ、大きな結果を出せるでしょう。ただし、不向きな仕事をしていたり、これまでサボってきた人には、厳しい結果が出そうです。転職など今後を左右する決断を迫られる場合もあるでしょう。仕事関係者との付き合いは大切にすること。

金運&買い物運

大きな買い物に最高の月

臨時収入があったりご馳走してもらえる機会が増えたりと、お得な1か月になりそうです。懸賞当選やレアなチケットが手に入る、などのうれしい展開も。財布を買うにも最高にいいタイミングです。家やマンション、土地などの不動産はのちに高く売れる可能性が高いので、思い切って購入するのもいいでしょう。引っ越しにもいい時期です。長く住むことを想定した場所選びがオススメ。投資をはじめるにも最適な運気なので直感を信じましょう。

美容&健康運

自分磨きに少し力を入れて

健康面では問題の少ない時期。ただし、忙しいのに夜更かししたり、無理に予定を詰め込むと、体調を崩してしまうことがあるので注意が必要です。今月から、定期的な運動やストレッチをするなど、健康的な生活リズムをつくっておくといいでしょう。美容に少しお金をかけるのにもいい月です。エステやいいヘアサロンに行ってみたり、爪の手入れ、ムダ毛の処理、歯列矯正などをはじめてみるのがオススメです。

開運のつぶやき　何かを終えたら、何かがはじまる。はじまりに早く気がつく人が、幸運をつかむ

4月

☆開運の月

1（月）	×	勝手な判断や勘違いからトラブルを起こしやすい日です。今日は、ワガママな発言は慎み、相手の話を最後まで聞いてから判断するようにしましょう。エイプリルフールのウソに引っかかっても怒らないこと。
2（火）	▲	どんなことも、終わらせたり区切りをつけたりすることで、次のスタートが切れるもの。時間を無駄に費やしているゲームやSNSなどをやめてみると、勉強や読書の時間が生まれ、出会いの機会も増えそうです。
3（水）	◎	周囲がすすめていた本を読んだり、映画を観るといい日。自分とは違うところを楽しめる人の視点を取り入れてみましょう。新たな価値観を仕事に活かすことができそう。日々の生活もワンパターンにならず、人生がよりおもしろくなるでしょう。
4（木）	◎	同じ方法や慣れたパターンで過ごすのもいいですが、今日は少しでも違う方法を試してみましょう。いい経験ができそうです。最初は難しく感じても、すぐにコツをつかむことができるでしょう。
5（金）	□	来週末や、5月の連休の計画を立てるために、友人や知人に連絡してみるといいでしょう。また恋愛面でも、気になる人に連絡することで、いい流れに変わることがありそうです。
6（土）	■	健康的な1日を過ごすといい日。食事のバランスを整えたり、軽い運動をするのがオススメ。腹筋やスクワットを数回行ってみるのもいいでしょう。ただし、張り切りすぎて筋肉痛にならないよう気をつけること。
7（日）	◇	デートにピッタリな日。気になる人を食事に誘ってみると、交際に進展するかも。また、出会い運もいい日です。人から誘われた場所には面倒くさがらずに顔を出しましょう。
8（月）	△	朝から時間に追われたり、忘れ物をして焦ってしまいそうな日。今日は余計なことを考えがちになり、集中力が欠けやすくもなるので、用心して過ごしましょう。
9（火）	☆	勉強をはじめるのにいい日です。仕事の資格取得やスキルアップを目指したり、仕事に関係がなくても、資格の勉強をしてみるのもいいでしょう。まずは本を読んで、興味のあることを学んでみましょう。
10（水）	☆	本気で仕事に取り組むと、思った以上の結果を残せたり、周囲といい連携をとれるでしょう。意見や希望も通りやすいので、上司や先輩に伝えてみるといいかも。買い物をするにも最高の日です。長く使えるものを購入しておきましょう。
11（木）	▽	自分の得意なことに集中すると、うれしい結果につながりそう。夕方以降は、不慣れなことやできないことに挑戦して、挫折感を覚えることも。自分の向き不向きをしっかり分析しておくことが大切です。
12（金）	▼	欲張ると現状に不満が出てしまうもの。「いまは最高に恵まれているときだ」と思って満足するようにしましょう。他人にも、過度な期待をしないほうがイライラせずに済むでしょう。
13（土）	×	体調に異変を感じたら、しっかり体を休ませましょう。たとえ予定が狂ってしまうとしても、融通をきかせて休むのが正解です。温泉やスパなど、リラックスできる場所に行くのもオススメ。
14（日）	▲	大掃除をするといい日。長年使っていないものは思い切って処分しましょう。これまでに何度か買い替えを考えたことがあるものも、処分する覚悟を決めて。何年も着ている服も捨てて新調しましょう。
15（月）	◎	大きな変化を好まないタイプですが、今日は何事も前向きにとらえ、思い切って挑戦するといいでしょう。周囲の人の協力も得られそうなので、ポジティブな気持ちでチャレンジしてみて。

開運のつぶやき　自分が好きなことを楽しく学ぶことが大切

16（火）	◎	興味のあることに素直に行動するといい日。これまで気にしていなかったことが、突然気になるようになるかも。いい出会いやおもしろい経験もできそうなので、少し勇気を出してみるといいでしょう。
17（水）	□	品のよさを意識することで、運気の流れがよくなる日。しっかり挨拶をして、ていねいな言葉を選んで話すようにしましょう。いい言葉やいい話をすることを意識して、自分から発信してみましょう。
18（木）	■	急に忙しくなってしまいそう。休憩時間が減ったり、ゆっくり食事もできなくて、ヘトヘトになってしまうことがあるかも。物事をもっと要領よく進める工夫をしてみましょう。
19（金）	◇	あなたの魅力に惹かれる人が現れそうな日。用事もないのに連絡がきたり、よく目が合ったりしたら、あなたに好意があるということ。話しやすい相手なら、今日のうちにデートの約束を取りつけましょう。
20（土）	△	楽しく遊べて、いろいろな体験や経験ができそうな日。ノリや勢いを大切にするといいので、気になった場所に出かけたり、気になる人を誘ったりしてみましょう。ただし、小さなドジには気をつけておくこと。
21（日）	☆	友人から紹介された人は大切に。初対面でも会話を楽しんで続けられれば、自然とお互いが盛り上がるポイントがわかってくるはず。また、偶然懐かしい人に会ったときには、お茶に誘ってみるといいでしょう。
22（月）	☆	いい仕事ができる日。最善をつくしてみると、評価されたり、結果につながるでしょう。重要な仕事を任されたときほど張り切って取り組むことで、運を味方につけられそうです。
23（火）	▽	自分の得意なことで周囲を笑顔にするといい日。みんながよろこぶことは何か考えてみましょう。夕方以降は油断しやすくなりそう。人の話を途中で自分の話にすり替えたり、話半分でわかった気にならないよう、最後までしっかり聞きましょう。
24（水）	▼	予想が外れがちな日。「あれ?」と思ったら一度立ち止まって周囲に相談したり、考え方を変えてみるといいでしょう。勝手に突っ走ると、トラブルに巻き込まれてしまいそうです。
25（木）	×	思い込みから空気の読めない発言をしそうなので、今日はでしゃばらないこと。後悔するような判断ミスを防ぐためにも、大事な書類はしっかり確認し、注意事項もよく読んでおきましょう。
26（金）	▲	身の回りを整理したり、自分の部屋をきれいに整えてから外出しましょう。そのためにも、今日はふだんよりも少し早めに行動して、時間に余裕をもっておくこと。
27（土）	◎	新しい出会いの予感。人の集まる場所に足を運んだり、習い事や体験教室に行ってみましょう。はじめて入ったお店が気に入って、その後常連になることもありそうです。家でダラダラしているなら、街に出かけましょう。
28（日）	◎	ふだんとは違うことに挑戦するといい日。誘いを待ってばかりいないで、友人や知人、気になる人に自分から連絡してみましょう。気になっていた映画やライブ、芝居や美術展などに一緒に行ってみるのがオススメ。
29（月）	□	好きな人や気になる人に連絡してみるといい日。相手から告白されるのを待っているのもいいですが、未来の話を振ってみると、今後の2人の関係がわかってくるかも。自分の将来をよく考えてみることが大事です。
30（火）	■	ペースが乱れて疲れてしまいそうな日。前日夜更かしをしていた人は、睡眠不足でつらい思いをすることも。20分くらい昼寝をする時間をつくってみると、思った以上に頭も体もスッキリするでしょう。

☆開運の日　◎幸運の日　◇解放の日　○チャレンジの日　□健康管理の日　△準備の日
▽ブレーキの日　■リフレッシュの日　▲整理の日　×裏運気の日　▼乱気の日　＝運気の影響がない日

5月

▽ブレーキの月

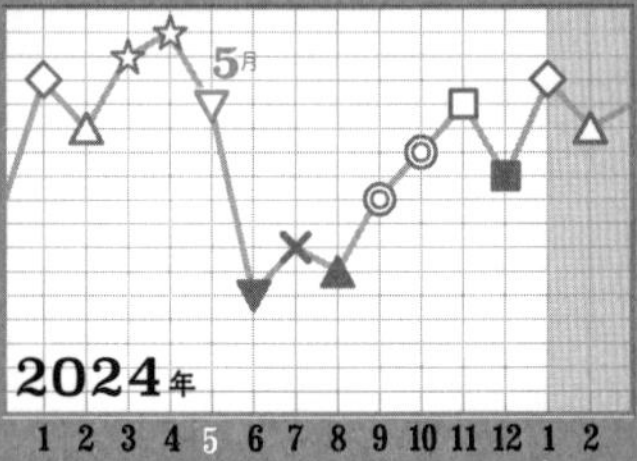

今月の開運3か条

- 資格取得に向けて勉強をはじめる
- イベントやライブに行く
- 飲み会や食事会を主催する

総合運

運を味方にできる月。何事も中途半端にしないこと

忙しくも満足できる時期。実力を十分に発揮できたり、能力を認められて評価されることもあるでしょう。遠慮せず、何事にも全力で取り組むと運を味方にできるので、中途半端なことはしないように。とくに中旬までは、思いがけないチャンスにも恵まれそうです。積極的に行動して、実力以上のことにも引かずに挑戦してみましょう。下旬になると、空回りしがちになったり、判断ミスをしやすくなるので気をつけること。

開運のつぶやき　素直に助けを求めることは甘えではなく、人として成長した証拠

恋愛&結婚運

出会い運は中旬まで良好。モテを意識したイメチェンを

先月か今月に出会った人とは、もう一押しすれば交際に進めそうです。相手からの誘いを待っていないで、あなたから連絡してみましょう。新しい出会い運も中旬まではいいので、人に会う努力をしたり、モテを意識したイメチェンをしておくこと。結婚運は、婚姻届を出すなら中旬までに。ここでの結婚は金運アップにつながるのでオススメですが、下旬までに話が進まなければ、9~12月に決めるといいでしょう。

仕事運

チャンスがきたらためらわずチャレンジ

仕事運が最高の月。思った以上の結果を残すことができたり、大きなチャンスをつかめそうです。大役を任されたときは、仕事を振ってくれた人を信じて、思い切って挑戦してみましょう。「無理です」などと言って引いてしまうと、運もなくなってしまいます。実力を出し切るくらいの気持ちで取り組むことで、いい結果につながるでしょう。ただし、下旬になると調子に乗って、周囲に強く言いすぎてしまうことがあるので注意が必要です。

金運&買い物運

ラッキーな収入があるかも

思ったよりも出費をせず楽しく過ごせるタイミング。ポイントアップでお得な買い物ができたり、急に親からお小遣いをもらえたり、上司や先輩にご馳走されることなどがありそうです。家やマンションの購入や引っ越し、投資を考えているなら、中旬までに動きはじめておくことで、のちに笑顔になれるでしょう。資格取得やスキルアップのための勉強をスタートすると、収入アップにつながりそうです。

美容&健康運

運動をはじめよう

元気いっぱいに過ごせる時期。時間を見つけて体を鍛えたり、定期的な運動をスタートさせましょう。ゴルフなど少しお金がかかるものでも、まずは打ちっぱなしぐらいからはじめてみると、いい運動やダイエットになりそうです。スポーツジムに通うにもいいタイミング。パーソナルトレーナーに相談すると、効率よく体をしぼれそうです。下旬は、睡眠不足を感じたり、疲れやすくなるので、しっかり体を休ませるようにしましょう。

開運のつぶやき｜怒られてへこむより、「期待されている」と前向きに考える人に運は味方する

5月

▽ブレーキの月

1（水）	◇	好意をもっていた人と親しくなれる日。「自己アピールは苦手」と思い込まないで、今日は積極的にドンドン行動を起こしましょう。交際をスタートさせられたり、大きなきっかけをつかむこともできそうです。
2（木）	△	調子に乗りすぎてしまいそうな日。小さなミスに気をつけておけば、問題はないでしょう。自分だけでなく、周囲も笑顔になるようなことを考えて行動に移すといいでしょう。
3（金）	☆	友人や周囲の人から素敵な相手を紹介されたり、大事な情報を教えてもらえそう。人とのつながりのおもしろさに、あらためて気づけるでしょう。偶然の出会いも楽しめそうです。
4（土）	☆	買い物をするには最高の日。先月買うかどうか悩んでいたものがあるなら、思い切って購入や契約をしましょう。財布や長く使うものを買ったり、投資をはじめるにもいいタイミングです。ネットで調べてみましょう。
5（日）	▽	日中は、少しワガママでいるくらいのほうがよさそうです。自分のために積極的に動きましょう。夕方あたりからは、人に親切にすることが大切になります。相手を第一に考えて行動するといいでしょう。
6（月）	▼	予想外の出来事が多くなってしまいそうな日。面倒事が増えやすいので、気が合わないと思う人とは、距離をおいたほうがいいでしょう。あなたのワガママな一面も出やすいため気をつけておくこと。
7（火）	×	連休の疲れが出たり、やる気がわきにくい日。不機嫌さが態度に出てしまい、叱られてさらにテンションが下がることがありそう。やる気が出ないときほど、笑顔で取り組むようにしましょう。
8（水）	▲	少し先のことを考えて、「これは無駄になる」と思うことは、今日限りでやめるように。ゲームに課金したり、動画を無駄に見すぎる癖も直しましょう。「いまが楽しければいい」と思わず、未来の自分が笑顔になることに時間を使いましょう。
9（木）	○	新しいことに挑戦すると、いい刺激を受けられたり、考え方を変えるきっかけになりそう。凝り固まった心をほぐしてくれる人には、忘れずに感謝を伝えましょう。また、失敗で終わっていたことに再チャレンジするにもいい日です。
10（金）	○	ひとつのやり方にこだわるのもいいですが、別の方法がないか考えて、少しでも試してみるといいでしょう。最初は何事も難しく感じたり、うまくいかないのが当たり前であることを忘れないように。
11（土）	□	午前中は、運を味方につけられる日。突然でも、気になる人をデートに誘ってみるといいでしょう。買い物にもいい運気なので、服や靴を買いに行くのもオススメです。少し目立つものを選んでみるといいかも。
12（日）	■	今日は日ごろの疲れをしっかりとることを目標にしましょう。日中は体を動かして汗を流し、健康的な食事を心がけて。夜はゆっくり湯船に浸かり、早めに寝るように。
13（月）	◇	現状をしっかり受け止めることで、道が見えてくる日。不満を探すよりも、よろこべることを見つけて楽しんでみると、運気の流れも一気によくなるでしょう。恋愛運もいい日なので、恋の進展があるかも。
14（火）	△	笑ってしまうようなミスをしやすい日。自分でも「あ! やっちゃった」と思うことがありそうです。食べこぼしをしたりドリンクを倒したり、ものを落として散乱させるなど、周囲に小さな迷惑をかけそうなので、気をつけておきましょう。
15（水）	◎	あなたの魅力に気づいている人から話しかけられることがありそうです。笑顔で話を聞くだけでも相手の気持ちをつかめるかも。あなたも相手のことが気になっているなら、勇気を振りしぼって食事に誘ってみるといいでしょう。

開運のつぶやき　もっと本音を話して、もっと行動して、もっと積極的に生きるといい

16（木）	☆	一度や二度の失敗は気にせず、積極的に行動してみるといい日。自分を信じて思い切って挑戦したり、意見を伝えてみましょう。大きなチャンスをつかめて、流れをいい方向に変えることができそうです。
17（金）	▽	午前中は、調子に乗っていると思われてもいいので、多少強引でも推し進めましょう。午後は、謙虚な心で他人と接することで、周囲から信頼を得られたり、いい人間関係を築くことができるでしょう。
18（土）	▼	約束をすっかり忘れていたり、やるべきことをやらずにダラダラ過ごして、1日を無駄にしてしまいそう。「時間は命」だと忘れないように。
19（日）	×	ストレスを発散するにはいい日。音楽を聴きながらゆっくり読書をしたり、カフェでのんびりするなど、「リラックスタイム」をつくってみましょう。スマホから離れてボーッとする時間も大切です。
20（月）	▲	朝から身の回りを整えるといいでしょう。片付けられるところは少しでもきれいにして、消しても困らないアプリも消去すること。職場でも、使わないものを置きっぱなしにせず、不要なものと一緒に処分しましょう。
21（火）	○	やらなくてはいけないことが増える日です。面倒な仕事を押しつけられて慌ただしくなったとしても、冷静な対応を意識しましょう。自分に見えていることだけを信じて、勝手に決めつけたり深読みしたりしないように。
22（水）	○	行動範囲を少しでも広げてみましょう。ふだん行かないお店や通ったことのない道を選んでみると、おもしろい発見やいい出会いがありそうです。何気ない広告や標語のなかから、いい言葉も見つけられるかも。
23（木）	□	今後の目標や、自分の進むべき道を再確認するといい日。「いまの生活をあと10年続けたらどうなるか」「そのとき自分が笑顔になっているか」を考えてみましょう。このままではいけないと思うなら、少しでも勉強になることをはじめましょう。
24（金）	■	体力が落ちていることを実感してしまうかも。朝から軽いストレッチやウォーキングなどをして、体を動かしてみましょう。体が温まるだけでなく、気持ちも徐々に前向きになりそうです。
25（土）	◇	楽しい思い出ができそうな日。遠慮したりモタモタしていると幸運を逃すので、ときにはノリや勢いも必要です。機嫌よく過ごしていると、人付き合いの良さが高じて、思った以上にモテることがあるでしょう。
26（日）	△	遊びに出かけるにはいい日。テーマパークやイベント、ライブなど、興味のある場所に行ってみましょう。気になる人に連絡したり、友人を誘ってみるのもよさそうです。
27（月）	◎	一度読んだ本を読み直してみると、新たな発見がある日。新しいものから学ぶ姿勢も大事ですが、自分の成長を確認するためにも、すでに経験したことを再び体験してみるのも重要です。
28（火）	☆	仕事運がいい日。現状に感謝して真剣に取り組んでみると、いい結果が出たり、周囲からの評価が変わることがありそう。お世話になっている人に些細なものでもプレゼントしたり、後輩や部下にご馳走するといいでしょう。
29（水）	▽	日中は、人間関係が良好に進みそうですが、夕方あたりから空回りすることがあるかも。よかれと思った行動が、気まずい雰囲気をつくってしまうことも。慎重な言動を心がけておきましょう。
30（木）	▼	欲張ると不運やトラブルの原因になりそうです。自分よりも周囲を優先することで、余計な問題は避けられるでしょう。今日は、少し我慢が必要になる日だと覚えておいて。
31（金）	×	うっかり見落としていることや、勘違いや誤解が、トラブルや不運の原因になりそう。他人を責める前に、まずは冷静になって、自分の悪い部分を認めて改善することが大切です。

☆開運の日　◎幸運の日　◇解放の日　○チャレンジの日　□健康管理の日　△準備の日
▽ブレーキの日　■リフレッシュの日　▲整理の日　×裏運気の日　▼乱気の日　＝運気の影響がない日

6月

▼乱気の月

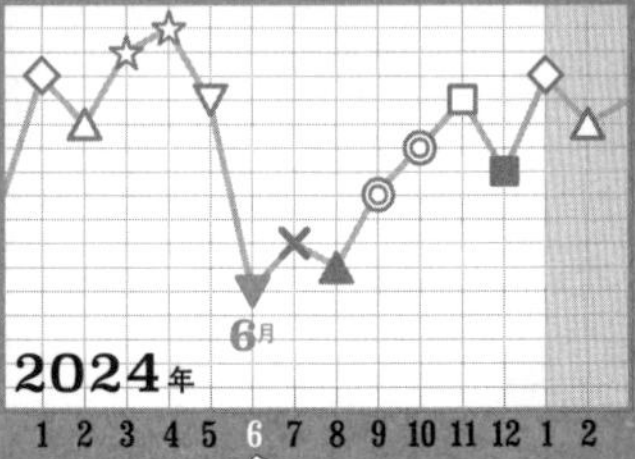

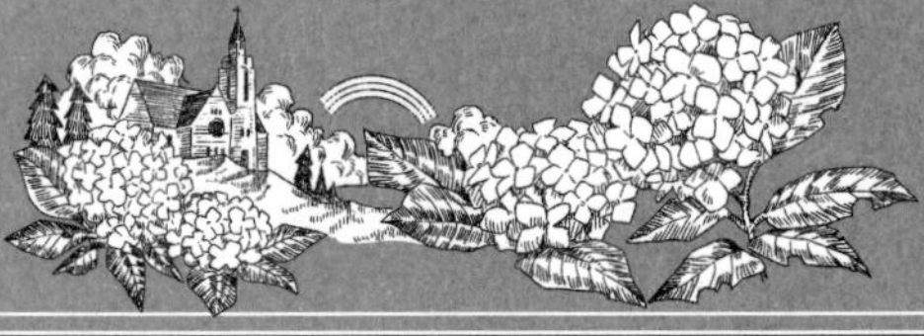

今月の開運3か条

- 慌てずにようすを見る
- 節約生活を楽しむ
- 感謝の気持ちを忘れない

総合運

迷ったらいったん立ち止まる。大きな決断はなるべく避けて

「開運の年」でも運気の乱れはあるものです。今月は、大きな決断や思い切った行動は避け、周囲をしっかり観察して、自分に足りない部分をきちんと考える月にしましょう。いったん立ち止まり振り返ることで、向き不向きがわかり、周囲の人間関係を冷静に見られるようにもなるでしょう。身勝手な行動をしたり欲張りすぎると、今年の運気の流れに乗れなくなってしまうことがあるので気をつけること。感謝が足りない人には厳しい結果が出そうです。

開運のつぶやき　感情的な人に、幸運はやってこない

縁が切れた相手には執着しないように

恋愛&結婚運

先月あたりまでいい感じだと思っていた人と、急に距離があいたり連絡がとれなくなりそうな時期。どんなに条件がいい相手だとしても、無理に追いかけず「ここで縁が切れるなら、相性が悪かったんだ」と思っておきましょう。新しい出会い運は、不釣り合いな人にばかり会いそうなので、友人くらいの距離感でいるのがよさそうです。結婚運は、無理に進めると破談になったり、不穏な空気になりそう。いまは交際を楽しんでおきましょう。

「振り回される時期」と覚悟して取り組もう

仕事運

自分ではどうすることもできないようなトラブルが起きたり、面倒事に巻き込まれてしまいそうな時期。仕事を辞めたくなる場合もありますが、「今月は振り回される時期」だと覚悟していれば乗り越えられるでしょう。誘惑に負けて仕事をサボったり、手を抜いて問題になることもあるかも。与えられた仕事への感謝を忘れずに取り組むようにしましょう。職場の人や仕事関係者との付き合いを楽しむのはいいでしょう。

買い物は必要最小限に

金運&買い物運

金銭感覚が鈍り、浪費をしやすいタイミング。勢いで買い物や契約をすると、後悔したり大損したりするので要注意。買い物は必要最小限にして、節約を楽しむくらいがいいでしょう。金遣いの荒い人と一緒にいることで出費がかさむなど、交際費が膨らむ場合も。計画的にお金を使うよう意識して過ごしましょう。投資でも間違った判断をしやすいので、今月はようすを見ておくくらいがよさそうです。

生活改善に着手しよう

美容&健康運

体重の増加や疲れを感じたり、体調を崩してしまうこともある時期。原因を探ると、自分の不摂生や悪習慣に気づけそうです。健康的な生活に切り替えるいいきっかけになったと思っておきましょう。夜更かしや暴飲暴食もやめるように。ふだん運動しない人ほど、今月はヨガやストレッチなどでこまめに体を動かすのがオススメです。美意識を高めるのはいいですが、エステなどの高額な契約はのちに支払いがストレスになるので控えましょう。

開運のつぶやき　やさしさとは、自分の欲望を抑えて相手に接すること

6月 ▼乱気の月

1（土）	▲	何事も、一つひとつていねいに行動する必要がある日。勢いに任せて行動すると、余計な時間を使うことになるので気をつけて。パートナーがいる人は、些細なことでケンカになりやすいため注意しましょう。
2（日）	○	行動力がアップする日。気になるところに出かけてみると、おもしろい発見やいい出会いがありそうです。周囲にオススメされた映画やライブを観に行ってみたら、思った以上に楽しめるかも。
3（月）	○	不慣れなことから先にやっておくと、楽になれる日。後回しにすると、余計に苦しく感じてしまうでしょう。目標の時間や数字を決めて達成することにも、こだわってみて。
4（火）	■	急な仕事や、理不尽と思えるような依頼がきそう。「無理」と思わず、まずは取り組んでみるといいでしょう。挑戦したうえでの「無理でした」という結果と、やる前から「無理」と決めつけるのでは、大きく違います。まずは行動してみましょう。
5（水）	■	油断していると、風邪をひいたりケガをしやすいので気をつけましょう。明日のことも考えて、体力を温存しながら仕事をするといいでしょう。今日は頑張りすぎないように。
6（木）	◇	アップダウンの激しい日。変に目立ったり、頼りにされて困ってしまうことがありそう。余計な気遣いが必要になったり、忙しくなりすぎてしまう場合もありますが、最善をつくしてみると、いい結果が出るでしょう。
7（金）	△	判断ミスをしやすい日。周囲の意見を聞くのはいいですが、考えがまとまらなくなってしまいそう。困ったときは、信頼できる人に相談してみましょう。思い込みだけで判断すると、面倒なことになりそうです。
8（土）	＝	親友に会ってみるといい日。じっくり話を聞いてもらったり、一緒にいるだけでも気持ちが楽になりそう。片思いの相手がいるなら連絡するといいですが、関係が進展するような期待はしないこと。
9（日）	＝	急に遊びに誘われたり、友人が家に遊びにくることがありそう。心の準備をしておきましょう。楽しい時間を過ごせそうですが、出費が増えてあとで困る場合もあるので、お金は計画的に使いましょう。
10（月）	▽	日中は問題が少ないものの、身勝手な行動に走ってしまうと人間関係で苦労することになりそう。「柔軟な対応」を心がけておくといいでしょう。
11（火）	▼	周囲に振り回されたり、自分の予想通りに進まないことがありそう。「相手にもいろいろと事情がある」と思っておきましょう。流れに逆らうと無駄な時間を過ごすことになったり、より面倒な状況に陥ってしまいそうです。
12（水）	×	ふだんなら興味のないことが気になってしまいそうな日。どんなことからも学ぶ気持ちがあるなら、思い切って挑戦してみるといいでしょう。ただし、危険なことには首を突っ込まないように。
13（木）	▲	忘れ物をして慌てたり、目の前の人の名前をド忘れして焦ってしまうことがありそう。事前に確認と準備をしっかりしておけば、問題は避けられるでしょう。
14（金）	＝	生活リズムを整えて、悪習慣を改めるようにしましょう。スマホいじりや間食、飲酒をダラダラ続けるのも避けること。健康のために体を動かす時間をつくるのがオススメです。
15（土）	＝	自分でも珍しいと思う場所やお店に行ってみるといい日。ふだんなら遊ばないようなタイプの人とも仲よくなれる可能性があります。思い浮かぶ人に連絡してみるといいでしょう。

開運のつぶやき　どんなことでもプラスにする根性や精神力が必要

16（日）	■	1日の予定を立ててから行動することが大切な日。なんとなく過ごしていると、1日を無駄にしたり、疲れをためてしまいそう。帰りの時間も決めて、きちんと守るようにしましょう。
17（月）	■	寝不足や休日の疲れが原因で、集中力が続かなくなりそうな日。目の疲れを感じたら、仮眠をとったり、目の周りをマッサージしましょう。今日は、無理をしないよう心がけること。
18（火）	◇	小さなことでも、ちゃんと感動するようにしましょう。考え方を変えれば、あらゆるものに感動できると気づけるはず。もっと感情に素直になって生きてみましょう。
19（水）	△	ミスや失敗をしてしまいそうな運気。もともと思い込みが激しく融通がきかないタイプなので、「問題が起きると解決まで時間がかかる」ということを肝に銘じて過ごしましょう。
20（木）	＝	長年使っているものを手入れし、きれいにしましょう。つくった人への感謝も忘れないように。付き合いの長い友人にも、感謝の気持ちをもちましょう。
21（金）	＝	お世話になっている人や後輩、部下などに、些細なものでもプレゼントやご馳走をするといい日。自分のためよりも、相手がよろこぶことにお金を使ってみるといいでしょう。
22（土）	▽	日中は、必要なものを買いに行きましょう。夕方からは、時間を見つけて片付けや掃除をするのがオススメ。磨けるものがあるなら、ピカピカにしてみて。
23（日）	▼	タイミングが悪いことが重なりそう。予定がキャンセルになったり、よかれと思ってしたことを「お節介」と受け止められることがあるかも。予想外の出来事に巻き込まれても、イライラしないで上手に流しましょう。
24（月）	×	断りづらいことを任されそうな日。苦手なことや不慣れなことでも、勉強になると思って頑張ってみましょう。努力したうえでの失敗は、のちにいい経験となる「前向きな失敗」です。仕事を嫌々しないように。
25（火）	▲	事前準備と確認作業を怠らないことが大事な日。珍しいミスをしたり、大切なことを忘れたりして、相手の信頼を失ってしまいそう。油断しなければ大丈夫なので、落ち着いた行動を。
26（水）	＝	まだ結果を出していないけれど、頑張っている若者を素直に認めましょう。あなたに認められたことに感謝して、のちに大きな恩返しをしてくれるかもしれません。
27（木）	＝	これまでの経験を活かすことができそうです。ただし、固定観念や決めつけが激しいと、チャンスを見逃したり、遠慮して身を引いてしまうことがありそう。過去といまとでは経験値が違うので、自信をもって行動しましょう。
28（金）	■	順調に進んでいるからといって頑張りすぎると、疲れが出て、明日に響いてしまうかも。ほどほどに頑張っておくようにしましょう。
29（土）	■	昨日の疲れが出そうな日。無理をすると体調を崩しやすいので気をつけましょう。気を引き締めて姿勢よく歩くなど、美意識を高めると調子がよくなりそうです。
30（日）	◇	うれしい連絡がありそうです。好きな人や気になる人がいるなら、自ら連絡してもいいでしょう。遊びに誘われたら相手に合わせてみると、楽しい時間を過ごせるかも。

7月

× 裏運気の月

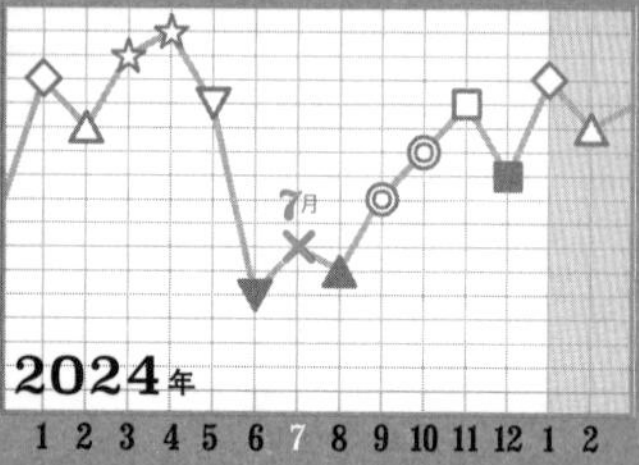

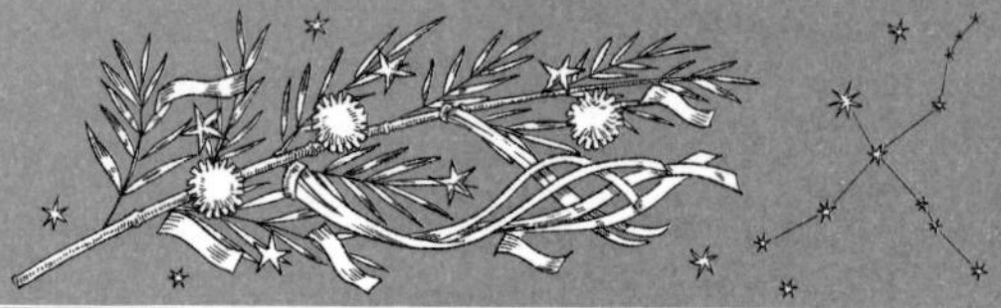

今月の開運3か条

- 疲れを感じる前に休む
- 誘惑や欲望に流されない
- 本を読む

総合運

華やかな世界に惑わされず いまある幸せに目を向けること

予想外に忙しくなったり、現状の生活に疑問を感じてしまいそうな時期。急に遊びたくなることや、欲望や誘惑に流されてしまうこともあるでしょう。疲れがたまると判断ミスをする場合もあるので、連日の夜更かしにならないよう気をつけましょう。華やかな世界に憧れるのはいいですが、いまの自分に見合わない環境に飛び込んだり、無理をして後悔するケースもあるので要注意。現状の幸せに目を向け、感謝の気持ちを忘れないようにしましょう。

開運のつぶやき　人生は、自分が中心ではないほうが楽しい場合もある

恋愛&結婚運

ダメ元で連絡すると一気に距離が縮まりそう

好みではない人から好意を寄せられそう。一方で、「高嶺の花」だと思っていた人にアプローチをすると、デートができたり、一気に距離を縮めることもできる運気です。ダメ元で連絡してみるといいでしょう。諦めていた片思いでも、相手から連絡がきたり、偶然再会する場合がありそうです。友達くらいのテンションでいると、向こうから近づいてきてくれることも。結婚運は、マイナス面が表に出やすいので要注意。相手へのやさしさを忘れないで。

仕事運

「いつもはやらないこと」をしてみると学びがあるかも

頑張りすぎると疲れてミスにつながってしまいそうです。ほどよく力を抜いて、限界まで頑張らないようにしましょう。今月は評価や結果が出にくいので、不満を抱くこともありそうですが、ふだんやらない仕事をしたり、職場の人との交流を楽しんでみましょう。のちの仕事がやりやすくなって、学べることもあるでしょう。勝手に嫌っていた人とも、話してみると意外と打ち解けられそうです。反対に、仲のよかった人と距離ができるケースもあるでしょう。

金運&買い物運

お金を使わない楽しみを探そう

ふだんなら考えもしないようなものが突然欲しくなったり、予想外の出費が増えてしまうことが。付き合いでの出費は仕方ないと思っておくといいですが、連日にならないよう調整しましょう。また、儲け話には要注意。「簡単に儲かる話」など絶対にないので、軽はずみな判断をしないよう気をつけましょう。節約をしたり、お金を使わずに楽しむ方法を試すにはいい時期です。

美容&健康運

お酒と夜更かしに要注意

美意識が低下したり、油断すると体調を崩してしまいそうです。とくに、お酒を飲んだあとは段差で転んでケガをする場合があるので要注意。夜更かしもできるだけ避けて、早めに寝るようにしましょう。腕立て伏せや腹筋、スクワットなど、家でできる筋トレをすると、目覚めもスッキリしそうです。悪習慣にハマりやすい時期でもあるので、飲酒や間食を習慣にしないように。冷たいものの食べすぎや飲みすぎにも気をつけておきましょう。

開運のつぶやき　頑張っていると思うのはいい。でも言葉にする必要はない

7月

×裏運気の月

1（月）	△	失敗しやすい日ですが、確認と事前準備を怠らなければ避けられるでしょう。たとえ失敗したとしても、同じミスをしないよう改善することで、いい経験となってのちに活かせるようになります。
2（火）	＝	悪い癖が出やすい日。自己分析がしっかりできていれば、問題をうまく回避でき、逆に利用することもできそうです。自分のことを「頑固で視野がせまい」のではなく、「集中力が高い」ととらえて、ひとつのことを極めてみましょう。
3（水）	＝	後輩や部下、お世話になっている人に些細なものでもいいのでご馳走をして、感謝の気持ちを伝えましょう。仕事では、自分の給料を時給に換算したり、取り分を考えるのではなく、会社全体の儲けを考えてみるようにしましょう。
4（木）	▽	日中は、ていねいに仕事を進めれば問題ないでしょう。夕方あたりからは、無駄が多くなり、疲れてしまうことがありそうです。指示が雑になったり、思い込みでミスが増えやすいので気をつけること。
5（金）	▼	集中力が低下して決断力に欠けそうな日。冷静さを心がけ、軽はずみな判断をしないよう注意が必要です。面倒なことが起きても、そこから学ぼうとする姿勢を忘れないようにしましょう。
6（土）	×	外出するときは、暑さ対策よりも「寒さ対策」を忘れないようにしましょう。エアコンの冷気など、思わぬところで体調を崩すことがありそうです。思ったよりも疲れがたまっているので、のんびりする時間をつくっておきましょう。
7（日）	▲	無駄な縁を切ったり、不要なものを処分するといい日。進展しない片思いや、ハッキリしない関係が続いている相手のことを、一度諦めてみることも大切です。いまは自分磨きをしておくと、のちに素敵な恋をつかめるでしょう。
8（月）	＝	「自分から笑顔で挨拶する日」とルールを決めて1日を過ごしてみると、周囲からの扱いが変わったり、いい流れをつくれそうです。自分の小さな努力で、人生が変わる楽しさに気づけるようになるといいでしょう。
9（火）	＝	毎日が同じことの繰り返しと感じているなら、少しでも新しいことに挑戦してみましょう。慣れた仕事だからといって雑にこなしていると、ドンドンやる気を失うだけ。ときにはうまくできないことに挑戦して、そこから学ぶことも大切です。
10（水）	■	仕事のペースを少し落としてもいい日。無理をすると次の日に響いてしまいます。無駄な仕事は削ったり、もっと効率よく進める方法を考えて試してみて。
11（木）	■	油断すると体調を崩したり、一気に疲れを感じてしまいそう。すでに体調に異変を感じている場合は、早めに帰宅して家でのんびりするといいでしょう。
12（金）	◇	周囲の期待に応えることで、運気の流れがよくなるでしょう。いま与えられていることに感謝して、何事も楽しんで取り組みましょう。意外な相手から注目されたり、好意を寄せてくる人が現れるかも。
13（土）	△	言動が雑になりやすい日。他人を雑に扱ったり、心ない一言が出てしまいそうなので気をつけましょう。イライラを顔に出すとのちの不運の原因になりかねません。何事も穏やかに対応するよう心がけておきましょう。
14（日）	＝	親友や家族など、付き合いの長い人と縁がある日。ハッキリ言ってくれる人への感謝は忘れないように。「わかってない」「自分は間違っていない」と思うときほど、悪い方向に進んでいると受け止めて、考えを改めるようにしましょう。
15（月）	＝	異性や好きな人と仲よくできる日。「高嶺の花」だと思っていた人といい関係になれる場合があるでしょう。気になっている人がいるなら、思い切って自分から連絡を。

開運のつぶやき　挫折の連続だから人は強くなれる

16（火）	▽	日中は、いい流れで過ごすことができそうです。夕方あたりからは、誘惑に負けたり悪い方向に流されてしまうかも。暴飲暴食をしたり気持ちが不安定になることもあるので、平常心を心がけて。
17（水）	▼	自分のことを賢いと思っていたり自信満々でいると、鼻をへし折られることになりそう。謙虚な心と、他人を尊敬・尊重する気持ちを忘れないように。恩返しをするために生きると、運気の流れがよくなるでしょう。
18（木）	×	現状の生活に不満を感じてしまいそうな日。いまある幸せを手放さないようにしましょう。ソリの合わない人や価値観の違う人がいるからこそ、世の中がうまく回っていると思っておきましょう。
19（金）	▲	相性の微妙な人や、本来はあなたと合わない人とケンカになったり、気まずい雰囲気になったりしそう。今日は、しつこくせず、自分の考えを押しつけないように注意しましょう。
20（土）	＝	急な誘いがありそうな日。いつもなら興味をもたない誘いでも、今日は足を運んでみると、学べることや興味がわくことがあるかも。発見を素直に楽しんでみるといいでしょう。
21（日）	＝	はじめて会う人といろいろ話してみましょう。いままでの話のネタが活かせるシーンがあるかも。積極的に話すことで、自分の殻を破ることができたり、素敵な縁にもつながりそうです。
22（月）	□	日中は、多少無理なことでも乗り越えられそうです。ただし、夕方あたりからはパワーダウンしたり、集中力が欠けてしまうかも。ペースを変えて、限界まで頑張りすぎないようにしましょう。
23（火）	■	不満や文句が出るときは、疲れや睡眠不足が原因かも。こまめに休憩をとり、昼休みなどではひとりの時間をつくって、しっかり体を休ませてください。
24（水）	◇	良くも悪くも注目される日。手を抜いてサボっていると、一気に評価を下げることに。いつも以上に真剣に取り組むことを心がけ、気を引き締めて1日を過ごすことが大切でしょう。
25（木）	△	空気を読んだつもりで、思わぬ失言や失敗をしやすい日。今日は、話の聞き役に回るといいでしょう。秘密の話を聞いたとしても、ほかの場所でしゃべってしまわないように。
26（金）	＝	「頑張れるパターン」にうまくハマりそうな日。好きな音楽を聴いたり、やる気になれるものを食べるといいでしょう。反対に、「やる気がなくなるパターン」にはハマらないよう気をつけて。
27（土）	＝	ネットやお店で、「この値段は安いよね?」と思うものを見つけられそうですが、購入前にしっかり確認を。量が少なかったり、「送料別」のただし書きをうっかり見落として、結果的に高い買い物をしてしまいそうです。
28（日）	▽	日中は運気の流れがいいので、片付けや消耗品の買い出しなど、家の用事をドンドン済ませてしまいましょう。午後は、のんびりしたりスマホから離れる時間をつくると、気持ちが楽になるでしょう。
29（月）	▼	いろいろな意見に振り回されたり、面倒事が増えてしまいそう。無駄な時間を過ごすこともありますが、流れに身を任せておくといいでしょう。
30（火）	×	仕事をサボりたくなる日。今日に限ってその瞬間を上司や先輩に見られてしまいそう。隙ができやすいので、目の前の仕事にもっと集中するよう意識しておきましょう。
31（水）	▲	ここ1、2か月でソリが合わないと感じた人とは、距離をおくことを考えてもよさそうです。とくに「人としてどうなの?」と疑問を感じる相手とは、キッパリ縁を切ってしまいましょう。

☆開運の日　◎幸運の日　◇解放の日　○チャレンジの日　□健康管理の日　△準備の日
▽ブレーキの日　■リフレッシュの日　▲整理の日　×裏運気の日　▼乱気の日　＝運気の影響がない日

8月

▲整理の月

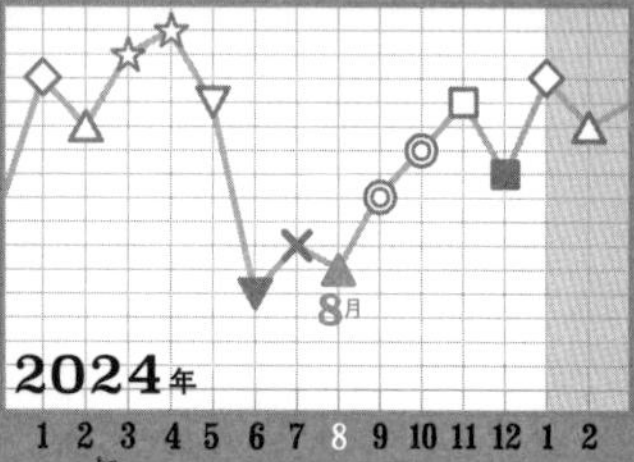

今月の開運3か条

- 些細なことでも借りは返す
- マメに掃除をする
- 別れを恐れない

総合運

やり残しを片付けて 不要なものや人間関係の清算を

「借りを返す」「恩を返す」「借りていたものはすべて返す」くらいの気持ちが大切な時期。些細な口約束もしっかり果たすようにしましょう。やり残しがない状態にすることで、下旬から風向きが変わり、次のチャンスをつかめたり、大きく前進できるようになるでしょう。不要なものを処分することや、人間関係を整理することも重要です。悪友や評判の悪い人、付き合いが長くても疑問を感じる人とは距離をおくように。

開運のつぶやき　決断力とは「決めて断つこと」。諦めることを決める力が必要なときがある

別れを考えているなら
我慢せずハッキリ伝えること

中旬までに恋の区切りがつきやすい時期。ここ1、2か月で関係が悪くなっている相手と、距離をおいたり別れを切り出すにはいいタイミングです。別れたいのに我慢して、なかなか言い出せなかった人ほど、ハッキリ伝えて縁を切っておきましょう。出会い運は下旬からよくなりますが、素敵な人と知り合えるのは来月以降になりそうです。結婚運は交際期間が長く、覚悟があれば、相手に「結婚するか別れるか」を伝えてみると話を進められることが。

離職は少し待って。
下旬から解決に向かいそう

中旬まではやる気が起きなかったり、面倒なことに巻き込まれてしまいそうです。離職を考えたくなるときもあるかもしれませんが、ここは少し忍耐が必要。下旬になると問題が解決に向かい、ゆっくりと前進する感じがあるでしょう。忙しすぎたり、実力以上の仕事量だと思う場合は、ほかの人に頼むなどして、仕事を振ることも大切です。感情的にならず、冷静な判断を心がけて過ごしましょう。

ドンドン
断捨離しよう

今月は、買い物をするよりも、不要なものを処分したりネットで売るなどして、身の回りをスッキリさせるといいでしょう。昨年の夏も使わなかったものは思い切って捨てて、学生時代のものがあるならドンドン片付けましょう。過去の思い出に縛られていると、いい運気の流れに乗れなくなってしまいます。買い物は来月以降がオススメなので、今月は値段などの比較をしておきましょう。投資も来月のほうがよさそうです。

やりすぎは
禁物

無理なダイエットはせず、じっくりゆっくり体重を落とすくらいの気持ちでいると、思った以上にいい感じになりそうです。ただし、そのぶん体力も落ちやすくなるため、あいた時間にスクワットや腕立て伏せを数回でも行うようにしましょう。暑さに弱いタイプなので、夏バテなどには十分注意して過ごすように。遅くまで遊びすぎないようにして、睡眠時間も長めにとること。美容運は、日焼け対策をしっかりしておきましょう。

開運のつぶやき ｜ 運がいいから、別れるべき人との別れが訪れることもある

8月

▲整理の月

1（木）	＝	ふだんなら気にならないことに目がいく日。好奇心に素直に従って行動するといいでしょう。何事からも学ぼうとする気持ちを忘れないように。苦手なことを避けず、学べることを見つけてみましょう。
2（金）	＝	大きな変化を求めるよりも、日常を楽しみましょう。何も変わらず平穏に過ごせることこそが、幸せで感謝すべきことだと忘れないように。
3（土）	□	夏休みの予定を立てていない人は、なんとなくでいいので、行きたい場所や、やってみたいことをメモしておくといいでしょう。迷ったときは、散歩がてら本屋さんに行ってみて。
4（日）	■	外出時間をできるだけ減らして、涼しい場所でのんびり過ごしましょう。思っている以上に、疲れがたまり集中力が欠けやすくなっていそうです。ケガにも気をつけておきましょう。
5（月）	◇	あなたにやさしくしてくれる素敵な人が現れそう。無理をしなくとも楽しく過ごせる人が身近にいたら、周囲にも評判を聞いて、恋人候補になるか検討してみるといいでしょう。
6（火）	△	間違えることが多くなりそうな日。勘違いや思い込みの激しさが原因になるので、何事も確認するように。最終チェックを怠らなければ、問題は避けられそうです。
7（水）	＝	いまの自分の実力を素直に出すことだけを考えて仕事をすると、努力や実績が認められるでしょう。また、資格取得などで、一度諦めたり挫折したりしたことがあれば、再挑戦のために勉強をはじめるにもいい日です。
8（木）	＝	しっかり計画を立てて行動するといい日。いつもと同じ作業でも時間を区切ったり、無駄な時間をできるだけ減らす工夫をしてみるといいでしょう。ゲーム感覚で取り組んでみると、楽しめそうです。
9（金）	▽	日中は勢いが大事ですが、夕方あたりからは、周りに合わせた臨機応変な対応や、慎重な判断が必要になります。余計な行動をしたり、無計画に突っ走ったりして後悔することがないように。
10（土）	▼	誘惑に負けて無駄な出費をしたり、体力を使いすぎてヘトヘトになってしまうことがありそう。今日は、不慣れなことは避けて、無理せず過ごすようにしましょう。
11（日）	×	恋人や家族、親友など、身近な人とケンカをしたり、不機嫌になるようなことを言われそう。図星を突かれたときほど、ハッキリ言ってくれたことへの感謝を忘れないで。
12（月）	▲	長年触っていないものや着ていない服、今年使っていない夏物があるなら、処分しましょう。見えるところに置いてある学生時代のものも、片付けること。
13（火）	＝	自己分析も大切ですが、相手の考えや心理をもっと汲みとれるよう意識してみましょう。想像をめぐらせて、さまざまな立場や状況から考えてみると、うまくいきそうです。
14（水）	＝	はじめて行く場所で、いい出会いや素敵な発見がありそう。勝手に「何もない」と思い込まないようにしましょう。見る角度を変えてみると、世界がドンドン広がって、おもしろいことも見つけられるでしょう。
15（木）	□	疲れをためないように計画的に過ごしたり、ゆっくりする時間をつくりましょう。夜は、食事の量を少なめにしてお酒も避け、長めに湯船に浸かってから早めに寝るように。

開運のつぶやき　大掃除とは、幸運が入る隙間をつくること

16（金）	■	心身ともに疲れてしまいそうな日。映画を観に行ったり、家でドラマを見るなどしてゆっくりするといいですが、目の疲れには要注意。休憩や昼寝をする時間をとるとスッキリしそうです。
17（土）	◇	誘われた場所に行くと幸運をつかめそう。素敵な人に出会える可能性もあるので、今日は明るく大人っぽい服装を心がけておくといいでしょう。自分の話をするよりも、質問上手、聞き上手を目指してみましょう。
18（日）	△	ドジな忘れ物や失敗をしやすい日。食べこぼしをしたり、打撲やスマホを落として傷つけるなど、「小さなガッカリ」が重なってしまいそう。機械の操作ミスもしやすいので気をつけておきましょう。
19（月）	○	「古くなっている」と感じるものは処分して、取り替える準備をしておきましょう。家電も、最新のものに変えたほうが節電できて、かえってお得になることもありそうです。身の回りにある古いものは買い替えを検討してみて。
20（火）	○	これまでの経験を活かせる日。自分の得意なことで周囲を笑顔にできることは何かを考えて行動に移してみましょう。微力でもゆっくり積み重ねていけば、大きな力に変わっていくでしょう。
21（水）	▽	日中は問題なさそうなので、大切な仕事や用事は早めに片付けておきましょう。夕方以降はミスに注意。先入観や思い込みから失敗しやすいため、午前中に終わらなかった大事なことは、来週にしたほうがよさそうです。
22（木）	▼	順調に進んでいたことに急ブレーキがかかったり、仕事を外されてしまうようなことがありそう。雑な行動をして信頼を失う場合もあるので、ていねいな行動を心がけて、しっかりコミュニケーションをとるようにしましょう。
23（金）	×	今日は熱中症に注意すること。体力に自信がある人ほど過信しがちなので、仕事でも無理せず、ゆっくり過ごすのがオススメです。外出するときは帽子や日傘を忘れないようにしましょう。
24（土）	▲	身の回りにある不要なものを処分したり、時間を無駄に使っているSNSなどのアプリを一気に消去するといい日。昔の恋人や、もう連絡しない相手の連絡先もまとめて消してみると、気持ちが楽になるでしょう。
25（日）	○	新しい体験や経験をすることが大切な日。最近できたお店や場所に行ってみたり、知り合いの集まりに参加してみるといいでしょう。はじめて出会った人とは、連絡先を交換しておいて。
26（月）	○	新しいことを任されたり、不慣れな仕事がはじまりそう。すべては自分を鍛え、成長させるために必要な経験だと思いましょう。仕事の幅を広げるためにも、挑戦してみましょう。
27（火）	□	気持ちの切り替えが大事な日。過去に執着せず、次の目標ややるべきことをハッキリ決めるといいでしょう。筋トレやダイエットをはじめるにも絶好のタイミングです。
28（水）	■	緊張感がなくなったり、ボーッとする時間が増えてしまいそうな日。夏バテや寝不足を感じているなら、しっかり休憩をとり、目を休める時間もつくっておきましょう。
29（木）	◇	充実した1日を過ごせそう。求められることに全力で応えると、みんなが笑顔になるでしょう。あなたの魅力に気づく人も現れるかも。笑顔で挨拶して、自らきっかけをつくってみましょう。
30（金）	△	恥ずかしいミスをしやすい日。余計な一言が原因で勘違いがバレたり、ドジな行動が目立ってしまいそう。今日はおとなしく過ごして、悪目立ちしないようにしましょう。
31（土）	○	あなたのもとに味方が集まり、夢や目標に一歩近づきそう。応援してくれる人や支えてくれる人、過去のすべての出会いと経験に感謝できると、運を味方につけられるでしょう。

☆開運の日　◎幸運の日　◇解放の日　○チャレンジの日　□健康管理の日　△準備の日
▽ブレーキの日　■リフレッシュの日　▲整理の日　×裏運気の日　▼乱気の日　＝運気の影響がない日

9月

◎ 幸運の月

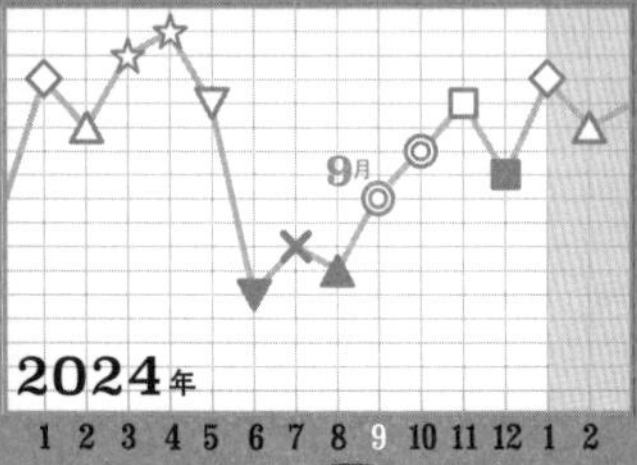

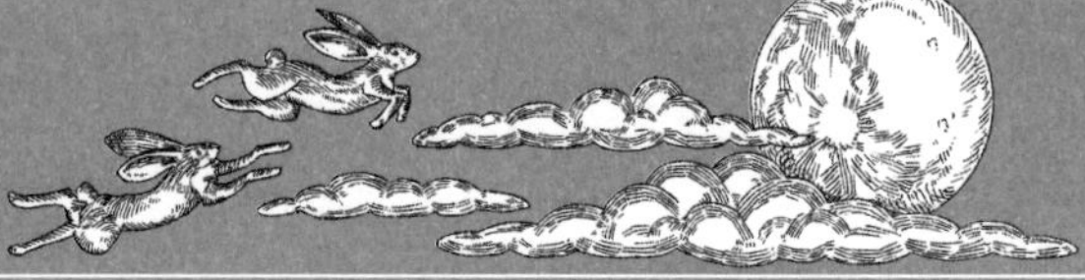

今月の開運3か条

- 交友関係を広げる
- 好奇心に素直に従って行動する
- 生活リズムを変える

総合運

新しいことへの挑戦が吉。環境や習慣を変えてみよう

考え方や気持ちが変わり、新しいことに挑戦したくなる時期。新しいことに興味がわいたら即行動に移してみると、良縁をつかめたりいい体験や経験ができそうです。ここ2、3か月モヤモヤしていた人ほど、環境や生活リズムを一気に変えてみるといいでしょう。引っ越しやイメチェンをしたり、新しい習い事をはじめるにもいいタイミング。ふだんあまり話さない人に話しかけると、急に仲よくなれることや、長い付き合いになることもあるでしょう。

開運のつぶやき　行動と変化と試み。人生にはこれが大切

恋愛&結婚運
思い切ったイメチェンが恋のチャンスを引き寄せる

新しい出会いが増えたり、気になる人を見つけられる時期です。ただし、先月までと同じ服装や髪型のままでは、チャンスをつかめない可能性が。思い切ったイメチェンをして、いつもと違う雰囲気に挑戦するのがオススメです。ふだんなら参加しないような飲み会に顔を出すなど、変化を楽しんでみるのもいいでしょう。結婚運は、話がゆっくり前に進む時期。恋人を友人や知人に紹介してみると、いい感じに後押ししてくれることがありそうです。

仕事運
成長を実感できる月。職場での交流を深めよう

これまでとは違う仕事やポジションを任されそうです。とくに変化がない場合でも、いままで見逃していたことに気づけて、成長している実感を得られるでしょう。人脈も広がりやすい時期。今月から同僚や仕事関係者との交流を深めることで、楽しく働けるようにもなるでしょう。出勤時間を少し変えたり、仕事のリズムに変化をもたせてみると、やる気がわくこともありそう。仕事に対するマイルールを変えてみるといいでしょう。

金運&買い物運
はじめての○○に挑戦しよう

買い替えや引っ越しにお金を使うといい月。未体験のことに興味がわいたら思い切って挑戦してみると、人生観や人間関係が大きく変わってくることがあるでしょう。好奇心に素直に従って行動してみるように。買い物に行くなら、通い慣れたところではなくはじめてのお店を選んでみると、素敵なものやお気に入りの場所を見つけられる場合が。投資は、新しい資産運用を試すとよさそうです。情報をしっかり集めてみましょう。

美容&健康運
軽い運動を習慣づけて

体調のよさを感じられそうな時期。ここ1、2か月運動をサボっていたり、美意識が低下していた人ほど、今月から定期的な運動やダイエットをはじめるといいでしょう。ただし、急にハードなことをするとケガの原因になるので、ストレッチやヨガ、ウォーキングからはじめるくらいがオススメです。新たな美容法を試してみるにもいいタイミング。評判のいいものを選んでスタートしてみましょう。

開運のつぶやき　頑張ろうとするのではなく、もっと楽しんで

9月

◎幸運の月

1（日）	☆	買い物をするには最高の日。家やマンション、車のほか、資産価値のあるものを購入すると運気が上がるでしょう。財布やカバン、服などを買うのもオススメ。今日買ったものは、あなたのラッキーアイテムになるでしょう。
2（月）	▽	午前中は頭の回転も速くなり、リズムよく仕事を進められそう。「銀の鳳凰座」は伝え下手なところがありますが、今日は自分の意見をしっかり主張してみると、すんなり通ることがありそうです。
3（火）	▼	ミスが発覚しそうな日。早めに確認すれば大きな問題にならずに済み、周囲の人にも助けてもらえるでしょう。ピンチを救ってくれた人には、お礼を伝えることも忘れないように。
4（水）	×	「少しだけ」と思って気を抜いたところを、厳しい上司や面倒な先輩に見られてしまうことがありそう。今日は、休憩時間以外は気を抜かないようにして、ていねいに仕事を進めていきましょう。
5（木）	▲	気持ちの切り替えが大事な日。過去の失敗や失恋など、ひきずっていることへの執着を手放すことで、次のステップに進めるでしょう。うまくいかなかった経験をバネにして前進しましょう。
6（金）	○	いままで深く話したことのない人と楽しく会話ができたり、仲よくなるきっかけをつかめそうな日。相手からの誘いを待っていないで、あなたから飲みや食事に誘ってみると、いい関係になれるでしょう。
7（土）	○	知り合いから「素敵な人を紹介してあげる」と言われたら、積極的に会ってみましょう。すぐに結果が出なくても、数日後にいい流れになりそう。焦らないことが大切です。
8（日）	□	食事の約束をした人がいるなら、今日行ってみましょう。急でもいいので気になる人を遊びに誘うのもオススメです。「ものは試し」と思って勇気を出してみると、人生が変わってくるでしょう。
9（月）	■	疲れが肌に出てしまいそうな日。スキンケアを入念に行い、仕事の合間にしっかり休憩をとるようにしましょう。じっと目を閉じて、目の疲れをとるのもオススメです。
10（火）	◇	「過去のつらい思い出も自分の成長につながっている」と思えるようになると、一気に前に進めるでしょう。厳しいことを言ってくれた人への感謝も忘れないように。今日は、あなたの魅力や才能をうまく活かすことができそうです。
11（水）	△	小さなドジが重なってしまいそうな日。忘れ物や時間の間違いなど、ふだんならやらないような失敗をしやすいため、しっかり確認するように。言葉が足りず、誤解を生んでしまうこともありそうなので気をつけましょう。
12（木）	◎	付き合いの長い人と協力できたり、互いのよさをうまく引き出せそう。苦労をともに乗り越えたことがある人に、助けやアドバイスを求めてみるのもいいでしょう。
13（金）	☆	仕事でいい結果を残せたり、目標を達成できそうです。「今日は運気がいい日」と信じて思い切って勝負すると、うれしい結果につながるでしょう。恋愛でもいい流れになりやすい日なので、片思いの相手に好意を伝えてみて。
14（土）	▽	午前中に買い物やデートの約束をしておくといいでしょう。家でゆっくりしたいのであれば、午後からがオススメです。夜は、予想外の誘いがあったり、予定通りに進まないことが多くなりそう。
15（日）	▼	心を乱される出来事があるかも。些細なことをマイナスにとらえすぎず、プラス面を探すようにしましょう。文句ばかり口にする人とは、距離をおく必要もあるでしょう。

開運のつぶやき　不慣れなことや苦手なことでも、3か月続けてみると、人生は簡単に変わる

16（月）	×	思い通りにならなくてもイライラしないで、この状況を楽しんでみるといいでしょう。「人生は、つねに自分の想像を超えることが起きて当たり前」だということを忘れないように。
17（火）	▲	忘れ物や失くし物をしたり、捨ててはいけないものをうっかりゴミに出してしまうことがあるかも。身の回りを片付けて、出かける前に持ち物をよく確認しておけば、災難を避けられるでしょう。
18（水）	○	周囲の変化にもっと敏感になってみることが大切な日。自分が思っている以上に、世の中は変化していると気づけると、楽しくなってきそうです。新商品や新メニューなどにも注目してみましょう。
19（木）	○	自分の得意なことで周囲をよろこばせたり、手助けをするといい日。「縁の下の力持ち」になるつもりで、周りに貢献するようにしましょう。話を聞いたり笑顔で接するだけでも、十分役に立てるはずです。
20（金）	□	少しでもいいので、いつもと違う生活リズムで過ごしてみましょう。些細な変化が人生を徐々に変えていくもの。資格取得に向けて勉強をはじめるにもいい運気です。
21（土）	■	夕方までは人に会わないで、好きな音楽などを聴きながら、読書やお茶を楽しんでのんびりするといい気分転換になるでしょう。夜は、恋愛面で関係が進展することがあるかも。
22（日）	◇	好きな人と一緒に過ごせたり、恋の進展がありそうな日。気になる人に連絡してみるといいでしょう。とくに思い浮かぶ相手がいない場合は、髪を切りに行くとモテを感じられるようになりそうです。
23（月）	△	思いっ切り遊ぶといい日。気になる場所に出かけたり、ライブやイベントに参加すると、予想以上に心に残る思い出ができそうです。ただし忘れ物をしやすいので、外出前はしっかり持ち物を確認するようにしましょう。
24（火）	◎	なんとなく疎遠になってしまった人や、しばらく連絡をとっていない友人に声をかけてみるといいでしょう。不思議といい縁がつながったり、素敵な人を紹介してもらえる流れになる場合もありそうです。
25（水）	☆	仕事運がいいので強気で勝負してみて。手応えや成長を感じられたら、自分へのご褒美に帰り道に買い物をするのがオススメです。ネットでできる投資などをはじめてもよさそう。
26（木）	▽	午前中は、自信をもって行動するといい結果につながりそう。夕方あたりからは、誘惑に負けたり、仕事をサボりたくなるかも。大きなミスをして周囲に迷惑をかけないよう、気をつけましょう。
27（金）	▼	身近な人と、気まずくなったり冷戦状態になってしまいそうです。自分の機嫌は自分でしっかりコントロールしましょう。他人のせいにして八つ当たりしないこと。
28（土）	×	おもしろさや楽しさを他人に求めないように。どんなことでも自分でおもしろくも楽しくもできるもの。人生は考え方ひとつで変わることを忘れないようにしましょう。
29（日）	▲	いつもより長めに寝たり、家でリラックスするといい日。パックをして肌の調子を整えるなど、スキンケアに力を入れるのもオススメ。ネイルのケアもしておきましょう。
30（月）	○	自分の直感に従って行動するといい日。多少うまくいかないことがあっても、今日の勘は信じてみましょう。はじめて会った人とは不思議と長い付き合いになりそうなので、しっかり挨拶をしておくように。

☆開運の日 ◎幸運の日 ◇解放の日 ○チャレンジの日 □健康管理の日 △準備の日
▽ブレーキの日 ■リフレッシュの日 ▲整理の日 ×裏運気の日 ▼乱気の日 ＝運気の影響がない日

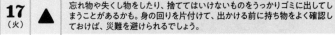

10月

◎ 幸運の月

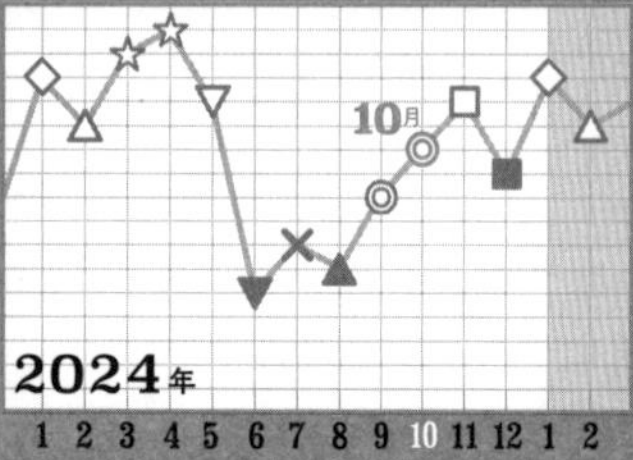

今月の開運3か条

- 対話を楽しむ
- 新メニューを選ぶ
- イメチェンをする

総合運

運命を変えるきっかけになる人や大切な人と出会える月

興味のあることや求められる場面が増えて忙しくなりそうです。交友関係を広げるチャンスもめぐってくるので、いろいろな人に会っておきましょう。面倒だからと避けていると、大切な存在になる人や運命を大きく変えるきっかけをくれる人との出会いを逃してしまいます。飲み会や集まりには積極的に参加すること。じっくり話していなかった人と会話をしてみると、あなたの魅力や才能、おもしろいところを見つけてもらえる場合もあるでしょう。

開運のつぶやき | 成功者ほどたくさん恥をかいているもの。恥を避けていては成功しない

恋愛&結婚運

ていねいに話せば あなたのよさが伝わる

出会いが増え、恋のチャンスが訪れる可能性が高い月。ただし、第一印象で決めつけすぎたり、過去の恋を追いかけていると、新たな出会いを逃すので気をつけましょう。イメチェンをして、ふだんなら行かない集まりに顔を出してみるとよさそうです。「銀の鳳凰座」は話し下手なところがありますが、ていねいにゆっくり話せば、あなたのよさがうまく伝わるでしょう。結婚運は、話が進展しやすい時期。相手を信頼していることをアピールしましょう。

仕事運

一気に道が開けそう。流れに逆らわないで

新しい仕事や重要なポジションを任されることがありそうな時期。流れに逆らうのではなく、求められたことに全力で応えてみることで、一気に道が切り開かれたり、実力が身につくでしょう。これまでの経験や苦労を活かすこともできそうです。仕事関係者との交流を広げると、のちに助けてもらえることや、仕事につながる場合もあるでしょう。忙しくても付き合いを大切にし、たくさん話をしておくといいでしょう。

金運&買い物運

人付き合いにお金を使おう

買い替えをするのもいいですが、今月は体験や経験を増やしたり、人との関係を築くことにお金を使ってみるといいでしょう。後輩や部下にご馳走するなど、人との対話に積極的になってみることも大切です。また、勉強やスキルアップにつながることへの出費もオススメ。投資にも向いている運気なので、投資先を増やしたり積立貯金をはじめてみてもよさそうです。

美容&健康運

自分磨きの時間を確保して

パワフルに過ごせる時期。体力自慢ができるほど元気に過ごせるので、忙しくても乗り切れそうです。ただし、無駄な夜更かしは避けること。夜中にスマホやパソコンは見ないようにして、早く寝るか本を読んで勉強するようにしましょう。筋トレや基礎体力づくりをはじめるにもいいタイミング。定期的な運動やスクワット、腕立て伏せなどをスタートするのもオススメです。美容運は、新しいサロンに行くなどして、忙しくても自分磨きを怠らないように。

開運のつぶやき　我慢だけして努力をしないから前に進めない人がいる

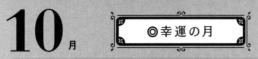

10月 ◎幸運の月

1（火）	○	人生でもっとも恐ろしいことは、失敗を恐れて行動しないこと。失敗しないかと心配する前に、まずはスタートさせるといいでしょう。これまで深く話したことのない人に声をかけてみると、おもしろい話が聞けそうです。
2（水）	□	日中は、多少強引でも自分の信じた方向に進んでみるといいでしょう。意見があるときは、ていねいに伝えることが大切です。夜は、少し疲れを感じやすくなるので、ゆっくりお風呂に入るようにしましょう。
3（木）	■	体を休ませることも大事な仕事のひとつです。今日は、体力的な無理は避け、疲れを感じたらこまめに休憩しましょう。疲れを顔に出して、周囲に気を使わせないよう気をつけて。
4（金）	◇	周囲から注目されたり頼りにされる日。忙しくも充実した時間を過ごせそう。恋愛運もいい日なので、少しでも気になる人がいるなら連絡をしてみましょう。新しい出会い運もいいため、初対面の人には笑顔で挨拶しましょう。
5（土）	△	遊びに出かけるといい日。気になるイベントや、行ってみたかった場所に足を運んでみると、いい刺激をもらえるでしょう。勘違いなどで時間を無駄にしないよう、事前にしっかり調べることも忘れずに。
6（日）	◎	しばらく会っていなかった友人や知り合いと縁がある日。急に連絡がきて遊ぶ流れになることや、外出先で偶然出会う場合も。懐かしい話をするとやる気になれたり、大事なことを思い出せそうです。
7（月）	☆	仕事運が好調な日。いつも以上に真剣に取り組むと、周囲からの信頼度が高まるでしょう。ショッピングにもいい日なので、時間のない場合はネットで欲しいものを買ってみるといいでしょう。
8（火）	▽	日中は能力をうまく活かすことができるでしょう。満足いく結果が出たり、いい流れで仕事を進められそうです。夕方あたりからは欠点や弱点が表に出てしまうかも。弱点を見せることで味方が集まることがあるので、隠さなくてもよさそうです。
9（水）	▼	寝坊して大遅刻をしたり、大きなミスをしやすい日。気をつければ避けられることばかりなので、予定や目覚まし時計をよく確認するように。また、混み入った話をするのは別の日にして、今日は、目の前のことだけに集中しておきましょう。
10（木）	×	思い通りにならないことが多い日ですが、災難とは思わないように。そこから何が学べて、今後何に気をつける必要があるのか、しっかり考えて分析しておきましょう。
11（金）	▲	縁を切るにはいい日。「もういいかな」と思えるものは捨てて、買い替えの準備をしておきましょう。「もったいないかな」と渋っていると、いつまでも切り替えられないので、思い切った判断が大切です。
12（土）	○	新しい出会いがあったり、新しい経験ができる日。家でのんびりしていないで、友人や知り合いを誘って遊びに行きましょう。気になったライブやイベントに参加してみるのもオススメです。素敵な人を紹介してもらえることもあるかも。
13（日）	○	気になる人をデートに誘ってみるといい日。真面目な感じで誘うよりも、「今日時間ありますか? お茶しませんか?」くらいの軽いノリで、メッセージを送ってみるといいでしょう。
14（月）	□	好奇心に素直に従って行動することが大切な日。いろいろ調べて情報を集めているよりも、まずは動いてみましょう。夜は早めに帰宅して、ゆっくりする時間をつくっておくとよさそうです。
15（火）	■	集中力が途切れがちな日。打撲や段差での転倒、小さなケガには気をつけましょう。ていねいに行動すれば問題は簡単に避けられそう。夜は、急な誘いがあるかもしれないので、体力を温存しておきましょう。

開運のつぶやき　どんな人でも課題があり、課題を越えることで成長できるもの

16（水）	◇	余計なことを考えず素直に行動するだけで、チャンスをつかめたり、いい流れに乗れそうです。流れに逆らって我を通そうとしないで、自分を信用してくれる人を信じて行動してみましょう。
17（木）	△	過信が失敗につながりそうな日。自信満々にやったことほど、のちにミスが発覚しやすいので、しっかり最終チェックをするように。相手の立場を想像して行動することも心がけましょう。
18（金）	◎	トラブルが起きてもうまく対応でき、自分でも驚きそう。これまでの経験を活かして問題をスムーズに処理できるでしょう。実力がアップしていることにも気づけるかも。
19（土）	☆	買い物をすると運気がアップする日。清潔感のある服や、品のあるアイテムを選ぶといいでしょう。引っ越しを決めたり、部屋の模様替えにお金を使うにもいい運気なので、出先でいろいろと見定めてみましょう。
20（日）	▽	昨日購入を考えていたのに踏みとどまったものがあるなら、午前中に思い切って買っておくといいでしょう。夕方になっても悩むようなら必要ないものなので、諦めましょう。
21（月）	▼	誘惑に引っかかったり余計なことを考えたりして、仕事の手応えも得られず、無駄な時間や手間がかかってしまいそう。短時間に集中して仕事を片付け、こまめに休むようにするといいでしょう。
22（火）	×	他人の粗探しをしても不満や文句につながるだけ。粗を探すヒマがあるなら、改善策を考える覚悟をもって、相手に知恵を与えるようにしましょう。「文句だけは一人前」にならないよう気をつけること。
23（水）	▲	慣れた仕事だからと安心していると、書類や企画書などにミスが発覚しそうな日。小さな間違いでも、油断してしまうと信用を失いかねません。最後まで気を抜かないようにしましょう。
24（木）	○	新しいことを任されたときは、運気の流れに乗っている証。失敗やうまくいかないことがあっても、そこからたくさん学んで、ドンドン挑戦し続けましょう。今日の体験は、あなたにとってプラスになるでしょう。
25（金）	○	新しい出会いに積極的になったほうがいい日。最初はピンとこなくても、話してみると印象が変わって楽しくなるはず。おもしろい情報を教え合う間柄にもなれるので、今日限りで関係を終わらせず、連絡先を交換しておくといいでしょう。
26（土）	□	髪を切ってイメチェンしたり、スッキリした感じに整えてみるといいでしょう。服装も、これまでとは違う雰囲気のものや、明るく華やかなものを選んで購入してみるとよさそうです。
27（日）	■	外出先で、忘れ物やうっかりミスをしやすいので要注意。場所や予定を間違えないよう、事前に確認しておきましょう。今日は家でのんびり過ごすほうがオススメ。
28（月）	◇	異性からの視線を感じたり、チヤホヤされる流れになりそうな日。今日は、服もメイクも少し気合を入れ、笑顔で挨拶してみると、これまで振り向かなかった人もあなたに興味を示してくれるかも。
29（火）	△	ドジを踏みやすい日。飲み物をこぼして服を汚したり、忘れ物や寝坊をしたりと、恥ずかしいミスをする可能性が高いので気をつけましょう。転んでケガをすることもあるため、足元にも注意すること。
30（水）	◎	自分の目標や、到達したい場所を思い出してみましょう。ゴールを設定していなかったなら、今日から目標を定めたり、過去に自分が目指していたことを思い浮かべてみるといいでしょう。
31（木）	☆	仕事運がいい日。今日は思った以上に結果を出せたり、信頼を勝ちとれそう。支えてくれた周囲に感謝をしつつ、ここまで頑張ってきた自分をほめてあげましょう。自分へのご褒美に買い物をするのもオススメです。

☆開運の日　◎幸運の日　◇解放の日　○チャレンジの日　□健康管理の日　△準備の日
▽ブレーキの日　■リフレッシュの日　▲整理の日　×裏運気の日　▼乱気の日　＝運気の影響がない日

11月

□健康管理の月

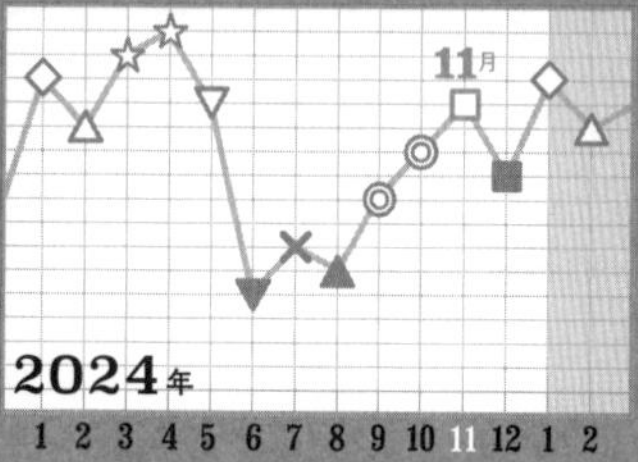

今月の開運3か条

- 考えていることを行動に移す
- 将来役に立つと思うことをはじめる
- 覚悟を決める

総合運

人生が大きく変わりはじめる月。迷わず思い切った決断を

将来を考えて思い切った行動をしたり、覚悟を決める必要がある月。この1年を振り返って、挑戦したいことや自分の幸せに必要なことがうっすらとでも見えてきたなら、行動を起こし、現状を変えていきましょう。ときには人と別れる覚悟も必要です。学ぶべきことがわかっている場合は、勉強をスタートしたり資格取得を目指して動き出すこと。新たな人脈を積極的につくっておくと、ここからの人生が大きく変わりはじめるでしょう。

開運のつぶやき　占いとは、相手を知り、相手を許し、認めることができる道具

「誰といると幸せなのか」
よく考えて答えを出そう

恋愛＆結婚運

自分の幸せを本気で考えて、どんな人と一緒にいることが大事なのか想像し、周囲の人との関係を見直す必要がある時期。あなたは、一度「この人だ！」と思い込むと相性や評判が悪くても交際や片思いを続けてしまうタイプ。好きな人がいるならハッキリ気持ちを伝えて、答えを出しておきましょう。真剣な思いが感じられない人に時間を割くのはやめて、新たな出会いを増やすように。結婚運は、婚姻届を出す覚悟を決めるにはいい運気です。

このまま頑張るか転職か
決心するとき

仕事運

自分には不向きだと思いながらもダラダラと働き続けているなら、思い切って転職する覚悟を決めるといいでしょう。現状に満足している場合は、さらに本気で取り組む決心が必要です。どんな仕事も嫌々取り組んでいては、何も身につきません。いまの仕事に感謝し、会社や社会に役立つためにはどうすればいいのかを考えて働きましょう。スキルアップを目指して勉強したり、新たな技術の習得に向けて行動することも大切です。

長く使うもの
の購入が吉

金運＆買い物運

長く使うものや家、マンションや土地などの購入にいいタイミング。財布や仕事道具、勉強になる本などにお金を使うのもオススメ。娯楽から学べることもあるので、どんなことでも勉強する気持ちを忘れないように。投資に興味はあるけれどなかなか手を出せていなかった人は、今月からNISAをはじめておくと、数年後に「やっていてよかった」と思えそうです。すでにはじめている人は、ほかの運用方法をスタートしてみてもいいでしょう。

気になることを
試してみよう

美容＆健康運

興味をもっていたスポーツや美容法があるなら、今月からはじめてみましょう。ただし下旬になると疲れが出やすくなるため、ハードな内容は避けて、予定の詰め込みすぎにも注意しましょう。将来を考えて、いまから体力づくりをしておくといいので、ランニングやジム通いなど、定期的な運動をスタートするのもオススメ。新しい美容室に行ったり、イメチェンするにもいいタイミングです。

開運のつぶやき ｜ いま、自分は未来のために何を積み重ねているのか、少し考えてみるといい

11月 □健康管理の月

1（金）	▽	日中は頑張りが評価されたり、チャンスがめぐってきたりするので、遠慮せず思い切って行動してみましょう。夕方あたりからは、周囲への感謝と、困っている人への手助けを心がけること。
2（土）	▼	小さなことが噛み合わず、イライラしたり短気を起こしてしまいそうな日。物事はあなた中心に動いているわけではないので、気にしすぎないこと。「相手には相手の事情がある」ということを忘れないようにしましょう。
3（日）	×	いつもより油断しやすく、無駄な買い物や契約をしてしまう可能性がある日。外出するときは注意するように。気乗りしない誘いには付き合わないほうがよさそうです。
4（月）	▲	あなたのことを振り回す人や悪友とは距離をおいたり、ときには縁を切るくらいの覚悟が必要になります。時間を無駄にしていることがあるなら、思い切ってやめる勇気も大切です。不要なものも処分しておきましょう。
5（火）	○	視野を広げて新しいことを探して、試してみるといい日。小さな挑戦でも、思った以上に手応えを得られそうです。本屋さんに行って気になる本を手にとってみるのもオススメ。
6（水）	○	自分でなんでも調べるよりも、詳しい人に素直に教えてもらうことが大切な日。専門知識のある人や、その道のプロのすごさを知ることができそうです。頼ってみると相手もよろこんでくれるでしょう。教えてくれたことへの感謝も忘れずに。
7（木）	□	なんでも人任せにしたり、他人のせいにしてばかりいると、いつまでも前に進めません。自分の意見に責任をもち、相手に真意が伝わらないような返事はしないこと。自分勝手な行動も避けましょう。
8（金）	■	ダラダラ過ごしてしまいやすい日。パワーが出ないときほど、前向きな言葉を発してみましょう。休憩時間に少しでも目を閉じたり、昼寝をするのもいいでしょう。
9（土）	◇	気になる人と親しくなれそうな日。デートをするのもオススメです。新しい出会いも期待できるので、人の集まる場所に参加してみて。笑顔で挨拶し、第一印象をよくするよう努力しましょう。
10（日）	△	うっかり口が滑ってしまいそうな日ですが、自由にいろいろ話してみると楽しい時間が過ごせそう。ゆっくりでもいいので言いたいことを言ってみましょう。
11（月）	◎	勉強になることにお金を使ったり、自己投資になることを探してみると自分の可能性が広がっていくでしょう。とくに気になるものがない場合は、少額でも寄付をしてみるといいことがあるかも。
12（火）	☆	仕事運がいい日。いまの実力を出し切るくらいの気持ちで取り組んでみると、これまでとは違う人から評価されたり、次の大切な仕事につながることがありそうです。
13（水）	▽	午前中は仕事がはかどり、的確な判断ができそう。いい縁を感じる出会いもあるので積極的に行動しましょう。夕方は、水を差すようなことを言われて不愉快な気持ちになってしまうかも。上手に聞き流しておきましょう。
14（木）	▼	過去の失敗や挫折を思い出して、挑戦できなくなってしまうかも。時間がたてば自然と忘れられるので、気にしすぎないように。今後に必要なことをもっと覚える努力をしましょう。
15（金）	×	急いで行動すると、忘れ物をしたりドジを踏んでしまいそうな日。少し先のことを考えて行動し、何事もしっかり確認しましょう。困ったことが起きる前に周囲に相談しておけば、不運を避けられそうです。

開運のつぶやき　時間をかけるから価値が出てくることもある

16（土）	▲	部屋の大掃除や片付けをするといい日。年齢に見合わないものから先に捨てるとよさそうです。長年使っていないものも処分したり、ふだん片付けない場所をきれいにしましょう。
17（日）	○	イメチェンをするにはオススメの日。とくに、出会いがないと嘆いている人ほど、見た目の雰囲気を変えてみましょう。今日出会った人には、帰宅後に心を込めたお礼のメッセージを送ってみると、いい縁がつながりそうです。
18（月）	○	新しい方法やいつもとは違うやり方を、少しでもいいので試してみましょう。過去の成功にいつまでもしがみついたり、自己満足のために古い方法にこだわっていると、のちの失敗や苦しみの原因になってしまうでしょう。
19（火）	□	お金のことを考えるより、経験を優先するようにしましょう。出費を気にしていると前に進めなくなるので、お金はあとからついてくると思って、まずは行動しましょう。「でも」や「だって」が口癖なら、今日からやめるように。
20（水）	■	小さなことでイライラするときは、疲れがたまっている証拠。こまめに休憩したり、温かいココアなどを飲んで、ゆっくりする時間をつくりましょう。
21（木）	◇	恋も仕事もチャンスがやってくる日。肩の力を抜いてリラックスして取り組むと、いい方向に進むでしょう。ポジティブな発言を意識することで、うれしいことが重なるかも。
22（金）	△	油断しやすい日ですが、何事も楽しむようにしましょう。どんなことも「難しい」と思うより「簡単だ」ととらえてみると、徐々にできるようになっていったり、思ったよりもすんなり進められそうです。
23（土）	◎	いい縁がつながる日。恋人や大切な人と素敵な時間を過ごせそう。思い浮かぶ人に連絡したり、会いに行ってみましょう。縁のある人と、不思議と外出先で会うこともあるかも。
24（日）	☆	買い物をするといい日。長く使うものや資産価値のあるものを購入するなら、今日がオススメです。長年手に入れたいと夢見ていたものがあれば、思い切って購入しましょう。引っ越しを決めるにもいい運気です。
25（月）	▽	日中は周囲の応援や協力を得ていい流れに乗ることができ、思わぬチャンスをつかめそう。一方で夜になると、自分のペースで進められなくなってしまうかも。知り合いに予定を乱されたり、未解決の問題が浮上しそうです。
26（火）	▼	気持ちが伝わらず、残念な思いをしそうな日。今日は過度に期待せず、できるだけ流れに身を任せましょう。臨機応変な対応が得意な人から方法を学ぶといいでしょう。
27（水）	×	自分のことばかり考えていると、同じ失敗を繰り返すだけで、成長できません。意地を張らず周囲に協力をお願いしたり、人の役に立つ行動をしてみましょう。
28（木）	▲	不要なプライドを捨てるにはいい日。「傷ついているのは、心ではなくプライド」だと思って、ドンドン手放していきましょう。頭は下げるためにあると覚えておくことも大切です。
29（金）	○	新たな出会いがあったり、あなたにとって必要な経験ができそうな日。相手の素敵な部分を素直に伝えてみると、いい関係になれそう。仕事でも積極的に動くことが大切なので、遠慮して消極的にならないようにしましょう。
30（土）	○	文句や愚痴、悪口が出てしまうときは、ヒマな証拠。資格の勉強をしたり、学べる本を読むようにしましょう。いまの頑張りは未来への投資だということを忘れず、人生を無駄にしないように。

12月

■リフレッシュの月

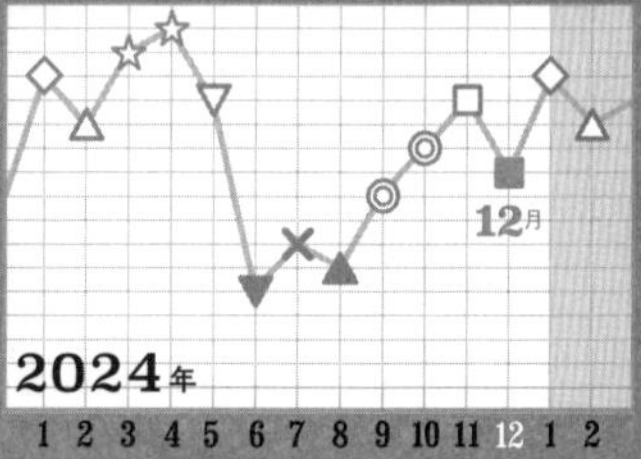

今月の開運3か条

- しっかり入浴して、睡眠時間を長くとる
- 予定を詰め込まない
- 相談して話を聞いてもらう

総合運

のんびりする日も大切。温泉やスパで気晴らしを

頑張りすぎに注意が必要な時期。予定を詰め込まず、しっかり体を休ませるためにも何もしない休日を設けておきましょう。少しでも睡眠時間を増やせるような工夫も大切です。求められる機会や興味のあることも増えそうですが、「気づいたらスケジュールがいっぱいになっていた」なんてことがないよう気をつけましょう。1日中家でのんびりしたり、温泉やスパに行ってリフレッシュする日をつくるのもオススメです。

開運のつぶやき　あるがままを否定しないで、知恵をしぼり、工夫して生きることが大切

恋愛&結婚運

下旬に出会いがありそう。髪型や服装を変えてみて

中旬までは思った以上に忙しく、きっかけがなかなかつかめなくなりそうです。仕事に追われ、疲れた顔でデートをしてしまい、うまくいかなくなる場合もあるため、睡眠はしっかりとって会うようにしましょう。下旬になると人との関わりが増え、新しい出会いがあったり、いい人を紹介してもらえる流れになりそうです。しばらく恋人がいないなら、髪を切り服装の雰囲気を変えて、イメチェンするのがオススメ。結婚運は月末に話が進みそうです。

仕事運

要領が悪くても厳しい状況を乗り越えるヒントはある

実力以上の仕事を任されることがありそうです。要領の悪いタイプですが、時間の使い方や仕事の優先順位、手順などをもっと考えて取り組むと、厳しい状況もうまくクリアできるでしょう。一気に自信もつきそうです。ただ、疲れから集中力が途切れてしまう場合も。休むのも大事な仕事だと思って、休憩時間に仮眠をとったり、休日にしっかり体を休ませるといいでしょう。疲れて不機嫌になっても、表に出さないよう気をつけること。

金運&買い物運

お芝居やライブでパワー注入

ストレス発散になるなら多少の買い物はいいですが、今月は、ものよりも体験や経験になることにお金を使うのがオススメです。マッサージや体験教室に行ったり、温泉旅行や贅沢な食事などを楽しんでリフレッシュしましょう。時間があればお芝居やライブを観に足を運んでみると、ストレス発散になりパワーをもらえることも。投資などは、下旬からいい流れになるでしょう。ただし、新規購入や金額を増やすのは来月のほうがうまくいきそうです。

美容&健康運

頑張りすぎずしっかりケアを

頑張りすぎが原因で、心も体も疲れやすい時期。油断していると風邪が長引いたり、疲れがとれない感じや睡眠不足になってしまうかも。今月は仕事も遊びもしっかり楽しみ、しっかり休むことが大切です。まずは、ゆっくり湯船に浸かり、たっぷり睡眠をとるようにしましょう。体調に異変を感じたら、早めに病院で検査を受けること。美意識も低下しやすいので、月末にエステや美容サロンに行ってみましょう。

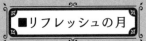

12月　■リフレッシュの月

1（日）	□	積極的に人と会ってみると、役立つ情報が手に入る日。相手に好印象を与えられるよう、身なりを整えておくことが大切です。夜は疲れやすくなるので、不要な外出は避け、家でリラックスする時間を充実させましょう。
2（月）	■	朝から体調の悪さや寝不足を感じそう。ストレッチをして、体を少しほぐしてみるといいでしょう。体調に異変を感じたら早退するなど、無理をしないよう予定をコントロールして過ごしましょう。
3（火）	◇	好きな人や気になる人を誘ってみると、いい関係に発展しやすいでしょう。声をかけられるまで待っていても何も変わらないので、自分から好意を伝えてみて。ノリや勢いで押してみるといいでしょう。
4（水）	△	ドジなケガに注意が必要な日。「このくらいなら平気」と思って階段からジャンプして足を捻挫したり、頭をぶつけるなどの痛い思いをすることがありそう。今日はおとなしくしておきましょう。
5（木）	○	付き合いの長い人から、急な仕事の依頼が入ってしまいそう。頼りにされてよろこぶのはいいですが、引き受けるかどうかは冷静に判断して、実力以上のことは断るようにしましょう。
6（金）	◎	一生懸命仕事をするだけでなく、そこに「感動」があるのか考えながら取り組むといいでしょう。周囲が感動するような仕事や、ていねいな接し方を心がけて。
7（土）	▽	午前中は運気がいいので、買い物やランチデートをするにはオススメです。夜はヘトヘトになってしまったり、予定が乱れるようなことが起こりそう。今日は夜更かしせず、早めに寝るようにしましょう。
8（日）	▼	誘惑に負けてしまいそうな日。ついつい甘い言葉に乗せられてしまうかも。「今日くらいはいいかな」「チートデーだから」などと暴飲暴食すると、後悔することになりそうなので気をつけましょう。
9（月）	×	今日は、不慣れなことや余計なことには手を出さないように。判断力が低下してうまく回らなくなったときは、目の前の仕事に集中しましょう。どうしても断れない場合は、慎重に取り組むように。
10（火）	▲	身の回りの整理整頓をしたり、不要なものを処分するといいでしょう。ただ、うっかり大事なものまで捨ててしまうこともあるので、捨てていいものなのか確認を忘れないようにしましょう。
11（水）	○	粘り強く続けることは大事ですが、いまの居場所は正しいのか、一度考えてみましょう。これまでに得た経験やスキルを振り返ることで、自分の能力に見合う場所が見つかる場合もありそうです。
12（木）	○	新しいものを取り入れることを、もっと楽しんでみるといい日。苦手なことや不慣れなことも「どんなものだろう」と少し試して、自分に合うかどうか確かめるといいでしょう。
13（金）	□	新しいことへのチャレンジは、今日は控えたほうがよさそうです。やるべきことが増えて大変な状況になってしまうかもしれません。自分の仕事を先に片付けて、時間にゆとりをもっておきましょう。
14（土）	■	健康的な食事や体のケアにお金を使うのがオススメ。整体や温泉、スパなどに行って心身を癒やしたり、エステで贅沢な時間を楽しんで、コンディションを整えましょう。
15（日）	◇	恋愛運がいい日ですが、疲れた顔でデートをして相手に気を使わせてしまうなど、いまひとつ楽しめない流れになるかも。今日は、家でまったりとした時間を楽しんでおきましょう。

開運のつぶやき　人生は思い通りになるわけがない。そう理解すると非常に楽になる

16（月）	△	忘れ物やうっかりミスをしやすい日。集中力が途切れたり、ほかのことを考えすぎてしまいそうです。些細なことでもしっかり確認するよう心がけておきましょう。
17（火）	○	得意な仕事に取り組めて、順調に進められそう。仕事が終わったら、友人を集めて忘年会をしてみるといいでしょう。週末の予定を聞いて、スキーや温泉に行く計画を立てるのもオススメです。
18（水）	◎	仕事運がいい日。満足のいく結果を残せたり、実力以上の力を発揮することができそうです。前向きな言葉を使うことで、周囲の応援やサポートを得られるようになるでしょう。
19（木）	▽	日中は、思い切って行動するといい結果につながりそうです。ただし、夕方以降は勢いで動くと「無謀な挑戦」で終わってしまうかも。思い立ってもすぐ行動に移さず、リサーチからはじめてみるといいでしょう。
20（金）	▼	タイミングの悪いことが続いたり、無駄な時間が増えて、心身ともに疲れてしまいそうな日。今日は「うまくいかなくて当然」だと思っておくと、気持ちが楽になるでしょう。
21（土）	×	大事なものを失くしたり、うっかりミスをしやすい日。ドアに指を挟んでしまうことや、小さなケガもしがちなので、慎重な行動を心がけましょう。落ち着いて過ごしていれば、不運は簡単に避けられるはず。
22（日）	▲	少し早いですが、大掃除をするにはいい運気。来年の準備をするために不要なものや置きっぱなしになっているものをドンドン処分して、身の回りをスッキリさせましょう。
23（月）	○	新しいことに目を向けるにはいい日。新たな人脈が広がったり、おもしろい出会いがありそうです。気になる人がいたら自分から積極的に連絡先を交換して、食事やデートに行く約束をしてみましょう。
24（火）	○	新たな課題が出てきそうな日。「自分は未熟者」と思って取り組むことで、成長できたり次にやるべきことを見つけられるようになるでしょう。
25（水）	□	自分中心に考えていると、大事なものが見えなくなってしまいます。相手の立場を想像したり、会社の経営者になったつもりで判断してみましょう。自己中心的な言動や、誤解されるような態度には気をつけること。
26（木）	■	元気に過ごすことを目標にするといい日。そのためには、どんな生活や食事をすればいいのかを考えて行動しましょう。健康的な習慣を身につけることが大切です。
27（金）	◇	あなたに親切にしてくれる人が現れたら、しっかり感謝すること。その人とすでにいい関係に進んでいるなら、交際を考えてよさそうです。笑顔で挨拶したり、うれしいときにしっかりよろこぶようにしましょう。
28（土）	△	友人や知人と忘年会をするにはいい日。ただし、ついつい飲みすぎてしまったり、余計な発言もしやすいので要注意。忘れ物や落とし物、食事をこぼして服を汚すことなどもあるため気をつけましょう。
29（日）	○	家族や付き合いの長い人からの助言は信じること。とくに健康面の指摘は、素直に聞き入れておきましょう。アドバイスを聞くことで、日ごろの悩みを解決する手がかりや選択のヒントを得られるでしょう。
30（月）	◎	年末年始に必要なものを買いに行くといい日。この1年を振り返って頑張ったと思えるなら、自分へのご褒美を購入してもいいでしょう。ただし、長く使うものは来月に買うほうが、よりお得に入手できそうです。
31（火）	▽	大掃除や大事な用事は日中に終えておくのがオススメです。夜は、油断すると風邪をひいたり、体調を崩したりしそうなので、不要な外出は避けておくこと。新年を楽しく迎えるためにも、体を冷やさないよう気をつけて過ごしましょう。

☆開運の日　◎幸運の日　◇解放の日　○チャレンジの日　□健康管理の日　△準備の日
▽ブレーキの日　■リフレッシュの日　▲整理の日　×裏運気の日　▼乱気の日　＝運気の影響がない日

SILVER
PHOENIX

第2部

銀の鳳凰座が さらに運気を 上げるために

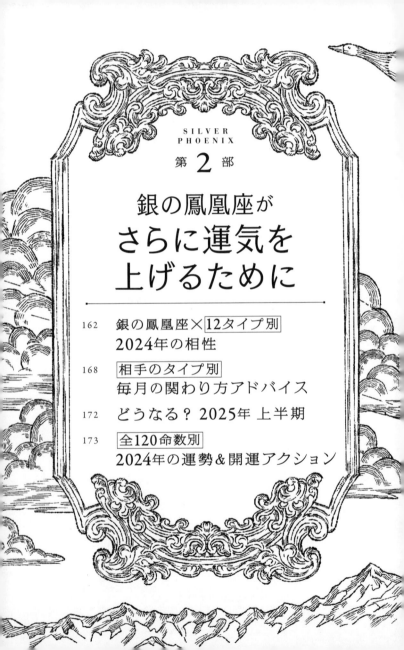

占いを使いこなすには
自分を占うだけではまだ半分。
人を占い、人を思いやって行動してこそ
人間関係はよりよいものになっていきます。
この先のページを読んで
人付き合いに活かしていきましょう。

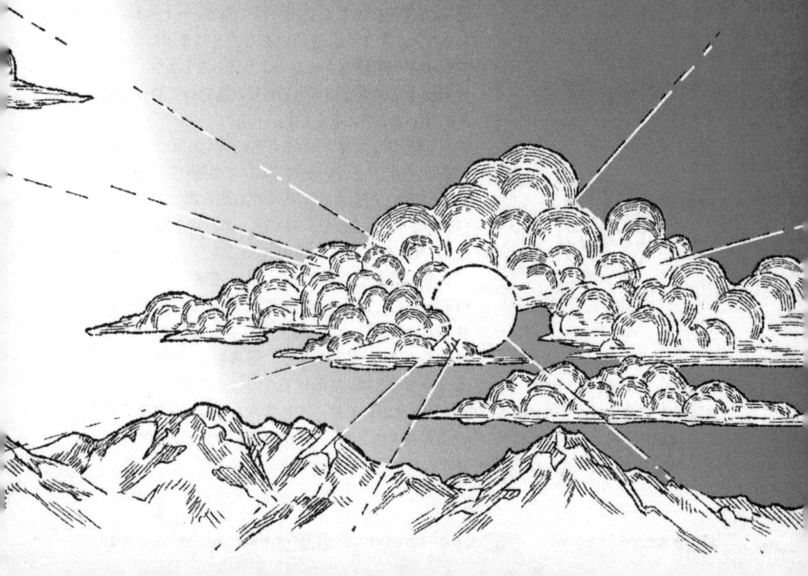

銀の鳳凰座×12タイプ別

相手が**金**の
羅針盤座
［解放の年］

最高の運気の2人なので、一緒にいるだけでお互いに得をしたり大きな幸せをつかむことができそうです。ただし、真面目な性格の相手と決めつけが激しいあなたとではルールが違うため、あなたのやり方を押しつけて相手を否定しないように。「自分も相手も正しい」と思って接するようにしましょう。

恋愛 今年は最高の相性ですが、互いに出方を待ちすぎてチャンスを逃してしまう場合も。とくに、あなたが時間をかけすぎてしまいそうなので気をつけましょう。4～5月と11月下旬～12月上旬は、強気で押してみると交際できそうです。上品さを意識してイメチェンするのもオススメ。

仕事 相手はプライドが高く、仕事に真面目に向き合う人。一緒に取り組むことで互いに満足のいく結果が出る年ですが、慎重になりすぎるとテンポが遅くなってしまうかも。相手が上司なら、言うことを素直に聞くと、いい結果を残せそう。部下なら、信じて背中を押しましょう。

初対面 最高のタイミングでの出会いです。ただ相手はネガティブなので、あなたと仲よくすることでのリスクなど、余計なことを考えているかも。ポジティブな発言を心がけるようにしましょう。相手の頑張りを認め、ほめたり応援したりするといいでしょう。

相手が**銀**の
羅針盤座
［リフレッシュの年］

最高の運気のあなたに振り回されて、ヘトヘトになってしまう人。タフで忍耐強いあなたとはまったく違うタイプなので、無理をさせないようにしましょう。時間をかけて相手のよさを引き出したり、協力して助けてあげると感謝してもらえそうです。

恋愛 相手は今年、心身ともに疲れているとき。そっと寄り添って、いい友達くらいの距離感を保つのがよさそうです。進展は2025年からだと思って、ゆっくり仲よくなっておきましょう。誘われないと動かない相手なので、あなたから連絡することが大事になりますが、誘いすぎて疲れさせないよう注意すること。

仕事 あなたにとっては楽な仕事でも、相手は大きな負担に感じているかも。少しでもいいので手伝ったり、協力してフォローするといいでしょう。相手が上司なら、何事もサポートすること。部下なら、無理をさせず、あなたができることはしてあげて。

初対面 つながりが弱いタイミングでの出会いですが、2025年から仲よくなれそうです。いまはいろいろと決めつけずに長い目で見るようにするといいでしょう。一度仲よくなると、数年に1回遊ぶような距離感の仲になりそうです。

2024年の相性

今年の相性を知って、
付き合い方の参考に
しましょう。

相手が

金のインディアン座

［幸運の年］

あなたとは考え方や価値観、リズムが大きく違う人ですが、今年は互いに運気がよく、これまでの苦労や積み重ねが評価されるときです。一緒にいることで幸運をつかめるでしょう。相手のこれまでの頑張りを認め、得意なことを任せてみるとよさそうです。

恋愛 この相手に3~4年前に出会っていて、それ以来片思いをしているなら、今年交際できる確率が高いでしょう。とくに2~5月にマメに会うようにして、友人と言えるくらい仲よくなってから告白すると、交際に進めそうです。下半期に入ると縁が薄くなるので、上半期のうちに押してみましょう。

仕事 あなたとは違うテンポで仕事を進める人ですが、今年はそれがいいリズムになって、ともに大きな結果につながるでしょう。相手が上司なら、やり方を受け入れてみるとあなたの能力がアップしそう。部下なら、実力を発揮できるときなので、得意なことをさせてあげましょう。

初対面 今年はつながりが弱く、あなたからの一方通行になってしまうことがあるかも。相手に一目惚れしたり興味がわいているなら、ゆっくり仲を深めてみると、長い付き合いができるようになるでしょう。相手から柔軟な発想を学ぶこともできそうです。

相手が

銀のインディアン座

［準備の年］

あなたがどんなに大きな結果を出しても、まったく気にせず自分のペースで過ごす人。その感じがあなたも気楽に付き合えていいでしょう。今年は一緒に遊んだり楽しい時間を過ごすくらいの関係でいるほうが、仲よくできそうです。

恋愛 2021年か、2023年の年末に出会っている場合は縁がありますが、それ以外なら今年交際に発展する可能性は低いでしょう。いいタイミングで出会っている場合は、3~5月にマメに会う努力をすると、交際への流れをつくれそうです。

仕事 相手は仕事に身が入りづらいとき。一緒に何かに取り組むのは不向きなタイミングですが、あなたにはできないような発想をしたり、アイデアを出してくれる人なので大切にしましょう。相手が上司なら、要領のよさから学ぶように。部下なら、仕事のあとやプライベートで仲よくなるといいでしょう。

初対面 いつ会っても楽しい時間をつくってくれて、おもしろくも不思議な存在になりそうな相手。今年は仕事に集中できていないように見えそうですが、数年後に結果を出しはじめて、「あの適当な人が?」と意外に思うことになるかも。

銀の鳳凰座×12タイプ別

相手が

金の鳳凰座
［ブレーキの年］

気持ちを理解し合えて、互いに運気もいい年。一緒にいるとうれしい出来事が多く、恋愛でも仕事でも大切な存在になるでしょう。ただ、どちらも頑固な性格のため、衝突することもありそうです。自分だけが正しいと思い込まないようにしましょう。

恋愛 お互いに魅力を感じ惹かれ合う運気です。 ただ、 相手もあなたも第一印象で決めつけるところがあるため、一目惚れをしているなら進展しますが、どちらか一方でも縁がないと思っているなら望みは薄いでしょう。

仕事 仕事に対する考え方が似ている相手。 忍耐強く仕事に取り組むことができ、 一緒にいるだけでいい結果をたくさん残せるでしょう。 相手が上司なら、 頑張りを理解してもらえて互いに得することができそうです。 部下なら、 信頼して得意な仕事を任せてみるといい結果が出るでしょう。

初対面 互いに第一印象がいい可能性が高く、長い付き合いになりそうです。 どちらもひとりで過ごすのが好きなタイプのため、 ベッタリするような仲ではなく、ときどき会うくらいの距離感でいるといいでしょう。 会ったときは、 懐かしい話を延々するような感じになりそう。

相手が

銀の鳳凰座
［開運の年］

同じ運気の相手なので、一緒にいることで互いに恩恵を受け、いい人脈も広げられるでしょう。「超ラッキー」な出来事が起きることもありそうです。ただ、一度ケンカをしたり不仲になると、縁が切れてしまう場合があるため、深入りせず適度な距離感を保つことが大切です。似ているぶん、気をつけるべきところもわかりやすい相手でしょう。

恋愛 一緒にいるとうれしい出来事が増える相手なので、大切にするといいでしょう。 ただ、互いに交際に発展するまで時間がかかるタイプ。 この1年は友人くらいの距離感で仲よくして、 告白は来年あたりがいいかも。 進展は早くても年末になりそうです。

仕事 2人とも周囲が驚くような大きな結果を残すことができる運気。 考えや働き方を肯定し、 ドンドン行動してみると大成功につながりそうです。 相手が上司なら、 ミスする可能性は低いため、 信頼して指示を即行動に移してみましょう。 部下なら、意見を信じてかたちにしてあげて。

初対面 親友と思えるくらい長い付き合いになったり、 一緒にいることで幸運を引き寄せることができそう。 テンポも合うので楽に過ごせますが、 超頑固なところもあなたとそっくりな人です。 嫌われないよう適度な距離感を保つようにしましょう。

2024年の相性

今年の相性を知って、付き合い方の参考にしましょう。

相手が 金の 時計座 ［裏運気の年］

ドンドン結果を出せて満足できる年のあなたと、空回りして現状で止まってしまっている相手とでは状況が違いますが、困ったときはお互いさまだと忘れないように。できる範囲でいいので、手を差し伸べてあげると感謝してくれるでしょう。

恋愛 本来ならあなたを癒やしてくれる人ですが、今年の相手にはその余裕がなく、魅力がないように見えてしまいそう。友人くらいの感覚で仲よくしたり、仲間に入れてあげるようにすると、いい関係になれるでしょう。10～12月に告白すると交際に進めるかも。

仕事 相手の心やリズムと噛み合わなくても、気にせずあなたのやり方や正しいと思う方法を押し通しましょう。相手には感謝を伝えると、頑張ってくれそうです。相手が上司なら、上司なりの言えない事情を抱えていると思っておいて。部下なら、仕事の楽しさを教えてあげましょう。

初対面 第一印象からドンドン印象が変わっていく人。今年はできるだけやさしく接しておくといいでしょう。数年後にはあなたにとても親切にしてくれるようになりそうです。出会ったときとあとで、一番イメージが変わる人になるでしょう。

相手が 銀の 時計座 ［乱気の年］

相手は「乱気の年」。あなたが想像できないくらい気持ちが大きくブレたり、落ち込んでいる場合があります。損得を考えず、友人や知り合いくらいの距離感でやさしく接しておきましょう。今年、あなたの助けをもっとも待っている人になりそうです。

恋愛 あなたが一目惚れしている場合は、1~2月のうちに気持ちを伝えてみると、交際に進むことができそうです。もしうまくいかなくても年末にもう一度チャンスがやってくるため、簡単に諦めないようにしましょう。相手の話をじっくり聞いて、心の支えになってあげることが大切です。

仕事 相手は、昨年までの勢いがなくなり、ポジションも変わっていろいろ学んでいるとき。あなたが助けてあげるといいでしょう。ただ、相手が逆にプレッシャーに感じる場合があるため、まずは相談に乗るくらいがよさそうです。相手が上司なら、判断を誤りやすいのであなたが冷静に分析して。部下なら、悩みや不安を聞いてあげましょう。

初対面 つながりが弱いタイミングで出会っているので、距離が縮まらなかったり、いいイメージをもてないまま関わることになってしまいそう。2031年以降に再会すると、第一印象とまったく違う人に感じそうです。そこからの付き合いが大切になるでしょう。

銀の鳳凰座 × 12タイプ別

相手が
金の
カメレオン座
［チャレンジの年（1年目）］

互いに新しいことへの挑戦が大切な年。人生を大きく変える年のあなたと、少し前に進む年の相手とでは重要度は違うものの、前向きな話をしたり挑戦することのおもしろさを分かち合えるでしょう。ときには得たものを手放してでも、明るい未来のために行動を起こす必要があることを、理解してくれる相手です。

恋愛 互いに恋愛でようすを見すぎてしまうため、 進展に時間がかかる2人。 ただ、今年はあなた次第で相手の気持ちを簡単につかめて、 交際まで進めそうです。 とくに4～5月か10～11月に押してみると、 いい関係になれるでしょう。

仕事 仕事の進め方は互いに異なりますが、 今年はあなたに協力者が集まってくる運気。 この相手と仕事をすると、 のちによかったと思えるでしょう。 相手が上司なら、 相手に合わせず、 自分のテンポで仕事を進めて問題ないでしょう。 部下なら、 じっくり仕事をさせてみましょう。

初対面 相手が次の目標を決めるまではいい付き合いができそうですが、 2026年には互いに別々の方向に進むことになりそう。 それまでに絆を深めておくと、 長い縁になったり親友になれることもあるでしょう。

相手が
銀の
カメレオン座
［整理の年］

あなたが相手の人生を大きく左右する可能性がある年。テンポや考え方は違いますが、魅力が輝くあなたに影響されて、相手が進む道を変えることになりそうです。アドバイスをしたり、語り合う時間をつくってみるといいでしょう。

恋愛 相手に明るい未来や希望を見せられると、 惚れてくれそうです。 互いに相手の出方を待ってしまうタイプなので、 進展には時間がかかるかもしれませんが、9～12月はチャンスが多いでしょう。 マメに会うようにして、あなたのほうから告白するとうまくいきそうです。

仕事 今年の相手は、 仕事のパートナーとしてはやや頼りない感じ。 やる気が出なかったり、 仕事を辞めたい気持ちが強くなるので、 上手に支えてあげましょう。 相手が上司なら、アドバイスを取り入れると無駄な仕事を減らせそう。 部下なら、結果より過程をほめるようにすると頑張ってくれそうです。

初対面 あなたにとってはつながりが強い時期ですが、相手はもっと先を見ているため、3～4年後にはあなたのもとを離れてしまう可能性が高いでしょう。 再会したときに立場が逆転している可能性も。 対等に話せるよう、努力を怠らないようにしましょう。

2024年の相性

今年の相性を知って、
付き合い方の参考に
しましょう。

相手が

金のイルカ座

［健康管理の年］

あなたとは真逆の生き方や考え方をする人ですが、今年はあなたの運気がいいため、相手のほうから近寄ってきて、一気に仲よくなれそうです。一時的なつながりにはなりそうですが、この瞬間を楽しんでおきましょう。仕事で協力すると、大きな結果を出せそうです。

恋愛 居心地よく過ごせる人。今年から交際をスタートさせると、長く付き合えそうです。ただし、考え方や人生観が大きく違う相手だということを忘れないようにしましょう。3~4月、9~10月にいいきっかけがあるので、明るい感じにイメチェンして告白すると交際できそうです。

仕事 相手は野心があるタイプなので、今年のあなたの運気にうまく乗ろうとしてくるでしょう。互いに利用するくらいの気持ちで仕事に取り組むと、いい結果につながりそうです。相手が上司なら、結果をもっていかれてしまうこともありますが、あなたが押し上げるくらいの気持ちでいるといいでしょう。部下なら、目標や目的を明確に伝えるように。

初対面 互いに重要なタイミングで出会っているため、嫌いなところがあったとしても、長い付き合いになるでしょう。あなたの「裏」の性質をもつ人なので、観察してみるとどこか似た部分や学べるところがあるかも。反面教師としても必要な人になりそうです。

相手が

銀のイルカ座

［チャレンジの年（2年目）］

もっとも魅力が輝く年のあなたに、派手好きな相手は自然と近づいてきそうです。ただ、もともとノリやリズムが違うので、一時的には仲よくなれても、長くは続かないでしょう。短期的な付き合いになると思って接しておくのがよさそうです。

恋愛 あなたの運気のよさを感じて、相手のほうから近寄ってきそう。相手は華やかなタイプが好みなので、派手な感じにイメチェンすると一気に距離が縮まりそう。3~5月、9~11月に、ノリのいいフリをして勢いで告白してみると、交際に進めるかも。

仕事 自分を成長させる段階にいる相手と、結果を出す時期のあなたでは、視野も考え方も大きく違います。運気がいいときだからこそ、相手にチャンスをつくってあげるといいでしょう。相手が上司なら、あなたにない人脈のつくり方など、相手の強みを見習うように。部下なら、失敗から学ばせて成長させるといいでしょう。

初対面 あなたの世界を広げてくれる大切な存在になります。ただし価値観や生き方があなたとまったく異なるため、距離感を間違えないように。一緒にいると互いに出費が激しくなったり、誘惑に流されてしまうことがありそうです。

相手のタイプ別

毎月の関わり方アドバイス

	相手が 羅針盤座 金	相手が 羅針盤座 銀	相手が インディアン座 金	相手が インディアン座 銀	相手が 鳳凰座 金	相手が 鳳凰座 銀
1月	最新の情報や流行を教えたり、おもしろい人を紹介するといいタイミング。	相手が新しいことに目を向けるきっかけをつくり、似合う髪型や服も提案してみて。	相手は体調を崩しがちな月。気遣いをして、温かい飲み物をあげるとよろこばれそう。	相手が最近ハマっていることを聞き、あなたもオススメの映画やドラマを伝えてみて。	おもしろい情報を教えるといい月。ドジな失敗話を楽しく聞いてみるのもオススメ。	運気のよさを教えてあげると、いい流れに乗れそう。相手の長所はドンドンほめて。
2月	今年の目標や将来の夢のことを語り合ってみて。前向きな話でいい関係になれそう。	ポジティブな話をしたり、信頼できる友人を紹介するといいでしょう。	魅力や才能を素直にほめ、苦労や頑張りを認めると、相手の才能が開花しそう。	体調を崩したり疲れをためている月。不調がないか観察しつつ、やさしく接して。	思い出話で絆が深まりそう。長い付き合いにしたいなら今月はマメに会うように。	話題のスポットやお店を教えてあげて。一緒に遊ぶとあなたの運気もアップしそう。
3月	疲れが顔に出ていたり元気のなさを感じるときは、負担を減らすようにしましょう。	相手は忙しく疲労がたまっている月。手伝えることを探し、話を聞くようにして。	いい勢いですがミスやドジも増える月。フォローしたり、一緒に笑ったりしましょう。	急でも遊びに誘うとよろこばれそう。知り合いを紹介すれば、いい友達になるかも。	一緒にいると流れが大きく変わる出来事がある月。調子に乗せるくらいおだててみて。	久しぶりでも連絡してみましょう。思い出話をするといい関係になれそうです。
4月	才能や個性を素直にほめてみて。ポジティブな話をして、互いに前を向きましょう。	疲れや睡眠不足で不機嫌になっているかも。無理させず、少し休んでもらいましょう。	相手は実力を出せて忙しい月。付き合いが長いならこれまでの頑張りを認め応援を。	遊びに誘うといい月。気を使って自ら誘えないタイプなので、よろこんでもらえそう。	やりたいことを応援し、一緒にいるとよさそう。互いに満足な結果を残せるでしょう。	「最高の運気」だと伝えてみましょう。一緒に過ごすことであなたにも幸運が訪れそう。
5月	相手は少し行動が雑になりがちな月。些細なことでへこんでいたら、励ましてあげて。	一緒にストレス発散を楽しむといい月。スポーツやおもしろい話を積極的にしてみて。	大事な役割を任せるとよさそう。相手の魅力を周囲に伝えてあげるのもいいでしょう。	近況報告を兼ねて食事に誘いましょう。思い出話だけでなく、前向きな話も大切に。	相手が調子に乗りすぎて大失敗するかも。危険なときは注意するように。	相手に振り回されても一緒にいるのがオススメ。多少のワガママは受け入れましょう。
6月	これまでの苦労や努力を聞いてみるといいでしょう。思わぬ才能を見つけられるかも。	失敗やケガをして元気がないかも。励ましたり、オススメの本を紹介するとよさそう。	明るい妄想話やアイデアをたくさん聞いてみると、相手のよさを上手に引き出せそう。	お得な話がよろこばれる月。ポイ活や安くておいしいお店などの情報を教えてみて。	相手のワガママが出る月。失敗から学べるよう、距離をとって見守っておくこと。	相手は誘惑に流されたり、いろいろと雑になりがちな時期。うまくフォローして。

今月のほかのタイプはどんな運気？　全タイプの相手について月ごとに接し方のコツをお伝えします。

	相手が 時計座 金	相手が 時計座 銀	相手が カメレオン座 金	相手が カメレオン座 銀	相手が イルカ座 金	相手が イルカ座 銀
1月	ポイ活などのお得な情報で盛り上がりそう。節約や高見えするものの話をするのも吉。	相手の幸せな話をいろいろ聞いてみて。語り合うと感謝の気持ちがわいてきそう。	些細なことで悩んでいるかも。話を聞いたり「大丈夫」と言ってあげましょう。	相手は判断ミスをしやすい月。話をしっかり聞き、冷静になって考えるよう伝えて。	お節介がすぎると縁を切られたり、距離があくことも。ほどよい距離を保つように。	相手は、思い通りにならずイライラしている時期。頑張っていることを認めましょう。
2月	雑談したり、話を聞く時間をつくることが大事。冗談を言って相手を笑わせて。	相手は「守り」の時期。楽しく過ごしつつも、調子に乗せたり無理をさせるのはNG。	悩んだり空回りしている時期。いろいろな考え方があることをやさしく教えてみて。	不安や心配事を聞くといいですが、多くは妄想なので「考えすぎ」と伝えましょう。	最近できたお店の話などをするとよさそう。旬の料理を食べに誘うのもオススメ。	今月は距離をおかれても気にしないで。掃除道具の情報を伝えるとよろこばれそう。
3月	悩みや不安を抱えている月。相談に乗ったり、些細なことでも手助けしてあげて。	あなたの見えないところで問題が起きる可能性が。「困る前に相談してね」と伝えて。	別れて楽になることもあると伝えてみて。一流の人たちの苦労話を語るのもよさそう。	相手のマイナス面が見える月ですが、短所も見方を変えれば長所になると忘れないで。	イベントやライブ、飲み会に誘ってみましょう。新商品の情報を教えるのもよさそう。	相手は気持ちが前向きになっている時期。小さなことでも挑戦をうながしましょう。
4月	相手の雑な部分が見える月。集中できない理由を聞いて前向きなアドバイスを。	いつもと雰囲気が違うと感じたら、じっくり話を聞いて少しでも手助けするように。	友人との集まりに誘ってみましょう。最近ハマっているドラマなどを教えるのも吉。	成功でも失敗でも、過去に執着すると前に進めないということを伝えましょう。	相手の才能や個性をほめることが大切。友人を紹介するのもいいでしょう。	おもしろそうな情報はドンドン伝え、イベントやライブにも誘ってみて。
5月	相手は悲しい別れがある月。まったく関係のない、楽しい話をする時間も大切です。	相手はだまされたり間違った方向に決断しやすい月。落ち着いて話す時間をつくって。	互いに行ったことのないお店に誘い、食べたことのないメニューを試すといい経験に。	知り合いの集まりに誘ったり、本やドラマ、映画を紹介するといい関係を築けそう。	不機嫌なのは疲れている証拠。お菓子を渡したり仕事を手伝うなど、やさしく接して。	10年後の明るい未来を語り合うといいでしょう。将来の夢を話してみるのもよさそう。
6月	相手の気持ちが徐々に前向きになる月。新発売のお菓子や話題のお店の話をしてみて。	パーッと遊んで楽しみましょう。たくさん笑って過ごすことの大切さを教えてあげて。	3年後にどうなりたいかなど未来の話をすると、人生を考えるきっかけになりそう。	内面にも外見にも、いつもと違う変化がありそう。気づいてあげるといいでしょう。	将来の夢を応援してあげましょう。役立つ情報や前向きな話を伝え勇気を与えて。	疲れて元気がないかも。やさしく接し、カフェでゆっくり話を聞くといいでしょう。

相手のタイプ別

毎月の関わり方アドバイス

	相手が羅針盤座 金	相手が羅針盤座 銀	相手がインディアン座 金	相手がインディアン座 銀	相手が鳳凰座 金	相手が鳳凰座 銀
7月	相手の才能をドンドンほめて、前向きになれるよう背中を押してみましょう。	得意なことを任せるといい月。過去にハマった趣味の話をするのもオススメ。	愚痴が増えそう。前向きな話をしたり、過去の自慢話を聞いてみるといいでしょう。	なんでも抱え込んでしまうとき。雑談がてら相談に乗り本音を聞くといいでしょう。	相手が反省していたら許すことが大切。気持ちの切り替え方を教えるといいでしょう。	予想外の出来事が増える月。話を聞いて、些細なことでも協力してあげましょう。
8月	互いに協力するといい結果が出せそう。相手を調子に乗らせてみるといいでしょう。	結果を求められて忙しくなっている月。無理のない範囲でサポートしましょう。	無謀な行動に走りやすいとき。話を聞いて不安や心配を取り除いてあげましょう。	相手は心配事や不満がたまる時期。おもしろい話で盛り上げるとよさそうです。	相手は新たなことへゆっくりと動き出す月。興味をもちそうな情報を教えてあげよう。	相手は不要なものを処分したい時期。あなたにとって価値があるならもらいましょう。
9月	相手はネガティブな情報に振り回されやすい月。明るい未来について語り合って。	たくさん話を聞くのがオススメ。おいしいお店を教えたり、パーティーに誘うのも吉。	急に人との距離をとったり縁を切りたくなる月。ほどよい距離を保っておくこと。	やる気が出ず小さなミスが増えるとき。相手の話を聞いてみるとうまく助けられそう。	前向きになれる話や成功者のエピソードを話してみると、やる気になってくれそう。	相手は新しいことに挑戦する時期。ドンドン背中を押してきっかけをつくってみて。
10月	情に振り回されやすい月。余計なことを考えないよう楽しい時間を増やしましょう。	相手は疲れやすい時期。すすんで相談に乗り、周囲と協力し合って手助けを。	おもしろそうな情報をドンドン伝えましょう。人との出会いを増やす手伝いも大切。	無謀な行動に走りやすいとき。悩みを聞いたり、相手の長所を伝えてみて。	互いに将来の夢や未来の話をしてみると、頭も気持ちもスッキリ整理できそうです。	いつもと違う友人の集まりに誘うなど、相手の人脈を広げるために協力しましょう。
11月	掃除や整理整頓を手伝って、相手のいらないものを譲り受けるとよろこんでくれそう。	無理は禁物。こまめに休憩をとるようにうながし、会うのも短時間にとどめて。	急でもいいので食事に誘ったり知り合いを紹介すると、おもしろい縁がつながるかも。	しばらく集まっていないなら、あなたから連絡してプチ同窓会を開いてみましょう。	相手は元気そうに見えても疲れがたまりやすい時期。体調を気遣ってあげて。	将来の夢や人生の目標について話してみると、相手の気持ちが定まってきそうです。
12月	最新情報を教えたり、新たな人脈づくりの手伝いを。はじめての場所に誘うのも吉。	悩みを聞いて、別れを決めかねていたら背中を押して。笑える話をするのもオススメ。	1~2年先の目標を話してみましょう。大まかな方向をうまく定められそうです。	人脈を広げることが大切な月。知り合いを紹介したり、食事に誘ってみて。	相手は大きな幸せをつかむ月。うれしいことが起きたら一緒によろこびましょう。	疲れがたまる時期。相手が不機嫌なときは、甘いものや入浴剤を贈るのがオススメ。

あの人はいま、どんな月を過ごしているんだろう。
相手の運気のいいときに誘ってみよう!

	相手が 時計座 金	相手が 時計座 銀	相手が カメレオン座 金	相手が カメレオン座 銀	相手が イルカ座 金	相手が イルカ座 銀
7月	忙しい時期。愚痴や不満を漏らしていたら、前向きな話や未来の話に切り替えて。	新商品をプレゼントしたり話題のお店に誘うなど、未体験のことを一緒に楽しんで。	不機嫌そうにしていたら、「疲れてない?休んだら?」とやさしく気遣ってみましょう。	相手の好きなことを聞いてみるといい月。雑談から共通の趣味を見つけられるかも。	相手のミスをうまくフォローしつつ、しっかり確認を。ノリで遊びに誘うのもオススメ。	相手の話をリアクションよく聞き、うまく調子に乗せて楽しませるといいでしょう。
8月	感情的になりやすいとき。落ち着いてゆったりできる時間を一緒に過ごしてみて。	最近ハマっているおもしろい動画や芸人さんを教えると、相手もハマってくれそう。	才能や個性をほめて、相手が考え込む前に背中を押して動くきっかけづくりを。	疲れをためている月。おもしろい話をして笑わせてみると元気になってくれそう。	あなたから食事に誘ってみましょう。思い出のお店に行くと楽しい時間を過ごせそう。	相手はミスをしやすいとき。ドジな失敗をしたら一緒に笑ってフォローしよう。
9月	疲れをためやすい月。無理させないようにして、いい健康情報を教えてあげましょう。	人知れず問題を抱え込んでいるかも。無理していないか気にかけ、話を聞いてみて。	相手は小さなミスをしやすい時期。気にせず「ご愛嬌」と思ってやさしく接すること。	ポジティブな話を教えてあげるといい月。相手の人生を変えるきっかけになるかも。	相手の頑張りを認めて背中を押してみて。相談に応じると感謝してもらえそう。	「最近調子がいいね」と伝えたり、得意なことを任せると力をうまく引き出せるかも。
10月	前向きな話をたくさんしてみて。若手の芸能人やスポーツ選手の話題もよさそうです。	体の不調が出るとき。疲れていそうなら休ませて。栄養ドリンクを贈るのもオススメ。	子どものころの夢や昔の話を聞いてあげると、うまくやる気を引き出せるでしょう。	相手はドジな失敗をしやすい月。クヨクヨしていたら笑顔で接して、励まして。	中旬まではノリが大切。下旬は空回りしやすいので落ち着いて行動するよう助言を。	日ごろの感謝を伝えると、それをきっかけに相手が想像以上の活躍をしてくれそう。
11月	趣味や遊びの話をしてみて。相手が無謀な行動に走ったらあなたが止めるように。	上品な言葉遣いで話しかけてみて。言い方を変える遊びをしてみるといいかも。	相手をおだてて調子に乗せるとよさそう。いいところを素直に伝えてみましょう。	真面目に物事をとらえがちなとき。楽しく取り組めるようサポート役にまわって。	相手がイライラしていたら疲れている証。話を聞いて、できる範囲でフォローを。	長所をほめて頑張りを認めるように。いい本を見つけたら下旬に教えるといいかも。
12月	思い出の場所に誘うとよさそう。共通の知り合いがいるなら、みんなで集まるのも吉。	困ったときはお互いさま。ドジな失敗は一緒に笑い、笑えないミスは助けてあげて。	帰りの時間を決めてから会うようにしたり、食事やお茶をするなら短時間にすること。	才能や魅力が輝き、いい勢いもあるとき。悩んでいたら即行動するよう助言を。	意地を張って視野が狭くなってしまう時期。少しでも楽しい時間をつくるようにして。	ポジティブな話をして、ひとつの考え方にこだわらないようアドバイスしてみましょう。

どうなる？ 2025年上半期

このページでは特別に、2025年上半期の運気をお伝えします。ちょっと先の運気までのぞいてみませんか。

自分の力を信じ すべてやり切るつもりで

総合運

2024年の勢いのまま過ごせそう。2024年にやりきれなかったことや満足できていないことがあるなら、この期間に積極的に行動して実力を出し切ると、大きな結果を得られるでしょう。人生を変えるようなうれしい出来事に恵まれ、幸せをつかめることもありそうです。遠慮をしたりタイミングを待つ必要はないので、仕事も恋もすべて思い通りになると信じて行動しましょう。健康運は、とくに問題はなさそうな時期。体力をつけ、健康的な生活リズムを維持するように。

恋愛＆結婚運

新しい出会い運がいい時期。恋人がいない人は友人や知人の集まりにドンドン参加しましょう。一目惚れした人にはマメに連絡するなど、きっかけづくりも忘れないように。2024年から続くモテ期の終盤でもあるため、遠慮しないことが大切です。明るい感じや笑顔を心がけ、気になった人の話は興味をもって聞くようにしましょう。結婚運は、恋人のいる人は2025年の上半期に婚姻届を出すといいので、真剣に将来の話をしてみて。

仕事＆金運

2024年以上の結果を出せる可能性がある最高の運気。調子に乗れるだけ乗ってみることが大切です。夢や目標も達成できそうなので、強気になってみるといいでしょう。現状に不安や不満があるなら、自分に向いていると思える仕事を探して2025年の上半期中に転職するとよさそう。いまの仕事が向いていないとわかっている場合は、我慢して続けないように。金運は、長く使えるものを購入したり、投資額を増やすにはいいタイミングです。

命数ごとに
さらに詳しく占える

全120命数別
2024年の運勢
&
開運アクション

ここまでは12タイプごとに
運気を説明してきましたが
ここからは120命数ごとにさらに詳しく
開運のコツをお届けします。

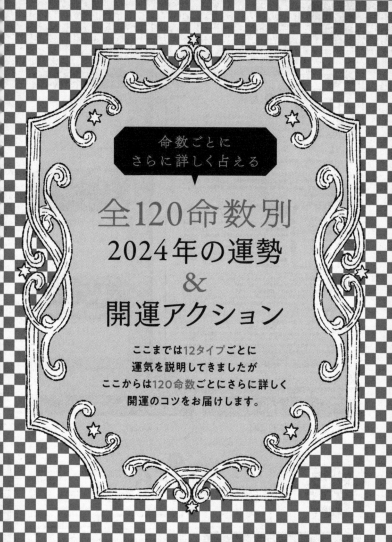

命数ごとに

STEP 1 自分のことをもっと知ろう

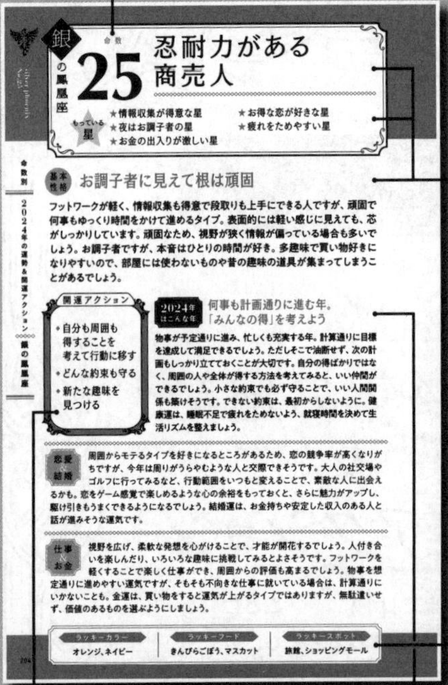

銀の鳳凰座

命数 25 忍耐力がある商売人

もっている星
★情報収集が得意な星
★夜はお調子者の星
★お金の出入りが激しい星
★お得な恋が好きな星
★疲れをためやすい星

基本性格 お調子者に見えて根は頑固

フットワークが軽く、情報収集も得意で段取りも上手にできる人ですが、頑固で何事もゆっくり時間をかけて進めるタイプ。表面的には軽い感じに見えても、芯がしっかりしています。頑固なため、視野が狭く情報が偏っている場合も多いでしょう。お調子者ですが、本音はひとりの時間が好き。多趣味で買い物好きになりやすいので、部屋には使わないものや昔の趣味の道具が集まってしまうことがあるでしょう。

開運アクション
- 自分も周囲も得することを考えて行動に移す
- どんな約束も守る
- 新たな趣味を見つける

2024年はこんな年 何事も計画通りに進む年。「みんなの得」を考えよう

物事が予定通りに進み、忙しくも充実する年。計算通りに目標を達成して満足できるでしょう。ただしそこで油断せず、次の計画もしっかり立てておくことが大切です。自分の得ばかりではなく、周囲の人や全体が得する方法を考えてみると、いい仲間ができるでしょう。小さな約束でも必ず守ることで、いい人間関係も築けそうです。できない約束は、最初からしないように。健康運は、睡眠不足で疲れをためないよう、就寝時間を決めて生活リズムを整えましょう。

恋愛&結婚 周囲からモテるタイプを好きになるところがあるため、恋の競争率が高くなりがちですが、今年は周りがうらやむような人と交際できそうです。大人の社交場やゴルフに行ってみるなど、行動範囲をいつもと変えることで、素敵な人に出会えるかも。恋をゲーム感覚で楽しめるような心の余裕をもっておくと、さらに魅力がアップし、駆け引きもうまくできるようになるでしょう。結婚運は、お金持ちや安定した収入のある人と話が進みそうな運気です。

仕事&お金 視野を広げ、柔軟な発想を心がけることで、才能が開花するでしょう。人付き合いを楽しんだり、いろいろな趣味に挑戦してみるとよさそうです。フットワークを軽くすることで楽しく仕事ができ、周囲からの評価も高まるでしょう。物事を想定通りに進めやすい運気ですが、そもそも不向きな仕事に就いている場合は、計算通りにいかないことも。金運は、買い物をすると運気が上がるタイプではありますが、無駄遣いせず、価値のあるものを選ぶようにしましょう。

ラッキーカラー	ラッキーフード	ラッキースポット
オレンジ、ネイビー	きんぴらごぼう、マスカット	旅館、ショッピングモール

命数別 2024年の運勢&開運アクション 銀の鳳凰座

204

命数
詳しい調べ方は巻頭の折込をチェック

キャッチフレーズ もっている星 基本性格
あなたの性格を一言で表すなら?

ラッキーカラー ラッキーフード ラッキースポット
プレゼント、お土産、デート先のヒントに

開運アクション
命数ごとにより詳細な開運のコツ

2024年はこんな年
今年1年間の過ごし方アドバイス

STEP 2 気になる人を調べてみよう

あの人は今年どんな1年になるんだろう

※相手の生年月日から、タイプと命数を割り出してください(▶巻頭折込)

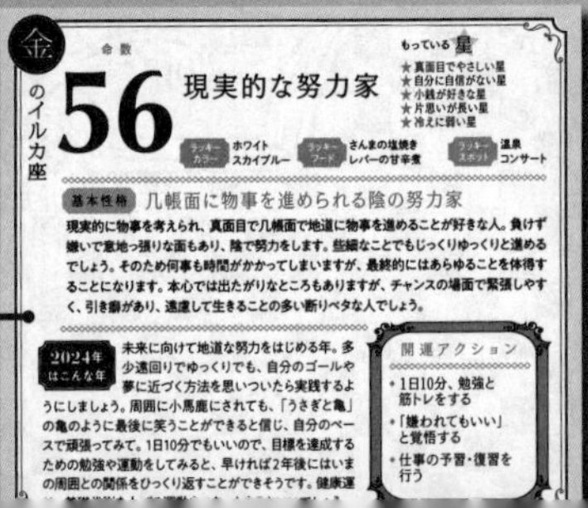

金のイルカ座

命数 56 現実的な努力家

もっている星
★真面目でやさしい星
★自分に自信がない星
★小銭が好きな星
★片思いが長い星
★冷えに弱い星

ラッキーカラー	ラッキーフード	ラッキースポット
ホワイト スカイブルー	さんまの塩焼き レバーの甘辛煮	温泉 コンサート

基本性格 几帳面に物事を進められる陰の努力家

現実的に物事を考えられ、真面目で几帳面で地道に物事を進めることが好きな人。負けず嫌いで意地っ張りな面もあり、陰で努力をします。些細なことでもじっくりゆっくりと進めるでしょう。そのため何事も時間がかかってしまいますが、最終的にはあらゆることを体得することになります。本心では出たがりなところもありますが、チャンスの場面で緊張しやすく、引き癖があり、遠慮して生きることの多い断りベタな人でしょう。

2024年はこんな年

未来に向けて地道な努力をはじめる年。多少遠回りでゆっくりでも、自分のゴールや夢に近づく方法を思いついたら実践するようにしましょう。周囲に小馬鹿にされても、「うさぎと亀」の亀のように最後に笑うことができると信じ、自分のペースで頑張ってみて。1日10分でもいいので、目標を達成するための勉強や運動をしてみると、早ければ2年後にはいまの周囲との関係をひっくり返すことができそうです。健康運

開運アクション
- 1日10分、勉強と筋トレをする
- 「嫌われてもいい」と覚悟する
- 仕事の予習・復習を行う

金の羅針盤座

命数 1

ネガティブな頑張り屋

もっている星

★負けを認められない星
★頑張りすぎる星
★友達の延長の恋の星
★空気が読めない星
★スポーツをするといい星

ラッキーカラー　ピンク　イエロー
ラッキーフード　ささみのチーズカツ　明太子
ラッキースポット　スポーツ施設　遊園地

基本性格　サッパリとしているが、じつは人が苦手

負けず嫌いの頑張り屋。人と仲よくなることが得意ですが、本当は人が苦手。誰とでも対等に付き合いたいと思うところはありますが、真面目で意地っ張りで融通がきかないところがあり、人と波長が合わせられないタイプ。生意気なところが出てしまい、他人とぶつかることも多いでしょう。心が高校1年生から成長しておらず、サッパリとした性格ですが、ネガティブなことをすぐに考えてしまうところがあるでしょう。

2024年はこんな年

目標を達成し、同期やライバルに差をつけることができる運気。最高のパフォーマンスを発揮して、充実した日々を過ごせるでしょう。ハッキリとした目標を掲げたほうがより力を出せるので、年内に達成したい目標と、3～4年後に達成できそうな目標を立ててみるとよさそうです。また、今年はいい仲間もできるため、きつい言葉や言い方を出さないよう気をつけておきましょう。健康運は、スポーツをはじめて体力をつけるには最高の年です。

開運アクション

- 次の目標を掲げる
- 身近な人とのコミュニケーションを大切にする
- 後輩や部下の面倒を見る

金の羅針盤座

命数 2

チームワークが苦手な野心家

もっている星

★合理主義の星
★派手な星
★話を最後まで聞かない星
★追いかける星
★内弁慶の星

ラッキーカラー　レッド　ダークブルー
ラッキーフード　かぼちゃコロッケ　ウニ
ラッキースポット　コンサート　リゾート地

基本性格　ひとりで未知の世界に飛び込む行動派

頭の回転が速く、何事も合理的に物事を進めることが好きなタイプ。表面的な人間関係はできますが、団体行動が苦手で、好き嫌いが激しく出てしまう人。突然大胆な行動に走ってしまうことで周囲を驚かせたり、危険なことに飛び込んでしまったりすることもあるでしょう。ひとりでの旅行やライブが好きで、ほかの人が見ないような世界を知ることも多いはず。他人の話を最後まで聞かないところがあるので、しっかり聞くことが大事です。

2024年はこんな年

密かに自信をもって取り組んでいたことに、しっかり結果が出て満足できそうです。「やっぱり自分の思った通り」と感じるような出来事もあるでしょう。頑張りを隠すタイプですが、今年からは少しでもいいので前向きな姿勢を周囲に見せるとよさそうです。また、今年は憧れだったライブや旅行先に行けるようになったり、少しゆとりも出てくるでしょう。健康運は、いいスポーツトレーナーや指導者に出会い、体の調子を整えることができそうです。

開運アクション

- 頑張っている姿を少し見せる
- ライブや旅行に行く
- 人をしっかり観察する

金の羅針盤座 命数 3

上品でもワガママ

もっている星
★気分屋の星
★サービス精神の星
★スキンシップが多い星
★エロい星
★ダンスをするといい星

ラッキーカラー パープル ライトブルー
ラッキーフード 寿司 フレンチトースト
ラッキースポット レストラン 音楽フェス

基本性格 ネガとポジの矛盾を抱えた明るい人

陽気で明るくサービス精神が旺盛。つねに楽しく生きられ、上品な感じをもっている人。人の集まりが好きですが、本音は人が苦手で、ポジティブなのにネガティブと、矛盾した心をもっているタイプ。真面目に物事を考えるよりも楽観的な面を前面に出したほうが人生がスムーズにいくことが多く、不思議と運を味方につけられる人でしょう。自分も周囲も楽しませるアイデアが豊富ですが、空腹になると何も考えられなくなるでしょう。

2024年はこんな年

人生の楽しさやおもしろさを発見できる、最高の流れがはじまります。「金の羅針盤座」のなかでもっとも運がよく「明るい星」の持ち主のため、日々笑顔で過ごしていると心から笑えることや楽しい出来事が増えていくでしょう。多少空回りしてもいいのでサービス精神をドンドン出してみると、波長の合う友人ができたり、あなたをおもしろがってくれる人に出会えそうです。健康運は、楽しむのはいいですが、食べすぎ飲みすぎには要注意。食べたぶん運動するのも忘れずに。

開運アクション

- 明るさと笑顔を心がける
- 愚痴をやめて前向きな話をする
- コンプレックスを話のネタにする

金の羅針盤座 命数 4

余計な一言が多い真面目な人

もっている星
★情にもろい星
★センスがいい星
★恩着せがましい星
★情から恋に発展する星
★勘で買う星

ラッキーカラー ピンク ターコイズブルー
ラッキーフード 鯛の刺身 サンドイッチ
ラッキースポット 美術館 高級ホテル

基本性格 おしゃべりで勘が鋭く恩着せがましい人情家

何事も素早く判断できる頭の回転が速い人。短気なところもありますが、おしゃべりが好きで勘が非常に鋭いタイプ。人情家で情にとてももろい人ですが、人間関係をつくるのがやや下手なところがあり、恩着せがましいところや、自分が正しいと思った意見を押しつけすぎてしまう癖があるでしょう。感性も豊かで芸術系の才能をもち、新しいアイデアを生み出す力もあります。寝不足や空腹で簡単に不機嫌になってしまうでしょう。

2024年はこんな年

秘めていた才能が開花する年。直感が冴え、感性やセンスも活かせて楽しくなってくるでしょう。周囲が驚くようなアイデアを出せたり、ズバッとキレのいい発言をすることもできそうです。ただし、品のない言い方にならないよう、言葉はきちんと選ぶように。己の勘に従って行動することで、いい出会いや大きなチャンスをつかむことができるので、自分を信じて動いてみましょう。健康運は、ストレス発散のために運動すると、体力もついて一石二鳥になりそう。

開運アクション

- 直感を信じて行動する
- 言葉を選びつつハッキリ言う
- 運動をはじめてスタミナをつける

金の羅針盤座

命数 5

ネガティブな情報屋

もっている星

★商売人の星
★計画を立てる星
★多才な星
★都会的な人が好きな星
★お酒に注意の星

ラッキーカラー ピンク パープル
ラッキーフード ローストビーフ すもも
ラッキースポット 旅館 水族館

基本性格 アイデアは豊富だけど、適当でややネガティブ

多趣味・多才でいろいろなことに詳しく視野が広い人。根は真面目で言われたことを忠実に守りますが、お調子者のところがあり、適当なトークをすることがあります。一方で不思議とネガティブな面もある人。おもしろそうなアイデアを出したり、情報を伝えたりすることは上手です。好きなことが見つかると没頭しますが、すぐに飽きてしまうところもあるでしょう。部屋に無駄なものが集まりやすいのでマメに片付けたほうがいいでしょう。

2024年はこんな年

あなたの計算や計画の通りに物事が運びやすい年。情報収集力や、多趣味で多才なところをうまく活かせるでしょう。いろいろなことをやっておいてよかったと思える出来事もありそうです。自分ひとりだけが得する方向に進むより、周囲も得するように動くと、味方も増えて楽しく過ごせるようになるでしょう。あなたに必要な情報も入ってくるので、積極的に調べたり聞いたりしてみて。健康運は、ヨガやスポーツジムに通って体をしぼるといいでしょう。

開運アクション

- 人をほめる
- 互いに得することを考える
- 何事もプラス面を探す

金の羅針盤座

命数 6

謙虚な優等生

もっている星

★真面目でまっすぐな星
★ネガティブな星
★自信がない星
★押されたらすぐ落ちる星
★小銭が好きな星

ラッキーカラー ピンク ラベンダー
ラッキーフード たちうおの塩焼き 栗
ラッキースポット 温泉旅館 渓谷

基本性格 清潔感と品があり現実的だけど臆病者

真面目でおとなしく出しゃばったことをしない人。やや地味なところはありますが、清潔感や品格をもち、現実的に物事を考えられて、謙虚な心でつねに一歩引いているようなタイプです。他人からのお願いが断れなくて便利屋にされてしまう場合もあるので、ハッキリと断ることも必要。自分に自信がないのですが、ゆっくりじっくり実力をつけることができれば、次第に信頼・信用されるでしょう。臆病が原因で交友関係は狭くなりそうです。

2024年はこんな年

真面目にじっくり取り組んできた人ほど高く評価され、大きなチャンスをもらえる年。遠慮したり臆病になったりせず、思い切って行動しましょう。言いたいことをハッキリ伝えてみると、状況やあなたに対する周囲の扱いも変わってきそうです。完璧よりも場数を増やすことを目指すよう考え方を変えてみると、いい経験と人脈ができるでしょう。手先が器用なところも活かせそうです。健康運は、家でできる筋トレやストレッチをするといいでしょう。

開運アクション

- 開き直って言いたいことを言ってみる
- 恥ずかしいと思ったら行動する
- イメチェンや自分磨きにケチケチしない

金の羅針盤座

命数 7

おだてに弱い正義の味方

もっている星

★ 正義の味方の星
★ 行動が雑な星
★ 恋で空回りする星
★ ほめられたらなんでもやる星
★ 細かな計算をせず買い物する星

ラッキーカラー　レッド　ネイビー

ラッキーフード　うどん　ゴーヤチャンプルー

ラッキースポット　動物園　空港

基本性格　抜群の行動力だけど、ちょっとドジ

自分が正しいと思ったことを貫き通す正義の味方のような人。人にやさしく面倒見がいいのですが、人と距離をあけてしまうところがあります。正しい考えにとらわれすぎて、ネガティブになってしまうこともあるでしょう。行動力と実行力があるのですが、おだてに弱く、ほめられたらなんでもやってしまうところもあります。基本的に、雑でドジなところがあるので、先走ってしまうことも多いでしょう。

2024年はこんな年

もっとも正義感が強く、曲がったことが嫌いなタイプ。今年は大きな壁を乗り越えられて、あなた中心に世の中が動くと言ってもいいくらい、運を味方につけられるでしょう。自分の常識を周囲に押しつけず、いろいろな人の考えを認め、尊重しほめてみると、いい仲間も集まってきそうです。後輩や部下の面倒を見ることも大切なので、多少面倒でもプライベートで一緒に遊んでみるといいでしょう。健康運は、ヨガやストレッチをして体を柔らかくするとよさそう。

開運アクション

- 自信をもって行動する
- 「感謝・認める・ねぎらい」を忘れない
- 明るく笑顔でお願いをする

金の羅針盤座

命数 8

上品で臆病な人

もっている星

★ 上品な星
★ マイナス思考な星
★ 人が苦手な星
★ 品のある人が好きな星
★ 肌と精神が弱い星

ラッキーカラー　ピンク　ブルー

ラッキーフード　スズキのムニエル　麻婆茄子

ラッキースポット　コンサート　アミューズメントパーク

基本性格　繊細でネガティブだけど、礼儀正しくお上品

真面目で上品、挨拶やお礼などの常識をしっかり守る人。ルールやマナーにもうるさく、できない人を見るとガッカリしてしまうことも多いでしょう。繊細な性格でネガティブな考えが強く、勝手にマイナスに考えてしまうところもあります。その点は、あえてポジティブな発言をすることで人生を好転させられるでしょう。臆病で人間関係が苦手、とくに初対面の人と打ち解けるまでに時間がかかってしまうことが多いでしょう。

2024年はこんな年

規則やルール、約束をもっとも守るキッチリしたタイプ。しっかり者ですが、メンタルの弱さが出てしまうことも。今年は、心も体も楽になり、あなたのこれまでの頑張りやしっかりやってきたことも評価されそうです。「真面目に取り組んできて正解だった」と思えますが、そのぶん周囲にいるだらしない人にイライラしやすいので、小さなことを気にして心を乱さないようにしましょう。健康運は、アロマを楽しんでみると、いいストレス発散になりそう。

開運アクション

- 度胸と勇気を出す
- 考える前に行動する
- 好きなアーティストのライブに行く

金の羅針盤座

命数

9 上品な変わり者

もっている星
★発想力がある星
★海外の星
★時代を変える星
★恋は素直になれない星
★束縛から逃げる星

ラッキーカラー　ピンク　ブルー
ラッキーフード　にんにくのホイル焼き　たけのこ
ラッキースポット　海外旅行　映画館

基本性格　理屈と言い訳が多い、新たな価値の提案者

ほかの人とは違った生き方を自然としてしまいます。周囲から「変わってる」と言われることがありますが、自分では真面目に過ごしています。理論と理屈が好きですが、屁理屈や言い訳が多くなってしまうタイプ。芸術系の才能や新たなことを生み出す才能をもっているため、天才的な能力を発揮することもあるでしょう。頭はいいですが、熱しやすく冷めやすいので、自分の好きなことがわからずにさまよってしまうところがあるでしょう。

2024年はこんな年

あなたの才能やセンスを活かすことができる年。色彩感覚やアイデア、企画力をおもしろがってもらえそうです。これまでは「ちょっと変な人」と思われていた人も「天才」と言われるようになってくるので、自分の好きなことをアピールしてみるといいでしょう。屁理屈をこねるのもいいですが、今年からはおもしろい話に変えて周囲を楽しませてみると、人気や注目を集められそうです。健康運は、肩こりや片頭痛に悩まされそうなのでスポーツジムで筋トレをするのがオススメ。

開運アクション

- アイデアや企画をドンドン出してみる
- 恋には素直になっておく
- 他人の才能をほめる

金の羅針盤座

命数

10 真面目な完璧主義者

もっている星
★プライドが邪魔する星
★知的好奇心の星
★教える星
★専門職の星
★年上に好かれる星

ラッキーカラー　ピンク　藍色
ラッキーフード　かに　野菜炒め
ラッキースポット　劇場　老舗旅館

基本性格　人に興味がなく我が道を突き進む職人気質

つねに冷静に物事を判断できる落ち着いた大人のような人。歴史や芸術が好きで、若いころから渋いものにハマっているでしょう。他人に興味がなく、距離をあけてしまうところや、上から目線の言葉が自然と出てしまうところもあるでしょう。ひとつのことを極めることができ、職人として最高の能力をもっているので、好きなことを見つけたらとことん突き進んでみるといいでしょう。ネガティブな発想になりすぎてしまうのはほどほどにしておきましょう。

2024年はこんな年

探求心と追求心があり、「完璧主義の星」をもった人。自分が認めた人以外にはめったに心をひらきませんが、今年は尊敬できる人や心を許せる人との出会いがありそうです。気になった場所には積極的に足を運び、人との交流を面倒だと思わないようにしましょう。つながりや縁を大切にすれば、あなたの才能やセンスのすごさに気づく人にも出会え、他人のミスを許せるようにもなりそうです。健康運は、朝からウォーキングをすると体が軽くなるでしょう。

開運アクション

- 人との交流を楽しんでみる
- 相手の才能や個性をほめる
- 生きるため以外のプライドは捨てる

銀の羅針盤座

命数 **1**

礼儀正しい頑張り屋

もっている星
- ★友人に影響を受ける星
- ★テンションが高校生の星
- ★少年っぽい人が好きな星
- ★胃が弱い星
- ★体力がある星

ラッキーカラー　オレンジ　ブルー

ラッキーフード　親子丼　りんご

ラッキースポット　公園　避暑地

基本性格　狭く深く仲間意識の強い、一生青春な若者

粘り強く真面目な頑張り屋タイプ。一度自分がこれだと見つけたことに最後まで一生懸命に取り組みます。仲間意識が強く友情を大切にしますが、友人に振り回されてしまうこともあるでしょう。心は高校1年生のまま、青春時代のままで生きているような人。友人の数は多くはなく、付き合いは狭くて深い人。反発心があり「でも、だって」が多く、若いころは生意気だと思われてしまうところがあり、他人からの言葉をネガティブにとらえることも多いでしょう。

2024年はこんな年

もともとパワフルなタイプですが、今年は疲れを感じやすく、イメージ通りに体が動かない感じになりそうです。同期やライバルに差をつけられて、イライラしたりストレスがたまることもあるかもしれませんが、いまは勝ちを譲るときだと思って、マイペースに過ごしましょう。スポーツや筋トレなどをして体を動かす習慣をつくると、うまくストレスを発散できるでしょう。健康運は、胃腸の調子を崩しやすいので、刺激の強い食べ物は控えるように。暴飲暴食も避けましょう。

開運アクション

- 意地を張って頑張りすぎない
- 異性の友人をつくる
- 周囲に協力する

銀の羅針盤座

命数 **2**

地道なことが好きな無駄嫌い

もっている星
- ★無駄が嫌いな星
- ★結論だけ聞く星
- ★上手にサボる星
- ★玉の輿に乗る星
- ★一攫千金の星

ラッキーカラー　ブラック　レッド

ラッキーフード　餃子　干し芋

ラッキースポット　温泉旅館　美術館

基本性格　合理的だけど先走る無謀な男の子

上品で控えめな性格に見えて、根は無駄なことが大嫌いな、合理的に生きる男の子のようなタイプ。団体行動が苦手で人付き合いも苦手ですが、表面的には人間関係を上手に築けるので、外側と中身が大きく違う人。頭の回転は速いのですが、話の前半しか聞かずに先走ることが多いでしょう。自分に都合が悪いことを聞かないわりには、ネガティブな情報に振り回されてしまうことも。一人旅に出るなど、大胆な行動に走る人でしょう。

2024年はこんな年

陰の努力が必要な最後の1年。周囲に知らせず密かに学んだり、地道に努力していることがあるなら、そのまま続けることが大切です。突然投げ出してしまうと、これまでの努力が水の泡になってしまいます。結果が出なくても焦らず、2025年から人生が変わると思って期待しておきましょう。健康運は、自己流の健康法が原因で体調を崩してしまうことがあるかも。極端なやり方はよくないと学べそうです。ヤケ酒などが原因で、ケガをしたり体調を崩しやすくなるので注意しましょう。

開運アクション

- 陰の努力や勉強を続ける
- ヤケを起こさない
- 遊園地に行く

銀の羅針盤座

命数 **3**

明るい マイナス思考

もっている星
- ★ワガママな星
- ★愚痴と不満が多い星
- ★甘え上手な星
- ★おもしろい人を好きになる星
- ★油断すると太る星

ラッキーカラー　レッド　ライトブルー
ラッキーフード　きのこのソテー　オレンジ
ラッキースポット　サウナ　喫茶店

基本性格　おしゃべりで人気者だけど、人が苦手

サービス精神が豊富で明るく品のある人。自然と人が周りに集まってきますが、人が苦手という不思議な星の持ち主。自ら他人に振り回されにいってしまいながらも、自分も周囲を自然と振り回してしまうところがあるでしょう。おしゃべりでワガママな面がありますが、人気を集めるタイプです。超ポジティブですが空腹になるとネガティブな発言が多くなり、不機嫌がすぐ顔に出るでしょう。笑顔が幸運を引き寄せます。

2024年はこんな年　喜怒哀楽がすぐに言葉や態度に出るタイプですが、とくに今年は疲れてイライラした態度をとってしまったり、口の悪さが出やすくなりそうです。ストレスがたまって暴飲暴食し、急激に太ってしまうこともあるので気をつけて。定期的に体を動かして、ダイエットや体重維持に努めておきましょう。健康運は、気管や肺の調子を崩したり、痛風や糖尿病になる場合があるかも。水を多めに飲むよう心がけ、食事の栄養バランスが偏らないよう十分に注意しておきましょう。

開運アクション
- 自分の機嫌は自分でとる
- 欲望に流されない
- 手料理をご馳走する

銀の羅針盤座

命数 **4**

繊細で おしゃべりな人

もっている星
- ★専門家になる星
- ★しゃべりすぎる星
- ★サプライズに弱い星
- ★ストレスをためやすい星
- ★基礎体力づくりが必要な星

ラッキーカラー　ホワイト　イエロー
ラッキーフード　ハンバーグ　グレープフルーツ
ラッキースポット　美術館　森林浴

基本性格　頭の回転が速く感性豊かで一言多い

好きなことをとことん突き詰められる情熱家。頭の回転が速く、なんでも勘で決める人。温和で上品に見えますが、根は短気でやや恩着せがましいところもあるでしょう。芸術的感性も豊かで表現力もありますが、おしゃべりで一言多いでしょう。粘り強いのですが、基礎体力がなく、イライラが表面に出てしまうところも。寝不足や空腹になると機嫌が悪くなり、マイナス思考や不要な発言が多くなってしまうでしょう。

2024年はこんな年　スタミナ不足を感じたり、疲れがなかなか抜けない感じになりそう。元気なときにスクワットなどの筋トレをして、体力をつけておくといいでしょう。水泳やランニングなどで体を鍛えるのもよさそうです。また、睡眠時間を増やしたり、日中仮眠をとるよう心がけておくこと。今年は些細なことでイライラして、周囲との関係が悪くなりやすいため、意識して上品な言葉を使うようにしましょう。健康運は、異変をそのままにしていると、入院や手術をすることになりかねないので要注意。

開運アクション
- 心が安らぐ音楽を聴く
- 愚痴を言うより人をほめる
- スクワットをして体力をつける

銀の羅針盤座

命数 5

品のある器用貧乏

もっている星
★お金も人も出入りが激しい星
★多趣味・多才な星
★お金持ちが好きな星
★散財する星
★好きなことが見つけられない星

ラッキーカラー スカイブルー ネイビー
ラッキーフード オムライス バナナ
ラッキースポット 水族館 コンサート

基本性格 多趣味すぎて好きなもののなかでさまよう

損得勘定が好きで、段取りと情報収集が得意な、幅広く物事を知っている上品でおしゃれな人。好きなことにはじっくり長くハマりますが、視野が広いだけに自分は何が好きなのかを見つけられずにフラフラすることもあるでしょう。多趣味なのはいいのですが、部屋に無駄なものがたまりすぎてしまうことも。お調子者ですが、ややネガティブな情報に振り回されてしまうのと、人付き合いはうまいのに、本音では人が苦手なところがあります。

2024年はこんな年

何かと予定以上に忙しくなり、疲労がたまってしまいそう。時間に余裕をもって行動し、ヒマな日をつくっておくようにしましょう。遊びの誘いや遅い時間帯の付き合いも増えそうですが、急な予定変更は避け、事前に約束しているものだけに参加するほうがよさそうです。興味がわくことを見つけると一気にパワーが出るタイプですが、今年は視野を広げすぎず、何事もゆったり楽しんでみましょう。健康運は、お酒が原因で体調を崩したり、ケガをしてしまうことがあるので気をつけること。

開運アクション

- 予定を詰め込まない
- 安請け合いをしない
- 趣味を楽しむ時間をつくる

銀の羅針盤座

命数 6

受け身で誠実な人

もっている星
★サポート上手な星
★尿路結石の星
★地味な星
★一途な恋の星
★根はＭの星

ラッキーカラー ラベンダー スカイブルー
ラッキーフード のり巻き キウイ
ラッキースポット スパ 滝

基本性格 品があり臆病でゆっくり進む誠意ある人

真面目でやさしく、じっくりゆっくり物事を進めるタイプ。品はありますが、やや地味になってしまうところもあります。言われたことは完璧にこなすことができるでしょう。現実的に物事を考えるのはいいことですが、臆病になりすぎてしまったり、マイナス情報に振り回されてしまったりと、石橋を叩きすぎてしまうこともあるタイプ。初対面の人や人間関係を広げることが苦手で、つねに一歩引いてしまうところがあるでしょう。

2024年はこんな年

断ることが苦手で、損するとわかっていても面倒なことを引き受けてしまうタイプ。今年は想像以上に忙しくなり、精神的な疲れが一気にたまってしまいそうです。好きな音楽を聴いたり、気を使わずにいられる人と遊ぶ時間をつくるようにしましょう。話しやすい人や、たくさん笑わせてくれる人と一緒に過ごすのもいいでしょう。健康運は、冷えが原因で婦人科系の病気や尿路結石、膀胱炎などになりやすいので要注意。肌荒れに悩むこともありそうです。

開運アクション

- 断る勇気をもつ
- 湯船にしっかり浸かってから寝る
- 好きな音楽を聴く時間をつくる

銀の羅針盤座 命数 7

ネガティブで正義感が強い人

もっている星
★無謀な行動に走る星
★人任せな星
★仕切りたがる星
★押しに弱い星
★下半身が太りやすい星

ラッキーカラー　ブルー　ホワイト
ラッキーフード　わかめそば　ぶどう
ラッキースポット　動物園　タワー

基本性格　面倒見がいいのに人が苦手で不器用な行動派

自分が正しいと思ったら突っ走る力が強く、せっかちで行動力はありますが、やや雑です。好きなことが見つかると粘り強さを発揮します。正義感があり面倒見が非常にいいのですが、不思議と人が苦手で人間関係をつくることに不器用な面があるでしょう。おだてに極端に弱く、ほめられたらなんでもやってしまうところも。年上の人から好かれることが多いのですが、その人次第で人生が大きく変わってしまうところもあるでしょう。

2024年はこんな年

持ち前の行動力とパワーが弱まりそうな年。これまで頑張ってきたぶん、一息つくタイミングです。無理をせず、しっかり休んで充電しましょう。慌てるとケガをしたり体調を崩してしまいそうです。おだてに弱いため、もち上げてくる人に便利屋のごとく使われないよう気をつけること。健康運は、腰痛や足のケガ、骨折などをしやすくなるので、雑な行動は避けるように。つねに品よく、ていねいな振る舞いを意識しましょう。

開運アクション

- 時間にゆとりをもって動く
- ふざけた行動は控える
- 助けてくれた人に感謝を伝える

銀の羅針盤座 命数 8

常識を守る高貴な人

もっている星
★気品のある星
★約束やルールを守る星
★人間関係が苦手な星
★精神的に頼れる人が好きな星
★スキンケアが大事な星

ラッキーカラー　ブルー　ライトブルー
ラッキーフード　ウニのパスタ　メロン
ラッキースポット　庭園　コンサート

基本性格　お金持ちから好かれるネガティブな貴婦人

礼儀正しく、上品で何事にも几帳面でていねいなタイプ。臆病で人間関係をつくることが苦手ですが、上司や先輩、お金持ちから自然と好かれてしまう人。やさしく真面目ですが、ネガティブに物事をとらえすぎる癖があり、マイナスな発言が多くなってしまう人でしょう。言われたことを完璧にできますが、一方で言われないとなかなかやらないところもあるでしょう。見栄っ張りなところもあり、不要な出費も多くなりそうです。

2024年はこんな年

キッチリした性格がアダになり、精神的な疲れがたまってしまいそう。自分のことだけでなく、ほかの人の雑な部分まで気になってイライラしてしまいそうです。コミュニケーションがうまくとれずにストレスになることも。困ったときは素直に助けを求め、周囲の人に甘えてみると楽になれそうです。健康運は、手荒れ、湿疹など疲れが肌に出てしまうかも。上手にストレスを発散するよう心がけましょう。好きな香りをかぐと、リラックスできそうです。

開運アクション

- 少しくらい雑でもいいと思う
- 楽しく話してくれる人に会う
- 好きな香りをかぐ

銀の羅針盤座 命数 9

斬新な生き方をする臆病な人

もっている星

- ★ 革命を起こす星
- ★ 超変態な星
- ★ 自由に生きる星
- ★ 長い恋が苦手な星
- ★ 飽きっぽい星

ラッキーカラー：ホワイト、ブルー
ラッキーフード：スープカレー、プリン
ラッキースポット：映画館、美術館

基本性格 人と違った才能をもつ、人が苦手な異端児

上品でていねいですが、自由を求める変わり者。芸術や美術、周囲とは違った才能をもっています。デザインや色彩の才能、企画やアイデアを出すことでひとつの時代をつくれるくらい、不思議な生き方をします。表面的な人付き合いはできますが、本音は人が苦手で束縛や支配から逃げてしまうところも。一族のなかでも変わった生き方をし、突然これまでとはまったく違った世界に飛び込んでしまう場合があり、熱しやすく冷めやすい人でしょう。

2024年はこんな年

いまの環境や仕事に飽きて、急に引っ越しや転職を考えてしまいそうな年。今年の決断はのちの苦労や疲れの原因になるため、2025年まではようすを見るようにしましょう。それまでは自分の得意なことや好きなことを磨いておくといいでしょう。芸術系の習い事をはじめたり、アート作品を観に行ってみると、気持ちも落ち着いてきそうです。また、他人を小馬鹿にするような言葉遣いをしないよう、十分注意すること。健康運は、視力の低下や目の疲れ、首の痛みなどが出てくるかも。

開運アクション

- 現状維持を楽しむ
- 小馬鹿にするようなことを言わない
- 芸術鑑賞に出かける

銀の羅針盤座 命数 10

マイナス思考の研究家

もっている星

- ★ 年上から好かれる星
- ★ 完璧主義の星
- ★ 言い訳が多い星
- ★ 理屈と理論の星
- ★ 尊敬できないと恋ができない星

ラッキーカラー：パープル、ホワイト
ラッキーフード：鉄火巻き、干し柿
ラッキースポット：書店、神社仏閣

基本性格 物事を突き詰められて、年上に好かれる人間嫌い

つねに冷静に物事を判断して、好きではじめたことは最後まで貫き通し、完璧になるまで突き詰めることができる人。人になかなか心を開きませんが、尊敬すると一気に仲よくなって極端な人間関係をつくる場合も多いタイプ。ただし、基本的には人間関係が苦手です。考えが古いので、年上の人や上司から好かれることも多いでしょう。偏食で好きなものができると飽きるまで食べすぎてしまうところも。疑い深く、ネガティブにもなりやすいでしょう。

2024年はこんな年

疲れがたまって集中しづらくなったり、考えがうまくまとまらなくなりそう。人間関係の面倒事にイライラすることも増えてしまうかも。昼寝などをして睡眠を長くとり、できないときは目を閉じる時間を少しでもつくっておくといいでしょう。また今年は、プライドを手放してみましょう。周囲に頭を下げると、結果的に自分を守ることができるでしょう。健康運は、肩こりや首の痛み、片頭痛や目の疲れなどが原因で集中力が低下しそう。こまめに運動やストレッチをしておきましょう。

開運アクション

- 昼寝をする
- 言葉遣いをやさしくする
- 尊敬できる人に相談する

金のインディアン座

命数

11 好奇心旺盛な心は中学3年生

もっている星
★裏表がない星
★色気がない星
★浪費癖の星
★マメな人に弱い星
★胃腸が弱い星

ラッキーカラー　ピンク　ブルー
ラッキーフード　たこ焼き　クリームシチュー
ラッキースポット　運動場　キャンプ場

基本性格　誰とでも親しくなれる裏表のない少年

負けず嫌いな頑張り屋。サッパリとした性格で、女性の場合は色気がまったく出ない人が多く、男性はいつまでも少年っぽい印象があるでしょう。心が中学3年生くらいからまったく成長していないので、無邪気で好奇心も旺盛。やや反発心をもっているので若いころは生意気なところがありますが、裏表の少ない性格と誰とでもフレンドリーなところから幅広い知り合いができることも多いでしょう。妄想が激しくなりすぎるのはほどほどに。

2024年はこんな年

もっともマイペースですが、今年は自分のペースを守ったおかげで評価されたり、ほかの人が到達できない場所にまでたどり着くことができるでしょう。気力や責任感もあるタイプなので、信頼も集まってきそうです。付き合いの長い人と組むことで、楽しい時間も増えるでしょう。意見が食い違ったときは、言い方が悪かったと思ってよりよい言葉や表現を学ぶと、あなたの能力をもっと活かせるようになりそうです。健康運は、長く続けられそうな運動をはじめるといいでしょう。

開運アクション

- 表現を学ぶ
- 親友を大切にする
- 自分も周囲も笑顔にする

金のインディアン座

命数

12 冒険が好きな楽観主義者

もっている星
★単独行動の星
★努力を見せない星
★逃げると追いかけたくなる星
★一発逆転をねらう星
★独自の健康法にハマる星

ラッキーカラー　ブラック　ダークブルー
ラッキーフード　ぶりの照り焼き　ラズベリー
ラッキースポット　古都　音楽フェス

基本性格　時代をつくる才能がある、無邪気なお気楽者

刺激と変化を求める無邪気な人。心は高校1、2年生で止まったままの好奇心旺盛なタイプ。やや落ち着きがなく無計画な行動に突っ走ってしまうところもありますが、新しいことや時代の流れに素早く乗ることができ、ときには時代をつくれる人。誰も知らない情報をいち早く知っていたり、流行のさらに一歩先を進んでいることもあるでしょう。団体行動が苦手で少人数や単独行動のほうが気楽でいいでしょう。

2024年はこんな年

本領を発揮できる年。これまで陰で努力をし頑張りを表に出さないようにしてきた人も、能力の高さを見抜かれ、いよいよ秘めていた力を発揮する流れになりそうです。今年は、心の内で思っていたことや隠していた実力をできるだけ出してみるようにしましょう。周囲が驚くような結果を出せたり、今年から人生が大逆転するような流れをつくることができるでしょう。健康運は、格闘技や筋トレなど、ハードな運動をするのがオススメです。

開運アクション

- 何事も全力で取り組む
- 付き合いの長い人を大切にする
- 思い出のあるアーティストのライブに行く

金のインディアン座 命数 13

一生陽気な中学生

もっている星
★無邪気な星
★言ったことを忘れる星
★助けられる星
★夜の相性が大事な星
★扁桃腺が弱い星

ラッキーカラー ピンク ライトブルー
ラッキーフード さんまの蒲焼き ブルーベリー
ラッキースポット コンサート 遊園地

基本性格 交友関係が広い無邪気な人気者

明るく陽気でおしゃべり、無邪気で楽観主義、見た目も心も若く中学2、3年生からまったく成長していないような人。楽しいことが好きで情報を集めたり、気になることに首を突っ込んだりすることが多いぶん、飽きっぽく落ち着きがないところもあるでしょう。ワガママな部分はありますが、陽気な性格がいろいろな人を引きつけるので、不思議な知り合いができて交友関係も自然と広くなるでしょう。空腹で機嫌が悪くなる点には気をつけて。

2024年はこんな年

おもしろいことや楽しいことを見つけるのがもっともうまいタイプ。今年は、忙しいながらもラッキーなことが多いでしょう。人との関わりも増えていろいろな縁がつながるので、知り合いの輪を広げてみて。多少ワガママを言っても問題ありませんが、冗談のつもりで発した余計な一言が原因で味方が減ってしまうことも。言葉遣いには気をつけ、礼儀や挨拶も忘れないようにしましょう。健康運は、のどを痛めやすいので、こまめにうがいをすること。

開運アクション

- 知り合いに知り合いを紹介する
- やさしい人を大切にする
- 礼儀や挨拶はしっかりする

金のインディアン座 命数 14

瞬発力だけで生きる中学生

もっている星
★語りたがる星
★頭の回転が速い星
★勘で買い物する星
★センスのいい人が好きな星
★短気な星

ラッキーカラー レッド ターコイズブルー
ラッキーフード 冷や奴 チーズ
ラッキースポット アミューズメントパーク 美術館

基本性格 根っから無邪気なおしゃべり

何事も直感で決め、瞬発力だけで生きている人。独特の感性をもち、周囲が驚くような発想をすることもあるでしょう。空腹になると短気になります。生まれつきのおしゃべりで、何度も同じようなことを深く語りますが、根っから無邪気で心は中学生のまま。気になることにドンドンチャレンジするのはいいですが、粘り強さがなく、諦めが早すぎてしまうこともあるでしょう。人情家ですが、執着されることを自然と避けてしまうでしょう。

2024年はこんな年

直感に従って行動することで幸運をつかめる年。遠慮せずに自分のアイデアや思いをドンドン発してみるといいでしょう。ただし、何事も言い方ひとつで変わるものなので、下品な言い方をしないよう気をつけて。品のいい言葉や、相手が受け入れてくれそうな表現を選びましょう。そのためにも、素敵な言葉を学んだり、語彙を増やす努力をすることが大事です。健康運は、筋トレやストレッチをしながら、明るい妄想をするといいでしょう。

開運アクション

- 品のいい言葉を選ぶ
- 直感を信じて粘ってみる
- ていねいに説明する

金のインディアン座 命数 15

情報収集が得意な中学生

もっている星
- ★視野が広い星
- ★親友は少ない星
- ★脂肪肝の星
- ★おしゃれな人を好きな星
- ★流行の先を行く星

ラッキーカラー　レッド　ネイビー
ラッキーフード　鮭のバターソテー　フルーツヨーグルト
ラッキースポット　水族館　百貨店

基本性格　計算が得意で広い人脈をもつ情報屋

あらゆる情報を入手することに長けた多趣味・多才な情報屋のような人。段取りと計算が得意で、フットワークも軽くいろいろな体験や経験をする人でしょう。お調子者でその場に合わせたトークもうまいので人脈は広がりますが、知り合い止まりくらいの人間関係を好むでしょう。家に無駄なものやガラクタ、昔の趣味のもの、服などが多くなってしまうのでマメに片付けるように。損得勘定だけで判断するところもあるのでほどほどに。

2024年はこんな年

もっとも情報集めが好きでフットワークが軽いタイプ。今年は多趣味・多才で経験も豊富なあなたの、これまでうまく活かしきれていなかった才能が評価され、独自の価値として受け止めてもらえそうです。これまで出会った人とのつながりも活かせ、おもしろい縁が広がってくるでしょう。過去に苦労したことが、いい経験だったと思えるような出来事もありそうです。健康運は、お酒の飲みすぎに要注意。忙しくなっても睡眠時間はしっかり確保するようにしましょう。

開運アクション

- 懐かしい人にたくさん会う
- お得な情報を発信する
- 守れない約束はしない

金のインディアン座 命数 16

誠実で陽気な中学生

もっている星
- ★陽気だが自信はない星
- ★地道なことが好きな星
- ★セールが好きな星
- ★妄想恋愛の星
- ★お酒に注意の星

ラッキーカラー　レッド　スカイブルー
ラッキーフード　切り干し大根　ししゃも
ラッキースポット　海水浴　デパート

基本性格　新しもの好きで情報通の慎重派

真面目でやさしく地道にコツコツと積み重ねるタイプ。好奇心が旺盛で新しいことが好きですが、気になることを見つけても慎重なため情報ばかり集めて、ようす見ばかりで一歩前に進めないことが多いでしょう。断り下手で不慣れなことでも強くお願いをされると受け入れてしまい、なんとなく続けていたもので大きな結果を残すこともできる人。自信がなく、自分のことをおもしろくないと思い、ときどき無謀な行動に走っては後悔することも。

2024年はこんな年

地道な努力をしてきたり、ときには遠回りして苦労や経験をたくさん積んできた人ほど、うれしいことが多い年。長く苦労してきた人は、今年でそれも終わりそうです。チャンスや評価を得られるので、遠慮したり臆病になったりせず、しっかり受け止めましょう。あなたがよろこぶことで周囲も笑顔になるはずです。大きな幸せを手にする順番が回ってきたと思って、積極的な行動や、自分ができることのアピールをしておきましょう。健康運は、白湯を飲む習慣を身につけるとよさそう。

開運アクション

- 悩む前に行動する
- 言いたいことはハッキリ伝える
- 目立つことを恐れない

金のインディアン座

命数

17 妄想好きなリーダー

もっている星

★行動力がある星
★独立心のある星
★顔の濃い人が好きな星
★腰痛の星
★貸したお金は戻ってこない星

ラッキーカラー　レッド　ネイビー

ラッキーフード　カルボナーラ　えびフライ

ラッキースポット　動物園　ホテル

基本性格　おだてに弱く面倒見はいいが大雑把

実行力と行動力があり、気になることがあるとすぐに飛びつく人。視野が広くいろいろなことに興味を示しますが、ややせっかちなため飽きが早く、深く追求しないところがあり、雑な部分が増えてしまうでしょう。心が中学2、3年生のままでおだてに極端に弱く、ほめられたらなんでもやってしまうところがありますが、正義感があり面倒見がいいので先輩・後輩から慕われることも多く、まとめ役としても活躍するタイプでしょう。

2024年はこんな年

自分でも驚くほど行動力が増し、結果もついてくる年。遠慮はいらないので、己の勘を信じてドンドン動いてみましょう。ただ、新たな挑戦は年末にするのがオススメです。それまでは、これまでの経験や人脈を最大限に活かして動くといいでしょう。後輩や部下の面倒を見ることで、いい仲間もできそうです。発言が雑になりやすいタイプなので、ていねいな言葉を選び、自分にしかわからないような言い方は避けるように。健康運は、腰痛に注意したほうがよさそうです。

開運アクション

- 目立つポジションを選ぶ
- 若い人と遊ぶ
- ハッキリ言うときほど言葉を選ぶ

金のインディアン座

命数

18 上品な中学生

もっている星

★他人と争わない星
★うっかりミスが多い星
★白いものを買う星
★外見で恋をする星
★日焼けに弱い星

ラッキーカラー　ピンク　ライトブルー

ラッキーフード　からあげ　空心菜

ラッキースポット　コンサート　花火大会

基本性格　お金持ちから好かれやすい気遣い上手

無邪気ですが上品で礼儀正しい人。好奇心旺盛でいろいろなことに興味を示しますが、慎重に情報を集めてていねいに行動するタイプ。楽観的に見えても気遣いをすることが多く、精神的に疲れやすいところもあるでしょう。目上の人やお金持ちの人から好かれやすく、不思議な人脈もできやすいですが、根は図々しいところがあります。心は中学2、3年生から変わっていないのでどこか子どもっぽいところがあり、見た目も若い雰囲気でしょう。

2024年はこんな年

マイペースですが真面目で上品なところがあるタイプ。今年は、何事もていねいに進めてきたあなたが認められそうです。これまでの人脈がつながっていい縁ができたり、チャンスがめぐってくるので、臆病にならず、周囲の期待に応えるつもりで全力をつくすといいでしょう。尊敬や憧れの対象だった人とお近づきになれたり、運よく仲よくなれることもありそうです。健康運は、ヨガやダンスなどで汗を流すと、肌の調子も整うでしょう。

開運アクション

- チャンスに臆病にならない
- 考える前に行動する
- 恋も仕事も両方頑張る

金のインディアン座

命数 19

好奇心旺盛な変わり者

もっている星

★好奇心旺盛な星
★不思議な話が好きな星
★妙なものにお金を使う星
★特殊な才能に惚れる星
★束縛が大嫌いな星

ラッキーカラー レッド ブルー

ラッキーフード ひつまぶし 甘納豆

ラッキースポット 映画館 美術館

基本性格 理屈っぽいが無邪気な子どもで自由人

好奇心豊かで、気になることをなんでも調べる探求心と追求心があるタイプ。熱しやすくて冷めやすく、つねに新しいことや人とは違う何かを追い求めてしまう人。理屈好きで屁理屈も多いので周囲から変わった人だと思われてしまうことも多いでしょう。心は小学6年生くらいで止まったままの子どものように無邪気な自由人。芸術や美術など創作する能力がありますが、飽きっぽいため好きなことが見つかるまでいろいろなことをするでしょう。

2024年はこんな年

あなたの個性的な発想力や才能が認められる年。ほかの人とは違う情報や知識をもっていたり、屁理屈が多いので、いままでは「変わり者」と思われていたかもしれませんが、今年は、それが「才能」だと気づいてもらえるでしょう。熱しやすく冷めやすい面もありますが、今年は簡単に諦めないように。これまでに得た知識や経験でほかの人の役に立てるよう工夫してみると、一気に注目を集められるでしょう。健康運は、目の病気になりやすいので、こまめに手を洗うこと。

開運アクション

- ほめられたら素直によろこぶ
- ほかの人の個性や才能を認める
- 飽きても途中で諦めず、粘ってみる

金のインディアン座

命数 20

理屈が好きな中学生

もっている星

★他人に頼らない星
★尊敬できる人を崇拝する星
★めったに心を開かない星
★知識のある人を好きになる星
★目の病気の星

ラッキーカラー レッド ピンク

ラッキーフード 鮭のおにぎり オクラサラダ

ラッキースポット 神社仏閣 劇場

基本性格 探求心旺盛で上から目線になりやすい理屈屋

中学生のような純粋さと知的好奇心をもち、情報を集めることが好きな人。周囲から「いろいろ知ってますね」と言われることも多い人。探求心もあるので、一度好奇心に火がつくと深くじっくり続けることができます。見た目が若くても心が60歳なので、冷静で落ち着きがありますが、理屈が多くなったり評論したりと上から目線の言葉も多くなってしまいそう。友人は少なくてもよく、表面的な付き合いはうまいですが、めったに心を開かない人でしょう。

2024年はこんな年

「金のインディアン座」のなかではもっとも冷静で落ち着いているタイプ。無邪気なときと大人っぽいときとで差がありますが、物事を突き詰める才能をもち、知的好奇心が旺盛で伝統や文化にも理解があります。今年は、これまでに得た知識や技術をうまく活かすことができたり、若手の育成や教育係としての能力に目覚めそう。苦労や困難を乗り越えた経験はすべて、話のネタやあなたの価値に変わっていくでしょう。健康運は、食事のバランスを整えるよう意識しましょう。

開運アクション

- 尊敬している人に会いに行く
- 仕事は細部までこだわってみる
- 経験や学んできたことを若い人に伝える

銀のインディアン座 命数 11 マイペースな子ども大人

もっている星

- ★超マイペースな星
- ★反発心がある星
- ★指のケガの星
- ★身近な人を好きになる星
- ★胃腸が弱い星

ラッキーカラー	イエロー ブルー
ラッキーフード	たら鍋 柿
ラッキースポット	キャンプ場 スポーツ観戦

基本性格 サバサバしていて反発心がある頑張り屋

超マイペースな頑張り屋。負けず嫌いなところがありますが、他人に関心は薄く、深入りすることやベッタリされることを避けてしまう人。心は中学3年生からまったく成長しないままで、サバサバした性格と反発心があるので、「でも、だって」が多くなってしまうでしょう。妄想が好きでつねにいろいろなことを考えすぎてしまいますが、土台が楽観的なので「まあいいや」とコロッと別のことに興味が移って、そこでまた一生懸命になるでしょう。

2024年はこんな年

「銀のインディアン座」のなかでもっとも勝ち負けにこだわる頑張り屋ですが、今年は負けたり差をつけられても気にせず、勝ちを素直に譲るようにしましょう。スポーツや趣味の時間を楽しむなどして、心と体をしっかり充電させておくと、2025年からの運気の流れにうまく乗れそうです。今年は「本気で遊ぶ」を目標にするといいでしょう。ただし、お金の使いすぎには要注意。健康運は、食べすぎで胃腸が疲れてしまうことがあるかも。

開運アクション

- 無駄な反発はしない
- スポーツや趣味を楽しむ
- 勝ちを譲る

銀のインディアン座 命数 12 やんちゃな中学生

もっている星

- ★斬新なアイデアを出す星
- ★都合の悪い話は聞かない星
- ★旅行が好きな星
- ★刺激的な恋をする星
- ★ゴールを見ないで走る星

ラッキーカラー	ブラック オレンジ
ラッキーフード	穴子寿司 さくらんぼ
ラッキースポット	リゾート地 イベント会場

基本性格 内と外の顔が異なる単独行動派

淡々とマイペースに生きていますが、刺激と変化が大好きで、一定の場所でおとなしくしていられるタイプではないでしょう。表面的な部分と内面的な部分とが大きく違う人なので、家族の前と外では別人のようなところもある人。他人の話を最後まで聞かずに先走ってしまうほど無謀な行動が多いですが、無駄な行動は嫌いです。団体行動が嫌いで、たくさんの人が集まると面倒に感じてしまい、単独行動に走ってしまうタイプでしょう。

2024年はこんな年

旅行やライブに出かける機会が増え、楽しい刺激をたくさん受けられる年。仕事を最小限の力でうまく回せるようにもなるでしょう。ただし、周囲からサボっていると思われないよう、頑張っている姿を見せることが大切です。連休の予定を早めに立てて、予約なども先に済ませておくと、やる気がわいてくるでしょう。ダラダラ過ごすくらいなら思い切って遠方のイベントに行ってみるなど、持ち前の行動力を発揮してみて。健康運は、睡眠時間を削らないよう心がけること。

開運アクション

- 相手をよく観察する
- 頑張っている姿を見せる
- 旅行やライブに行く予定を組む

銀のインディアン座

命数

13 愛嬌がある アホな人

もっている星

★超楽観的な星
★よく笑う星
★空腹で不機嫌になる星
★楽しく遊べる人を好きになる星
★体型が丸くなる星

ラッキーカラー　パープル　ライトブルー

ラッキーフード　かれいの煮付け　いちご

ラッキースポット　コンサート　遊園地

基本性格　運に救われるサービス精神旺盛な楽天家

明るく陽気な超楽観主義者。何事も前向きにとらえることができますが、自分で言ったことをすぐに忘れてしまったり、気分で言うことがコロコロ変わったりするシーンも多いでしょう。空腹が耐えられずに、すぐに機嫌が悪くなってしまい、ワガママを言うことも多いでしょう。心は中学2、3年生からまったく成長していませんが、サービス精神が豊富で周囲を楽しませることに長けています。運に救われる場面も多い人でしょう。

2024年はこんな年

遊び心とサービス精神の塊のような人で、いつも明るく元気なタイプですが、今年はさらにパワーアップできる運気です。楽しいことやおもしろいことが増え、最高の年になるでしょう。一方で、忘れ物やうっかりミスをしたり、ワガママな発言が増えてしまうことも。食べすぎで急に体重が増えてしまうこともあるので、快楽に流されないよう気をつけておきましょう。健康運は、遊びすぎに要注意。疲れをためると、のどの不調につながりそうです。

開運アクション

- いつも明るく元気よく、サービス精神を忘れない
- 品よくていねいな言葉遣いを意識する
- 勢いで買い物をしない

銀のインディアン座

命数

14 語りすぎる 人情家

もっている星

★頭の回転が速い星
★一言多い星
★直感で行動する星
★スリムな人を好きになる星
★体力がない星

ラッキーカラー　ホワイト　イエロー

ラッキーフード　ヒラメの刺身　ピーナッツ

ラッキースポット　劇場　旅館

基本性格　人のために行動するが、極端にマイペース

頭の回転が速いですが、おしゃべりでつねに一言多く、語ることが好きです。何度も同じ話を繰り返してしまうことも多いでしょう。極端にマイペースで心は中学3年生からまったく成長していない人です。短気で恩着せがましいところもあります。また、人情家で他人のために考えて行動することが好きなところがある一方で、深入りされるのを面倒に感じるタイプ。空腹と睡眠不足になると不機嫌な態度になってしまう癖もあるでしょう。

2024年はこんな年

何事も直感で決めるタイプですが、今年は気分で判断すると大きなミスにつながる場合があるので注意しましょう。とくに、寝不足や疲れた状態が続くと、勘が外れやすくなってしまいます。また、発言がキツくなることもあるため、言いすぎたり短気を起こさないよう気をつけること。相手のことを考えて言葉を選び、品のある伝え方を学んでみるといいでしょう。健康運は、楽しみながらスタミナをつけられる運動や趣味をはじめるとよさそうです。

開運アクション

- たくさん遊んでストレスを発散する
- 大事なことはメモをとる
- 口が滑ったらすぐに謝る

銀のインディアン座

命数

15 多趣味・多才で不器用な中学生

もっている星

★予定を詰め込む星
★視野が広い星
★知り合いが多い星
★趣味のものが多い星
★ペラい人にハマる星

ラッキーカラー　スカイブルー　ホワイト
ラッキーフード　あんこう鍋　ピスタチオ
ラッキースポット　水族館　アミューズメントパーク

基本性格　先見の明があり、妄想話を繰り返す情報通

多趣味・多才で情報収集能力が高く、いろいろなことを知っているタイプ。段取りと計算が得意ですが、根がいい加減なので詰めが甘いところがあるでしょう。基本的に超マイペースですが、先見の明があり、流行のさらに一歩先を行っているところもあります。家に無駄なものやガラクタが集まりやすいので、いらないものはマメに処分しましょう。妄想話が好きなうえに、何度も同じような話をすることが多く、心は中学3年生のままでしょう。

2024年はこんな年

もともと情報収集が好きですが、今年は間違った情報に振り回されてしまいそうです。遊ぶ時間や衝動買いが増え、出費もかさんでしまうかも。楽しむのはいいですが、詰めの甘さが出たり、欲張ると逆に損をすることもあるので注意しておきましょう。多趣味な一面もありますが、今年は趣味にお金をかけすぎないよう工夫し、自分だけでなく周囲も楽しめるアイデアを考えてみましょう。健康運は、お酒の飲みすぎや予定の詰め込みすぎで、疲労をためないように。

開運アクション

- 情報をよく確認する
- 自分の得だけを考えない
- 新しい趣味をつくる

銀のインディアン座

命数

16 やさしい中学生

もっている星

★なんとなく続ける星
★真面目で誠実な星
★謙虚な星
★片思いが長い星
★冷えに弱い星

ラッキーカラー　レッド　ホワイト
ラッキーフード　雑炊　鶏肉のカシューナッツ炒め
ラッキースポット　映画館　スパ

基本性格　社会に出てから才能が光る超マイペース

真面目で地味なことが好き。基本的に人は人、自分は自分と超マイペースですが、気遣いはできます。ただし遠慮して一歩引いてしまうところがあるでしょう。自分に自信がなく、中学まではパッとしない人生を送りますが、社会に出てからジワジワと能力を発揮するようになります。やさしすぎて便利屋にされることもありますが、友人の縁を思い切って切り、知り合い止まりの人間関係ができると才能を開花させられるでしょう。

2024年はこんな年

ケチケチせずに、しっかり遊んで楽しむことが大切な年。人生でもっとも遊んだと言えるくらい思い切ってみると、のちの運気もよくなるでしょう。旅行に出かけたり、気になるイベントやライブに足を運ぶのもオススメです。ただ、今年出会った人とは一歩引いて付き合うほうがいいでしょう。とくに、調子のいいことを言う人には気をつけておくこと。お得に思える情報にも振り回されないように。健康運は、手のケガをしやすくなるので注意が必要です。

開運アクション

- 明るい感じにイメチェンする
- 自ら遊びに誘ってみる
- 遊ぶときはケチケチしない

銀のインディアン座

命数

17 パワフルな中学生

もっている星

★面倒見がいい星
★根は図々しい星
★無計画なお金遣いの星
★ギックリ腰の星
★ほめてくれる人を好きになる星

ラッキーカラー　ホワイト　ネイビー

ラッキーフード　そうめん　さばの塩焼き

ラッキースポット　遊園地　食フェス

基本性格　不思議な友人がいるマイペースなリーダー

実行力と行動力とパワーがあるタイプ。おだてに極端に弱く、ほめられたらなんでもやってしまう人です。面倒見のいいリーダー的な人ですが、かなりのマイペースなので、突然他人任せの甘えん坊になってしまうことも多いでしょう。行動が雑なので、うっかりミスや打撲などにも注意。何事も勢いで済ませてしまう傾向がありますが、その図々しい性格が不思議な知り合いの輪をつくり、驚くような人と仲よくなることもあるでしょう。

2024年はこんな年

雑な行動が目立ってしまいそうな年。勢いがあるのはいいですが、調子に乗りすぎると恥ずかしい失敗をしたり、失言やドジな出来事が増えやすいので気をつけましょう。ほめられると弱いタイプだけに、悪意のある人にもち上げられる場合も。相手が信頼できる人なのか、しっかり見極めるようにしましょう。後輩や部下と遊んでみると、いい関係をつくれそうです。健康運は、段差でジャンプして捻挫したり、腰痛になるかも。とくに足のケガには注意すること。

開運アクション

- おだてられても調子に乗らない
- 職場の人間関係を楽しむ
- 雑な言動をしないよう気をつける

銀のインディアン座

命数

18 マイペースな常識人

もっている星

★性善説の星
★相手の出方を待つ星
★本当はドジな星
★肌が弱い星
★清潔感あるものを買う星

ラッキーカラー　レッド　ライトブルー

ラッキーフード　うなぎの白焼き　甘酒

ラッキースポット　音楽フェス　お祭り

基本性格　上品でキッチリしつつ楽観的で忘れっぽい

礼儀とマナーをしっかりと守り上品で気遣いができる人。マイペースで警戒心が強く、他人との距離を上手にとるタイプです。キッチリしているようで楽観的なので、時間にルーズなところや自分の言ったことをすぐに忘れてしまうところがあるでしょう。心が中学2、3年生から変わっていないので、見た目は若く感じるところがあります。妄想や空想の話が多く、心配性に思われることもあるでしょう。

2024年はこんな年

小さなミスが増えてしまいそうです。もともと几帳面なタイプですが、めったにしない寝坊や遅刻、忘れ物をして、周囲を驚かせてしまうことがあるかも。一方で今年は、遊ぶといい運気でもあります。とくにこれまで経験したことのない遊びに挑戦してみると、いい思い出になるでしょう。イベントやライブ、フェスでいい経験ができたり、遊び方やノリを教えてくれる人にも出会えるでしょう。健康運は、日焼け対策を念入りにしておかないと、後悔することになりそうです。

開運アクション

- イベントやライブなどに行く
- モテを意識した服を着る
- 遊ぶときは本気で楽しむ

銀のインディアン座

命数

19 小学生芸術家

もっている星

★時代を変えるアイデアを出す星
★言い訳の星
★屁理屈の星
★あまのじゃくな恋の星
★お金が貯まらない星

ラッキーカラー ホワイト ブルー

ラッキーフード 煮込みうどん シナモンロール

ラッキースポット 劇場 イベント会場

基本性格 好きなことと妄想に才能を見せるあまのじゃく

超マイペースな変わり者。不思議な才能と個性をもち、子どものような純粋な心を備えていますが、あまのじゃくなひねくれ者。臆病で警戒心はありますが、変わったことや変化が大好きで、理屈と屁理屈、言い訳が多くなります。好きなことになると驚くようなパワーと才能、集中力を出すでしょう。飽きっぽく継続力がなさそうですが、なんとなく続けていることでいい結果を残せるでしょう。妄想が才能となる人でもあります。

2024年はこんな年

視野が広がり、おもしろい出来事が増える年。何もかも手放して自由になりたくなることがあるかもしれませんが、現状の幸せは簡単に手放さないように。海外旅行などをして、これまで行ったことのない場所を訪れたり未経験のことに挑戦すると、いい刺激になり人生がおもしろくなってくるでしょう。いままで出会ったことのないタイプの人と仲よくなって、楽しい時間を過ごすこともできそうです。健康運は、結膜炎になる可能性があるので注意しておくこと。

開運アクション

- 見知らぬ土地を旅行する
- おもしろそうな人を探す
- 美術館や劇場に行く

銀のインディアン座

命数

20 マイペースな芸術家

もっている星

★深い話が好きな星
★理屈っぽい星
★冷たい言い方をする星
★芸術にお金を使う星
★互いに成長できる恋が好きな星

ラッキーカラー ホワイト 藍色

ラッキーフード ふぐ 梅干し

ラッキースポット 美術館 老舗旅館

基本性格 不思議なことにハマる空想家

理論と理屈が好きで、探求心と追求心のある人。つねにいろいろなことを考えるのが大好きで、妄想と空想ばかりをする癖があります。表面的には人間関係がつくれますが、本音は他人に興味がなく、芸術や美術、不思議な物事にハマることが多いでしょう。非常に冷静で大人な対応ができますが、テンションは中学3年生くらいからまったく変わっていないでしょう。尊敬できる人を見つけると心を開いてなんでも言うことを聞くタイプです。

2024年はこんな年

完璧主義な性格ですが、今年は80点の出来でも「よくできた」と自分をほめるように。物事に集中しづらくもなりそうですが、遊びや趣味を楽しんでみると、やる気を復活させられるでしょう。ふだんならしっかり準備することも、今年は「このくらいでいいかな」と雑な感じになりそうです。ただ、それでもうまくいくことがわかって、少し余裕ができるかも。失言もしやすくなるので、エラそうな言い方はしないこと。健康運は、趣味にハマりすぎて睡眠時間を削らないよう注意して。

開運アクション

- やさしい言葉を使う
- 失敗をおもしろく話す
- 趣味の勉強をする

金の鳳凰座

命数

21 頑固な高校1年生

もっている星

★忍耐力のある星
★昔の仲間に執着する星
★計算が苦手な星
★好きなタイプが変わらない星
★夜が強い星

ラッキーカラー イエロー ブルー
ラッキーフード こんにゃくの煮物 スイートポテト
ラッキースポット スポーツ観戦 キャンプ場

基本性格 仲間意識を強くもつが、ひとりでいるのが好きな人

サッパリと気さくな性格ですが、頑固で意地っ張りな人。負けず嫌いな努力家で、物事をじっくり考えすぎてしまうことが多いでしょう。仲間意識を強くもちますが、ひとりでいることが好きで、単独行動が自然と多くなったり、ひとりで没頭できる趣味に走ったりすることも多いでしょう。しゃべりが苦手で反発心を言葉に出してしまいますが、一言足りないことでケンカになってしまうなど、損をすることが多い人でしょう。

2024年はこんな年

負けず嫌いを押し通して問題ない年。12月まで絶対に諦めない気持ちで頑張り続けるといいでしょう。すでに結果が出ている場合は、謙虚な姿勢を忘れないことが大切。上半期は、よきライバルやともに頑張る仲間ができるため、協力し合うことを素直に楽しんでみて。一緒にスポーツをすると、ストレス発散にもなってよさそうです。健康運は、下半期に胃腸の調子を崩しやすいので、バランスのとれた食事を意識しましょう。

開運アクション

- 協力を楽しんでみる
- 異性の友人を大切にする
- 年末まで諦めない

金の鳳凰座

命数

22 単独行動が好きな忍耐強い人

もっている星

★陰で努力する星
★孤独が好きな星
★豪快にお金を使う星
★刺激的な恋にハマる星
★夜無駄に起きている星

ラッキーカラー ブラック ダークブルー
ラッキーフード 麻婆豆腐 みかん
ラッキースポット ライブハウス スポーツジム

基本性格 内なるパワーが強く、やり抜く力の持ち主

向上心や野心があり、内に秘めるパワーが強く、頑固で自分の決めたことを貫き通す人。刺激が好きで、ライブや旅行に行くと気持ちが楽になりますが、団体行動が苦手でひとりで行動することが好きなタイプ。決めつけがかなり激しく、他人の話の最初しか聞いていないことも多いでしょう。心は高校3年生のようなところがあり、自我はかなり強いですが、頑張る姿や必死になっているところを他人には見せないようにする人です。

2024年はこんな年

長年の夢や希望が叶う年。がむしゃらに頑張る姿を見せないぶん、周囲からなかなか評価されないタイプですが、今年はあなたの実力や陰の努力を認めてくれる人にやっと出会えるでしょう。秘めていた力を発揮する機会も訪れそう。趣味や遊びで続けていたことが、無駄ではなかったと思えるような出来事が起きる場合もあるため、遠慮せず自分をアピールしてみるといいでしょう。健康運は、年末に独自の健康法がアダになってしまうことがあるので、気をつけるように。

開運アクション

- 秘めていた能力を出してみる
- フットワークを軽くする
- 仲間をつくって大切にする

金の鳳凰座

命数

23 陽気なひとり好き

もっている星
★おおらかな星
★楽しくないと愚痴る星
★とりあえず付き合う星
★間食の星
★趣味にお金をたくさん使う星

ラッキーカラー　レッド　ライトブルー
ラッキーフード　ハヤシライス　グレープフルーツ
ラッキースポット　レストラン　コンサート

基本性格　運に救われる明るい一匹オオカミ

ひとつのことをじっくり考えることが好きですが、楽観主義の人。頑固で決めたことを貫き通しますが、「まあなんとかなるかな」と考えるため、周囲からもどっちのタイプかわからないと思われがち。サービス精神はありますが、本音はひとりが好きなため、明るい一匹オオカミのような性格。空腹が苦手で、お腹が空くと何も考えられなくなり、気分が顔に出やすくなるでしょう。不思議と運に救われますが、余計な一言に注意は必要。

2024年はこんな年

運のよさを実感でき楽しく過ごせる年。自分だけでなく周囲も楽しませるつもりで、持ち前のサービス精神をドンドン発揮してみましょう。いい人脈ができ、おもしろい仲間も集まってきそうです。ただし、調子に乗りすぎて余計な発言や愚痴、不満を口にしていると、信用を失ってしまいます。冗談のつもりでも、笑えなければただの悪口で、自ら評判を落とすだけだと思っておきましょう。健康運は、下半期からはとくに運動するよう心がけ、食事は腹八分目を意識しましょう。

開運アクション

- おいしいお店を見つけて周囲に教える
- 調子に乗っても「口は災いのもと」を忘れない
- カラオケやダンスをする

金の鳳凰座

命数

24 冷静で勘のいい人

もっている星
★決めつけが強い星
★過去にこだわる星
★思い出にすがる星
★第一印象で決める星
★寝不足でイライラする星

ラッキーカラー　オレンジ　ターコイズブルー
ラッキーフード　じゃがバター　きなこ餅
ラッキースポット　神社仏閣　ショッピングモール

基本性格　機嫌が言葉に出やすい感性豊かな頑固者

じっくり物事を考えながらも最終的には「勘で決める人」。根はかなりの頑固者で自分の決めたルールを守り通したり、簡単に曲げたりしないタイプ。土台は短気で、機嫌が顔に出て、言葉にも強く出がちですが、余計な一言は出るのに、肝心な言葉が足りないことが多いでしょう。想像力が豊かで感性もあるため、アイデアや芸術系の才能を活かせれば力を発揮する人でもあるでしょう。過去に執着する癖はほどほどに。

2024年はこんな年

上半期は直感を信じて動き、下半期は嫌な予感がしたら立ち止まって冷静に判断するといいでしょう。頭の回転が速くなり、いい判断ができたりアイデアも冴えて、自分でも驚くような才能を開花させられる年になりそうです。とくに長く続けてきたことで大きな結果が出るので、評価をしっかりよろこんでおきましょう。ただし、順調に進むとワガママな発言が増えてくるため、言葉はきちんと選ぶように。健康運は、年末に向けてスタミナをつける運動をしておきましょう。

開運アクション

- 「過去は過去」「いまはいま」と切り替える
- いい言葉を口にする
- 資格取得のための勉強をはじめる

金の鳳凰座 命数 25

ひとりの趣味に走る情報屋

もっている星
★計画が好きな星
★ひとりの趣味に走る星
★趣味で出費する星
★おしゃれな人を好きになる星
★深酒をする星

ラッキーカラー オレンジ ネイビー
ラッキーフード ラタトゥイユ グレープフルーツ
ラッキースポット 温泉旅館 百貨店

基本性格 偏った情報や無駄なものまで集まってくる

段取りと情報収集が好きで、つねにじっくりゆっくりいろいろなことを考える人。幅広く情報を集めているようで、土台が頑固なため、情報が偏っていることも。計算通りに物事を進めますが、計算自体が違っていたり勘違いで突き進むことも多いでしょう。部屋に無駄なものや昔の趣味のもの、着ない服などが集まりやすいのでマメに片付けましょう。気持ちを伝えることが下手で、つねに一言足りないでしょう。

2024年はこんな年

計画していた以上の結果に、自分でも驚くことがありそうです。仕事もプライベートも忙しくなり、あっという間に1年が過ぎてしまうでしょう。ひとりの趣味を楽しむのもいいですが、今年は交友関係が広がるような趣味をはじめるのもオススメの運気です。また、美意識をもっと高めてみてもいいでしょう。健康運は、お酒の席が増えたり夜更かしが続くと、下半期に疲れが出るので気をつけましょう。予定を詰め込みすぎず、ゆっくり休む日をあらかじめつくっておくとよさそうです。

開運アクション

- フットワークを軽くする
- 趣味を増やす
- 価値観の違う人と話す

金の鳳凰座 命数 26

我慢強い真面目な人

もっている星
★我慢強い星
★引き癖の星
★貯金の星
★温泉の星
★つくしすぎてしまう星

ラッキーカラー オレンジ イエロー
ラッキーフード おからの煮物 豚のしょうが焼き
ラッキースポット 温泉 音楽ライブ

基本性格 ひとりで慎重に考えてゆっくり進む

頑固で真面目で地味な人。言葉を操るのが苦手です。受け身で待つことが多く、反論することや自分の意見を言葉に出すことが苦手で、一言二言足りないことがあるでしょう。寂しがり屋ですが、ひとりが一番好きで音楽を聴いたり本を読んだりしてのんびりする時間がもっとも落ち着くでしょう。何事も慎重に考えるため、すべてに時間がかかり、石橋を叩きすぎてしまうところがあります。過去に執着しすぎてしまうことも多いでしょう。

2024年はこんな年

結果が出るまでに、もっとも時間のかかるタイプ。注目されるのを避けすぎると、せっかくのいい流れに乗れなくなってしまうこともあるので、今年は目立つポジションも遠慮せずに受け入れてみましょう。何事もできると信じ、不慣れなことでも時間をかけて取り組むように。周囲の信頼に応えられるよう頑張ってみましょう。健康運は、下半期は冷えが原因で体調を崩しやすくなりそうです。基礎代謝を上げるためにも定期的な運動をしておきましょう。

開運アクション

- 勇気を出して行動する
- 自分をもっと好きになってみる
- 言いたいことはハッキリ言う

金の鳳凰座 命数 27 猪突猛進なひとり好き

もっている星
★パワフルな星
★行動が雑な星
★どんぶり勘定の星
★押しに弱い星
★足をケガする星

ラッキーカラー　オレンジ　ネイビー
ラッキーフード　トマトソースパスタ　メロン
ラッキースポット　映画館　空港

基本性格　ほめられると面倒見がよくなる行動派

自分が正しいと思ったことを頑固に貫き通す正義の味方。曲がったことが嫌いで、自分の決めたことを簡単には変えられない人ですが、面倒見がよく、パワフルで行動的です。ただし、言葉遣いが雑で、一言足りないケースが多いでしょう。おだてに極端に弱く、ほめられるとなんでもやってしまいがちで、後輩や部下がいるとパワーを発揮しますが、本音はひとりが一番好きなタイプ。自分だけの趣味に走ることも多いでしょう。

2024年はこんな年

実力でポジションを勝ちとれる年。一度決めたことを貫き通す力がもっともあるタイプなので、これまでうまくいかなかったことでも流れを変えられたり、強力な味方をつけることができそうです。おだてに乗れるときはドンドン乗り、自分だけでなく周囲の人にもよろこんでもらえるよう努めると、さらにいい縁がつながっていくでしょう。健康運は、パワフルに行動するのはいいですが、下半期は足のケガや腰痛に気をつけましょう。

開運アクション

- ほめられたら素直によろこぶ
- まとめ役やリーダーになる
- せっかちにならないよう気をつける

金の鳳凰座 命数 28 冷静で常識を守る人

もっている星
★安心できるものを購入する星
★親しき仲にも礼儀ありの星
★勘違いの星
★しゃべりが下手な星
★寂しがり屋のひとり好きな星

ラッキーカラー　ブルー　ホワイト
ラッキーフード　ゆば　あじフライ
ラッキースポット　ホテル　美術館

基本性格　気にしすぎてしまう繊細なロベタ

礼儀正しく上品で、常識をしっかり守れる人ですが、根が頑固で融通がきかなくなってしまうタイプ。繊細な心の持ち主ですが、些細なことを気にしすぎてしまったり、考えすぎてしまったりすることも。しゃべりは自分が思っているほど上手ではなく、手紙やメールのほうが思いが伝わることが多いでしょう。過去の出来事をいつまでも考えすぎてしまうところがあり、新しいことになかなか挑戦できない人です。

2024年はこんな年

順序や手順をしっかり守るのはいいですが、臆病なままではチャンスをつかめません。今年はワガママを通してみるくらいの気持ちで自分に素直になってみましょう。失敗を恐れて動けなくなってしまうところがありますが、今年は何事も思った以上にうまくいく運気なので、積極的に行動を。周りの人を信じれば、いい味方になってくれるでしょう。健康運は、ストレスが肌に出やすいので、スキンケアを念入りに。運動で汗を流すのもよさそうです。

開運アクション

- ビビらずに行動する
- 笑顔と愛嬌を意識する
- 他人の雑なところを許す

金の鳳凰座

命数

29 頑固な変わり者

もっている星

★自由に生きる星
★おもしろい発想ができる星
★束縛されると逃げる星
★お金に縁がない星
★寝不足の星

ラッキーカラー　オレンジ　ブルー

ラッキーフード　カリフォルニアロール　えだまめ

ラッキースポット　美術館　劇場

基本性格　理屈っぽくて言い訳の多いあまのじゃく

自由とひとりが大好きな変わり者。根は頑固で自分の決めたルールや生き方を貫き通しますが、素直ではない部分があり、わざと他人とは違う生き方や考え方をすることが多いでしょう。芸術や美術など不思議な才能をもち、じっくりと考えて理屈っぽくなってしまうことも。しゃべりは下手で一言足りないことも多く、団体行動が苦手で、つねに他人とは違う行動を取りたがります。言い訳ばかりになりやすいので気をつけましょう。

2024年はこんな年

上半期は、あなたの自由な発想や才能、個性が評価される運気。遠慮せずドンドン自分の魅力をアピールするといいでしょう。独立したりフリーで活動したくなりますが、お金の管理ができないならやめておいたほうがいいでしょう。現状を維持しながら趣味を広げるのがよさそうです。時間を見つけて海外など見知らぬ土地へ行ってみると、大きな発見があるでしょう。健康運は、下半期に目の病気や視力の低下が見つかりやすいので注意して。

開運アクション

- アイデアをドンドン出す
- 異性の前では素直になる
- 現状に飽きたときほど学ぶことを探す

金の鳳凰座

命数

30 理屈が好きな職人

もっている星

★年配の人と仲よくなれる星
★考えすぎる星
★同じものを買う星
★心を簡単に開かない星
★睡眠欲が強い星

ラッキーカラー　朱色　パープル

ラッキーフード　大豆の煮物　バナナ

ラッキースポット　神社仏閣　劇場

基本性格　好きな世界にどっぷりハマる頑固な完璧主義者

理論と理屈が好きで、探求心と追求心があり、自分の決めたことを貫き通す完璧主義者で超頑固な人。交友関係が狭くひとりが一番好きなので、自分の趣味にどっぷりハマってしまうことも多いでしょう。芸術や美術、神社仏閣などの古いものに関心があり、好きなことを深く調べるので知識は豊富ですが、視野が狭くなってしまう場合も。他人を小馬鹿にしたり評論する癖はありますが、人をほめることで認められる人になるでしょう。

2024年はこんな年

長い時間をかけて取り組んでいたことや研究していたことが役に立ったり、評価される運気。かなり年上の人とも仲よくなれ、味方になってもらえるでしょう。尊敬できる人にも出会えそうです。長らく評価されなかった人や誤解されていた人も、この1年で状況が大きく変わることがあるので、最後まで諦めず、粘り続けてみましょう。健康運は、年末にかけて肩こりや目の疲れが出やすいため、こまめに運動しておくこと。

開運アクション

- 尊敬している人と仲よくなる
- 言い訳をしない
- 頑張っている人をほめる

銀の鳳凰座

命数 **21**

覚悟のある意地っ張りな人

もっている星
- ★根性のある星
- ★しゃべりが下手な星
- ★ギャンブルに注意な星
- ★過去の恋を引きずる星
- ★冬に強い星

基本性格　一度思うと考えを変えない自我のかたまり

超負けず嫌いな頑固者。何事もじっくりゆっくり突き進む根性がある人。体力と忍耐力はありますが、そのぶん色気がなくなってしまい、融通がきかない生き方をすることが多いでしょう。何事も最初に決めつけてしまうため、交友関係に問題があってもなかなか縁が切れなくなったり、我慢強い性格が裏目に出てしまうことも。時代に合わないことをし続けがちなので、最新の情報を集めたり、視野を広げる努力が大事でしょう。

開運アクション
- 全力を出し切ってみる
- 目標をしっかり定める
- 協力することを楽しむ

2024年はこんな年　ライバルに勝てる年。周りの意見を取り入れてみて

目標をしっかり定めることで、パワーや才能を発揮できるタイプ。今年はライバルに勝つことができたり、目標や目的を達成できる運気です。何があっても諦めず、出せる力をすべて出し切るくらいの気持ちで取り組むといいでしょう。ただ、頑固な性格で、人に相談せずなんでもひとりで頑張りすぎてしまうところがあるので、周囲の話に耳を傾け、アドバイスをもらうことも大切に。いい情報を聞けたり、自分の魅力をもっとうまく出せるようになるはずです。

恋愛&結婚

対等に付き合える関係を望むあなたにとって、理想的とも言えるような人と交際できる運気。職場の人や趣味の仲間など、運命の相手はあなたの近くにいるかもしれません。とくに、習い事や定期的に通う場所でできた友人と、いい関係に発展しやすいでしょう。将来役立ちそうな資格の取得に向けてスクールに行くと、素敵な人に出会えることもありそうです。結婚運は、同僚や同級生など、対等でいられる人や身近な人と結ばれる運気。

仕事&お金

これまでの頑張りが評価されて、同期や先輩よりもいい結果を残すことができるでしょう。努力が報われる一方で、あなたをやっかむ人も出てきそうですが、批判的な言葉は無視して、やれることをやり切ることが大切です。周囲と協力すると、さらに大きな結果を残せるでしょう。自分ひとりの力には限界があることも覚えておくように。金運は、仕事に役立つことや、体を鍛えることにお金を使うとよさそうです。

ラッキーカラー	ラッキーフード	ラッキースポット
オレンジ、ブルー	山芋ステーキ、くるみ	スポーツジム、スタジアム

銀の鳳凰座

命数

22 決めつけが激しい高校3年生

もっている星

★秘めたパワーがある星
★過信している星
★ものの価値がわかる星
★やんちゃな恋にハマる星
★寒さに強い星

基本性格 人の話を聞かない野心家

かなりじっくりゆっくり考えて進む、超頑固な人ですが、刺激や変化を好み、合理的に生きようとします。団体行動が苦手でひとりの時間が好き。旅行やライブに行く機会も自然に増えるタイプでしょう。向上心や野心はかなりありますが、ふだんはそんなそぶりを見せないように生きています。他人の話の前半しか聞かずに飛び込んでしまったり、周囲からのアドバイスはほぼ聞き入れないで、自分の信じた道を突き進むでしょう。

開運アクション

- 得意なことをアピールする
- 手に入れたものへの感謝を忘れない
- 自分の理論を信じて行動する

2024年はこんな年 本気を出して勝負に出ると大成功につながる

密かに頑張ってきたことで力を発揮できる年。今年は、一生懸命になることをダサいと思わず、本気で取り組んでいる姿や周囲とうまく協力する姿勢を見せるようにしましょう。周りに無謀だと思われるくらい思い切って行動すると、大成功や大逆転につながる可能性も。これまでの努力や自分の実力を信じてみるといいでしょう。多少の困難があったほうが、逆に燃えそうです。健康運は、ひとりで没頭できる運動をするといいでしょう。

恋愛&結婚

好きな人と交際できる最高の年。ただし、手に入ったとたん急に冷める癖があるため、最高の運気を自ら手放してしまうことも。今年に入ってから出会ったり交際がはじまった人は、運命の相手である可能性が高いので、大切にしましょう。ただし、手の届かない人は追いかけすぎないように。刺激が欲しいなら、恋愛ではなく趣味や仕事などに求めましょう。結婚運は、熱が冷めないうちに一気に話を進めるとよさそうです。結婚生活にいろいろな期待を膨らませてみるといいでしょう。

仕事&お金

今年の頑張りが、出世や今後のポジションに大きな影響を与えることになる運気。「結果さえよければいい」という考えで働いていると評価されない場合があるため、やる気をしっかりアピールすることが大切です。頑張っている姿を人に見せるのが苦手なタイプですが、今年はできるだけ見せておくほうがいいでしょう。あなたの考えや理論がうまくハマって、大きな結果につながる可能性も高いので、自分を信じて勝負に出てみるのもよさそうです。金運は、やる気になれるものがあれば、購入しておきましょう。

ラッキーカラー	ラッキーフード	ラッキースポット
オレンジ、ダークブルー	ねぎま、ヨーグルト	ライブハウス、リゾート地

銀の鳳凰座

命数

23 頑固な気分屋

もっている星

★楽天家の星
★欲望に流される星
★空腹になると不機嫌になる星
★ノリで恋する星
★油断すると太る星

基本性格 陽気で仲間思いだけど、いい加減な頑固者

明るく陽気ですが、ひとりの時間が大好きな人。サービス精神が豊富で楽しいことやおもしろいことが大好き。昔からの友人を大切にするタイプ。いい加減で適当なところがありますが、根は超頑固で、周囲からのアドバイスには簡単に耳を傾けず、自分の生き方を貫き通すことが多いでしょう。空腹になると機嫌が悪くなり態度に出やすいのと、余計な一言が多いのに肝心なことを伝えきれないところがあるでしょう。

開運アクション

- お礼と感謝をしっかり伝える
- 明るい色の服を着る
- 笑顔を意識する

2024年はこんな年 関わる人を笑顔にすると運を味方にできる

「銀の鳳凰座」のなかでもっとも喜怒哀楽が出やすいタイプですが、とくに今年は、うれしいときにしっかりよろこんでおくと、さらによろこべることが舞い込んできそう。遠慮せず、楽しさやうれしさを表現しましょう。関わるすべての人を笑わせるつもりで、みんなを笑顔にできるよう努めると、運を味方にできそうです。あなたに協力してくれる人が集まって、今後の人生が大きく変わるきっかけになることも。健康運は、ダンスやヨガをはじめると、健康的な体づくりができるでしょう。

恋愛&結婚

一緒に楽しい時間を過ごせる人と交際に発展する年。好きな人や気になる人の前でよく笑い、楽しい雰囲気づくりを意識しておくだけで、相手の心をつかめそうです。モテるのはいいことですが、複数の人から言い寄られて、本命がわからなくなってしまうことも。こまめな連絡を忘れず、明るい色の服を身につけておくと、うまくいきやすいでしょう。結婚運は、勢いで婚姻届の提出まで進められそうです。結婚後の「楽しい家庭」について、前向きに話しておくといいでしょう。

仕事&お金

周りの人に助けてもらう機会が増える運気。お礼や感謝をしっかり伝えることで、いい人間関係やチームワークを築けるでしょう。仕事に取り組むときは、自分のことよりも全体を見て、どうしたらみんなで笑顔になれるかを考えること。そうすれば実力をうまく発揮でき、思った以上の結果が出せるでしょう。現状に愚痴や不満があるなら、転職を検討してもよさそうです。金運は、周囲にご馳走するなど、みんなで楽しむためにお金を使うと、お金のめぐりがさらによくなるでしょう。

ラッキーカラー	ラッキーフード	ラッキースポット
オレンジ、レッド	揚げ出し豆腐、みかん	コンサート、レストラン

銀の鳳凰座

命数

24 忍耐力と表現力がある人

もっている星

★直感力が優れている星
★過去を引きずる星
★情にもろい星
★一目惚れする星
★手術する星

基本性格 意志を貫く感性豊かなアイデアマン

じっくり物事を考えているわりには直感を信じて決断するタイプ。超頑固で一度決めたことを貫き通す力が強く、周囲からのアドバイスを簡単には受け入れないでしょう。短気で毒舌なところもあり、おっとりとした感じに見えてもじつは攻撃的な人。過去の出来事に執着しやすく、恩着せがましい部分もあるでしょう。感性は豊かで、新たなアイデアを生み出したり、芸術的な才能を発揮したりすることもあるでしょう。

開運アクション

- 直感を信じて行動する
- やさしい言葉や表現を学ぶ
- ひとつのことを極める努力をする

2024年はこんな年 伝え上手になればさらにいい人脈が広がる

しっかり考えたうえで最後は直感で動くタイプ。今年は勘が鋭くなって的確な判断ができ、いいアイデアも浮かぶでしょう。運気の流れはいいですが、調子に乗りすぎると短気を起こし、余計な発言をしてしまう場合があるので十分注意すること。本や舞台などで使われている表現を参考にしてみると、伝え上手になり、さらにいい人脈ができそうです。トーク力のある人に注目するのもオススメ。健康運は、こまめにストレスを発散すれば、体調を崩すことはなさそうです。

恋愛&結婚

一目惚れから恋がはじまるパターンが多いですが、思いが強すぎて、別のいい人がいても見逃してしまうところがあります。今年は視野を広げ、ほかの人にも目を向けてみると、素敵な人に気づけたり、運命の人を見つけられることもあるでしょう。過去の恋人や好きだった人の影を追いかけすぎないことも大切です。集まりにはできるだけ顔を出しておくと、いまの自分に見合う相手に出会えるでしょう。結婚運は、突然話が盛り上がりそう。その勢いで婚姻届を出すといいでしょう。

仕事&お金

ひとつの仕事を極めることができるタイプ。2024年は専門知識や特殊な技術をもっている人ほど重要なポジションを任せてもらえるようになり、出世や昇格のチャンスがあるでしょう。とくに手に職がない人でも、いまの仕事をもっと極めるために努力することで、評価されるようになりそうです。気になる資格があるなら今年から勉強をはじめると、人生が大きく変わってくるかも。金運は、気分転換に使う金額を、あらかじめ決めておくといいでしょう。

ラッキーカラー	ラッキーフード	ラッキースポット
オレンジ、シルバー	オニオンリング、レモン	劇場、百貨店

銀の鳳凰座

命数

25 忍耐力がある商売人

もっている星

★情報収集が得意な星
★夜はお調子者の星
★お金の出入りが激しい星
★お得な恋が好きな星
★疲れをためやすい星

基本性格　お調子者に見えて根は頑固

フットワークが軽く、情報収集も得意で段取りも上手にできる人ですが、頑固で何事もゆっくり時間をかけて進めるタイプ。表面的には軽い感じに見えても、芯がしっかりしています。頑固なため、視野が狭く情報が偏っている場合も多いでしょう。お調子者ですが、本音はひとりの時間が好き。多趣味で買い物好きになりやすいので、部屋には使わないものや昔の趣味の道具が集まってしまうことがあるでしょう。

開運アクション

- 自分も周囲も得することを考えて行動に移す
- どんな約束も守る
- 新たな趣味を見つける

2024年はこんな年　何事も計画通りに進む年。「みんなの得」を考えよう

物事が予定通りに進み、忙しくも充実する年。計算通りに目標を達成して満足できるでしょう。ただしそこで油断せず、次の計画もしっかり立てておくことが大切です。自分の得ばかりではなく、周囲の人や全体が得する方法を考えてみると、いい仲間ができるでしょう。小さな約束でも必ず守ることで、いい人間関係も築けそうです。できない約束は、最初からしないように。健康運は、睡眠不足で疲れをためないよう、就寝時間を決めて生活リズムを整えましょう。

恋愛&結婚

周囲からモテるタイプを好きになるところがあるため、恋の競争率が高くなりがちですが、今年は周りがうらやむような人と交際できそうです。大人の社交場やゴルフに行ってみるなど、行動範囲をいつもと変えることで、素敵な人に出会えるかも。恋をゲーム感覚で楽しめるような心の余裕をもっておくと、さらに魅力がアップし、駆け引きもうまくできるようになるでしょう。結婚運は、お金持ちや安定した収入のある人と話が進みそうな運気です。

仕事&お金

視野を広げ、柔軟な発想を心がけることで、才能が開花するでしょう。人付き合いを楽しんだり、いろいろな趣味に挑戦してみるとよさそうです。フットワークを軽くすることで楽しく仕事ができ、周囲からの評価も高まるでしょう。物事を想定通りに進めやすい運気ですが、そもそも不向きな仕事に就いている場合は、計算通りにいかないことも。金運は、買い物をすると運気が上がるタイプではありますが、無駄遣いせず、価値のあるものを選ぶようにしましょう。

ラッキーカラー	ラッキーフード	ラッキースポット
オレンジ、ネイビー	きんぴらごぼう、マスカット	旅館、ショッピングモール

銀の鳳凰座 命数 26

忍耐力がある現実的な人

もっている星
★粘り強い星
★言いたいことを我慢する星
★音楽を聴かないとダメな星
★初恋を引きずる星
★ポイントをためる星

基本性格 じっと耐える口ベタなカタブツ

超がつくほど真面目で頑固。他人のために生きられるやさしい性格で、周囲からのお願いを断れずに受け身で生きる人ですが、「自分はこう」と決めた生き方を簡単に変えられないところがあり、昔のやり方や考えを変えることがとても苦手でしょう。臆病で寂しがり屋ですが、ひとりが大好きで音楽を聴いて家でのんびりする時間が欲しい人。気持ちを伝えることが非常に下手で、つねに一言足りないので会話も聞き役になることが多いでしょう。

開運アクション

- 貪欲に生きる
- 言いたいことはハッキリ伝える
- 勇気と度胸を忘れない

2024年はこんな年 チャンスに恵まれるとき。幸せになるのに遠慮は禁物

地味で目立たないタイプですが、今年は信頼を得られ、大きなチャンスがめぐってくるでしょう。ここで遠慮したり引いてしまうと、いい運気の流れに乗れないどころか、マイナスな方向に進んでしまいます。これまで頑張ってきたご褒美だと思って、流れを受け入れるようにしましょう。「人生でもっとも欲張った年」と言えるくらい幸せをつかみにいき、ときにはワガママになってみてもいいでしょう。健康運は、不調を我慢していた人は体調を崩しやすい時期。温泉に行くのがオススメです。

恋愛&結婚 片思いが実りやすい年。一度好きになると長いタイプですが、2023年に諦め切れなかった人がいるなら、今年がラストチャンスだと思いましょう。1月中に答えが出なければキッパリ諦め、新しい恋に目を向けると、やさしい人や目立たずとも素敵な人を見つけられそう。今年は、一緒にいて安心できる人と交際に進める運気です。勇気を出すことと、自分磨きをサボらないことを意識しましょう。結婚運は、婚姻届を出すには最高のタイミング。「人生は度胸」だと思って、思い切って決断を。

仕事&お金 真面目に仕事に取り組むことで信頼を得られ、チャンスにも恵まれるでしょう。サポート的な役割のほうが向いているタイプですが、2024年は目立つポジションを任される流れになりそうです。頼まれたら臆せず頑張ってみると、しっかりこなせるようになるでしょう。謙虚な気持ちも大切ですが、遠慮ばかりしないで周囲の期待に応えようと勇気を出すことで、仕事が楽しくなるはずです。金運は、NISAなどでじっくりゆっくりお金を増やしていくといいでしょう。

ラッキーカラー	ラッキーフード	ラッキースポット
オレンジ、スカイブルー	ホルモン炒め、蜂蜜	アウトレット、水族館

銀の鳳凰座

命数

27 落ち着きがある正義の味方

もっている星

- ★行動すると止まらない星
- ★甘えん坊な星
- ★ほめられたら買ってしまう星
- ★押しに弱い星
- ★打撲が多い星

基本性格 ほめられると弱い正義感のかたまり

頑固でまっすぐな心の持ち主で、こうと決めたら猪突猛進するタイプ。正義感があり、正しいと思い込んだら簡単に曲げられませんが、強い偏見をもってしまうこともあり、世界が狭くなることが多いでしょう。つねに視野を広げるようにして、いろいろな考え方を学んでおくといいでしょう。また、おだてに極端に弱く、ほめられたらなんでもやってしまうところがあり、しゃべりも行動も雑なところがあるでしょう。

開運アクション

- 自分の意志を通す
- 人をたくさんほめて認める
- 後輩や部下の面倒を見る

2024年はこんな年 夢や目標を達成できる年。人の「いいところ」に注目を

駆け引きや臨機応変な対応が苦手で、人生すべてが直球勝負のまっすぐな人。今年は持ち前の正義感や意志の強さを活かせて、目標や夢を達成できるでしょう。不器用ながらも、自分の考えを通し切ってよかったと思えることもありそうです。人とのつながりが大切な年なので、好き嫌いをハッキリさせすぎないように。相手のいい部分に注目したり、多少の失敗は大目に見るといいでしょう。健康運は、パワフルに動きすぎて疲れをためないよう、こまめに休むことが大切です。

恋愛&結婚

好き嫌いがハッキリしていて、ストレートな告白や押しに弱いタイプ。今年はモテそうですが、押し切られて交際するよりも、好きな人には自分からこまめに連絡して、告白してもらえるように仕向けるほうがいいでしょう。ただ、恋をすると急に暴走することがあるので、空回りしないよう気をつけること。気になる人がいるなら相手をたくさんほめてみると、いい関係に進めそうです。結婚運は、突然勢いで結婚することがある運気。盛り上がっているうちに話をまとめましょう。

仕事&お金

多少問題が起きても力業で解決できそうです。何事にも正面からぶつかっていくあなたの姿勢や勢いを見て、周囲が協力してくれることも。正しいと思った方法はドンドン試し、言いたいことは伝えるようにするといいでしょう。今年は、リーダーや上の立場で能力が開花するタイミング。後輩や部下の面倒を見ると、味方になってもらえることもありそうです。独立や起業にむけて、準備や勉強をするのもオススメ。金運は、周囲にご馳走するのはいいですが、ほどほどにしておきましょう。

ラッキーカラー	ラッキーフード	ラッキースポット
オレンジ、ネイビー	担々麺、キウイ	動物園、デパート

銀の鳳凰座

命数

28 ゆっくりじっくりで品のある人

もっている星

★ゆっくりじっくりの星
★人前が苦手な星
★割り勘が好きな星
★恋に不器用な星
★口臭を気にする星

基本性格　気持ちが曲げられない小心者

上品で常識やルールをしっかり守る人ですが、根が超頑固で曲がったことができない人です。ひとりが好きで単独行動が多くなりますが、寂しがり屋で人のなかに入りたがるところがあるでしょう。自分の決めたことを曲げない気持ちが強いのに、臆病で考えすぎてしまったり、後悔したりすることも多いタイプ。思ったことを伝えるのが苦手で、一言足りないことが多いでしょう。ただし、誠実さがあるので時間をかけて信頼を得るでしょう。

開運アクション

- 心配や不安を手放す
- 年上の人に会う
- チャンスに臆病にならない

2024年はこんな年　周囲の期待が集まる年。挑戦すればいい経験につながる

品と順序を守り、時間をかけて信頼を得るタイプ。今年はあなたに注目が集まる運気です。ただし、恥ずかしがったり失敗を恐れて挑戦できずにいると、チャンスを逃してしまいます。今年は失敗してもすべていい経験になるので、何事も勇気を出してチャレンジしてみるといいでしょう。周囲から頼られたり期待を寄せられたら、最善をつくしてみると、実力以上の結果を残せて、いい人脈もできそうです。健康運は、汗をかく程度の運動を定期的にしておきましょう。

恋愛&結婚

恋に臆病で奥手なままでは、せっかくのいい運気に乗れなくなってしまいます。自ら動く勇気をもち、自分磨きをサボらないようにしましょう。「目が合うのは自分のことが好きな証拠」と思い込むくらい、あえて勘違いして行動してみるとよさそうです。恥ずかしがっていては、いつまでも状況は変わらないもの。今年は最高の相手と交際できる運気なので、自信をもって動きましょう。結婚運は、話が計画通り順調に進みそうです。細かいことは気にしないように。

仕事&お金

持ち前の几帳面さを活かせる職場であれば、満足のいく結果を出せて、高い評価も得られる年。上下関係や礼儀をわきまえていてマナーのいいところを上司や偉い人に気に入られ、大抜擢される流れもあるでしょう。臆病にならず、思い切って受け入れてみることが大切です。「まだ早い」などと遠慮するといい流れが止まってしまいます。あなたを信頼してくれる人を信じて頑張ってみましょう。金運は、頑張ったときは自分にご褒美を買うと、仕事のやる気にうまくつなげられそう。

ラッキーカラー	ラッキーフード	ラッキースポット
オレンジ、シルバー	卵焼き、桃	音楽フェス、ホテル

銀の鳳凰座

命数

29 覚悟のある自由人

もっている星

★人と違う生き方をする星
★独特なファッションの星
★睡眠欲が強いが夜更かしする星
★不思議な人を好きになる星
★お金に執着しない星

基本性格 発想力豊かで不思議な才能をもつ変人

独特な世界観をもち他人とは違った生き方をする頑固者。自由とひとりが好きで他人を寄せつけない生き方をし、独自路線に突っ走る人。不思議な才能や特殊な知識をもち、言葉数は少ないですが、理論と理屈を語るでしょう。周囲から「変わってる」と言われることも多く、発想力が豊かで、理解されると非常におもしろい人だと思われますが、基本的に他人に興味がなく、尊敬できないと本音で話さないのでそのチャンスも少ないでしょう。

開運アクション

- 屁理屈と言い訳を言わない
- 恋も仕事も素直に楽しむ
- 学んだことを教える

2024年はこんな年 チャンスに恵まれるとき。ドンドン自分を出していこう

変わり者ですが独特の感性をもっているタイプ。今年はあなたの発想力や個性、才能や魅力が認められる年です。とくにアイデアや芸術系の才能が注目されるため、自分の意見を素直に伝えてみるといいでしょう。プライドの高さとあまのじゃくなところが邪魔をして、わざとチャンスを逃してしまう場合がありますが、今年はしっかり自分を出すことが大切です。厳しい意見も、自分のためになると思って受け止めましょう。健康運は、睡眠時間を削らないように。

恋愛&結婚

恋愛に対する関心が薄く、執着されるのも嫌いなので、自由でいられる相手を好むでしょう。かなり個性的な人や才能がある人にも惹かれがちですが、今年はあなたの個性や才能に惹かれる人がたくさん現れる運気です。あまのじゃくな態度でいるといつまでも交際に進めないので、付き合うことをおもしろがってみるといいでしょう。「天才」レベルの人と交際できることもあるかも。結婚運は、もともと願望が弱いタイプですが、結婚できる空気があるなら、素直に婚姻届を出しましょう。

仕事&お金

センスを活かせる1年。アート系や特殊なスキルが必要な仕事など、持ち前のアイデアや頭脳で大活躍できる運気です。天才肌が多いわりに、公務員などの堅い仕事に就いている人がたくさんいるのもこのタイプ。今年は仕事で大きな結果を残せるので、力を出し惜しみせず、何事も真剣に取り組みましょう。おもしろそうなアイデアが浮かんだら周囲に伝えてみると、賛同を得られることもありそう。金運は、浪費癖を直すことが大切です。NISAや地道な積立預金などをしておきましょう。

ラッキーカラー	ラッキーフード	ラッキースポット
オレンジ、レッド	カレーライス、みょうが	劇場、海外旅行

銀の鳳凰座

命数

30 頑固な先生

もっている星

- ★心が60歳の星
- ★賢い人が好きな星
- ★他人を受け入れない星
- ★目の病気の星
- ★冷静で落ち着いている星

基本性格 自分の好きな世界に閉じ込もる完璧主義者

理論と理屈が好きな完璧主義者。おとなしそうですが、秘めたパワーがあり、自分の好きなことだけに没頭するタイプ。何事にもゆっくりで冷静ですが、心が60歳なため、神社仏閣など古いものや趣深い芸術にハマることが多いでしょう。尊敬する人以外のアドバイスは簡単に聞き入れることがなく、交友関係も狭く、めったに心を開きません。「自分のことを誰も理解してくれない」と思うこともあるほどひとりの時間を大事にするでしょう。

開運アクション

- 他人のいいところを見つけてほめる
- 資格取得に向けて勉強する
- やさしい表現や言葉を学ぶ

2024年はこんな年 積み重ねが評価される年。「教える立場」で活躍の予感

長年積み重ねてきたことや、続けていた研究・勉強に注目が集まる年。密かに集めていたデータ、独自の分析などが役に立つでしょう。身につけたスキルを教える立場になったり、先生や指導者としての能力に目覚めることも。プライドが高く自信家なのはいいですが、周囲に助けを求められないところや、協力してもらいたくてもなかなか頭を下げられない一面があります。今年は素直に助けてもらうようにしましょう。健康運は、栄養バランスの整った食事を意識しておくこと。

恋愛&結婚

尊敬できる人を好きになるタイプ。今年は、理想の相手と交際をスタートさせることができる運気です。同年代よりも、年上や特別な技術・才能を活かして活躍している人と縁があるでしょう。集まりにはできるだけ足を運び、他人の能力や個性をほめてみると、いい縁がたくさんつながってきそうです。モテを意識したイメチェンをするのもオススメ。結婚運は、今年結婚すると最高の幸せをつかめるので、勢いでしてもいいでしょう。

仕事&お金

専門知識やスキルがある人ほど高く評価される年。周りを教育したり指導する立場の人や研究職などに就いている人も、才能を活かせそうです。何かひとつでもいいので、今年から仕事を極めるために努力してみるといいでしょう。資格や免許の取得、スキルアップのために動いておくと、のちの人生が大きく変わってきそうです。冷たい言葉が出やすいので、やさしい表現を学び、味方をたくさんつくっておくことも大切。金運は、仕事や勉強に役立つものに優先してお金を使いましょう。

ラッキーカラー	ラッキーフード	ラッキースポット
オレンジ、藍色	すき焼き、アスパラ串	書店、劇場

金の時計座 命数 31

誰にでも平等な高校1年生

もっている星
★誰とでも対等の星
★メンタルが弱い星
★友情から恋に発展する星
★肌荒れの星
★お金より人を追いかける星

ラッキーカラー　ピンク　イエロー
ラッキーフード　かに　ミックスナッツ
ラッキースポット　庭園　喫茶店

基本性格　仲間を大切にする少年のような人

心は庶民で、誰とでも対等に付き合う気さくな人です。情熱的で「自分も頑張るからみんなも一緒に頑張ろう!」と部活のテンションのような生き方をするタイプで、仲間意識や交友関係を大事にします。一見気が強そうですが、じつはメンタルが弱く、周囲の意見などに振り回されてしまうことも多いでしょう。サッパリとした性格ですが、少年のような感じになりすぎて、色気がまったくなくなることもあるでしょう。

2024年はこんな年

ライバルに先を越されたり、頑張りが裏目に出てしまいがちな年。意地を張るより、素直に負けを認めて相手に道を譲るくらいのほうがいいでしょう。あなたの誰とでも対等でいようとする姿勢が、生意気だと思われてしまうこともあるため、上下関係はしっかり意識するように。出会った人には年齢に関係なく敬語を使うつもりでいるとよさそうです。健康運は、胃腸の調子を崩したり、不眠を感じることがあるかも。ひとりで没頭できる運動をすると、スッキリするでしょう。

開運アクション

- 得意・不得意を見極める
- 旅行やライブを楽しむ
- 無駄な反発はしない

金の時計座 命数 32

刺激が好きな庶民

もっている星
★話の先が読める星
★裏表がある星
★夢追い人にお金を使う星
★好きな人の前で態度が変わる星
★胃炎の星

ラッキーカラー　ピンク　ダークブルー
ラッキーフード　焼き鳥　梨
ラッキースポット　避暑地　美術館

基本性格　寂しがり屋だけど、人の話を聞かない

おとなしそうで真面目な印象ですが、根は派手なことや刺激的なことが好きで、大雑把なタイプ。心が庶民なわりには一発逆転を目指して大損したり、大失敗したりすることがある人でしょう。人が好きですが団体行動は苦手で、ひとりか少人数での行動のほうが好きです。頭の回転は速いですが、そのぶん他人の話を最後まで聞かないところがあるでしょう。ヘコんだ姿を見せることは少なく、我慢強い面をもっていますが、じつは寂しがり屋な人です。

2024年はこんな年

物事を合理的に進められなくなったり、空回りが続いてイライラしそうな年。周囲とリズムが合わないからといって、イライラしないようにしましょう。また、今年だけの仲間もできますが、付き合いが浅い人からの誘いで刺激や欲望に流されないよう注意しておくように。今年はスポーツで汗を流してストレス発散することで、健康的でいい1年を過ごすことができそうです。ただし、色気をなくしたり、日焼けしすぎてシミをつくらないよう気をつけましょう。

開運アクション

- 周囲に協力する
- スポーツで定期的に汗を流す
- 本音を語れる友人をつくる

金の時計座

命数

33

サービス精神豊富な明るい人

もっている星

★友人が多い星
★適当な星
★食べすぎる星
★おもしろい人が好きな星
★デブの星

ラッキーカラー　パープル　ライトブルー

ラッキーフード　餃子　玉子豆腐

ラッキースポット　喫茶店　動物園

基本性格　おしゃべりで世話好きな楽観主義者

明るく陽気で、誰とでも話せて仲よくなれる人です。サービス精神が豊富で、ときにはお節介なほど自分と周囲を楽しませることが好きなタイプ。おしゃべりが好きで余計なことや愚痴や不満を言うこともありますが、多くはよかれと思って発していることが多いでしょう。ただし、空腹になると機嫌が悪くなり、それが顔に出てしまいます。楽観的ですが、周囲の意見に振り回されて心が疲れてしまうこともあるでしょう。

2024年はこんな年

感性が鋭くなる年。頭の回転が速くなったりいいアイデアが浮かぶなど、秘めていた才能が開花しそうです。一方で、人の考えや思いを感じすぎてイライラすることや、口が悪くなってしまうこともあるでしょう。イライラはスタミナ不足によるところが大きいので、しっかり運動をして体力をつけるように。愚痴や不満を言うだけの飲み会が増えてしまうことも体調を崩す原因になるため、前向きな話や楽しい話ができる人の輪に入るようにしましょう。

開運アクション

- 自分も相手もうれしくなる言葉を使う
- 軽い運動をする
- たくさん笑う

金の時計座

命数

34

最後はなんでも勘で決めるおしゃべりな人

もっている星

★直感で生きる星
★情で失敗する星
★デブが嫌いな星
★しゃべりすぎる星
★センスのいいものを買う星

ラッキーカラー　ホワイト　ターコイズブルー

ラッキーフード　お雑煮　とろろ

ラッキースポット　神社仏閣　レストラン

基本性格　情に厚く人脈も広いが、ハッキリ言いすぎる

頭の回転が速くおしゃべりですが、一言多いタイプ。交友関係が広く不思議な人脈をつなげることも上手な人です。何事も勘で決めようとするところがありますが、周囲の意見や情報に振り回されてしまうことも多く、それがストレスの原因にもなります。空腹や睡眠不足で短気を起こしたり、機嫌の悪さが表面に出たりしやすいでしょう。人情家で人の面倒を見すぎたり、よかれと思ってハッキリと言いすぎてケンカになったりすることも多いでしょう。

2024年はこんな年

気分のアップダウンが激しくなる年。誘惑や快楽に流されてしまわないよう注意が必要です。自分も周囲も楽しめるように動くと、いい方向に進みはじめたり、大きなチャンスをつかめるでしょう。サービス精神を出し切ることが大切です。健康運は、疲れが一気に出たり、体重が急に増えてしまうことがあるので、定期的に運動やダンスをするといいでしょう。うまくいかないことがあっても、ヤケ食いはしないように。

開運アクション

- 前向きな言葉を口にする
- 気分ではなく気持ちで仕事をする
- 暴飲暴食をしない

金の時計座 命数 35 社交的で多趣味な人

もっている星

★おしゃれな星
★トークが薄い星
★ガラクタが増える星
★テクニックのある人に弱い星
★お酒で失敗する星

ラッキーカラー　ピンク　ホワイト
ラッキーフード　蒸し牡蠣　すいか
ラッキースポット　温泉　映画館

基本性格　興味の範囲が広いぶん、ものがたまり心も揺れる

段取りと情報収集が得意で器用な人。フットワークが軽く人間関係を上手につくることができるタイプです。心が庶民なので差別や区別をしませんが、本音では損得で判断するところがあります。使わないものをいつまでも置いておくので、ものが集まりすぎてしまうところも。マメに断捨離をしたほうがいいでしょう。視野が広いのは長所ですが、そのぶん気になることが多くなりすぎて、心がブレてしまうことが多いでしょう。

2024年はこんな年

地道な努力と遠回りが必要になる年。非効率で無駄だと思っても、今年頑張れば精神的に成長する経験ができるでしょう。ただ、強引な人に利用されたり、うっかりだまされてしまうこともあるので警戒心はなくさないように。自分が得することばかりを考えず、損な役回りを引き受けることで、危険な場面を上手に避けられそうです。健康運は、お酒がトラブルや体調不良の原因になりやすいので、ほどほどにしておきましょう。

開運アクション

- 損な役割を買って出る
- 好きな音楽を聴く時間をつくる
- 節約生活を楽しむ

金の時計座 命数 36 誠実で真面目な人

もっている星

★お人よしの星
★好きな人の前で緊張する星
★安い買い物が好きな星
★手をつなぐのが好きな星
★寂しがり屋の星

ラッキーカラー　ピンク　ホワイト
ラッキーフード　グラタン　目玉焼き
ラッキースポット　スパ　図書館

基本性格　やさしくて真面目だけど、強い意見に流されやすい

とても真面目でやさしく誠実な人です。現実的に物事を考えて着実に人生を進めるタイプですが、何事も時間がかかってしまうところと、自分に自信がもてなくてビクビク生きてしまうところがあるでしょう。他人の強い意見に弱く、自分が決めても流されてしまうことも多いでしょう。さまざまなタイプの人を受け入れることができますが、そのぶんだまされやすかったり、利用されやすかったりもするので気をつけましょう。

2024年はこんな年

華やかにイメチェンしたり、キャラが大きく変わって人生が変化する年。言いたいことはハッキリ伝え、ときには「嫌われてもいい」くらいの気持ちで言葉にしてみましょう。あなたを利用してくる人や悪意のある人とは、バッサリ縁を切ることも大切です。ズルズルした交友関係を終わらせることができ、スッキリするでしょう。健康運は、体が冷えやすくなったり、肌が弱くなりそう。こまめな水分補給を心がけ、膀胱炎や尿路結石にも気をつけておきましょう。

開運アクション

- 言いたいことはハッキリ言う
- 別れは自分から切り出す
- 甘い言葉や誘惑に注意する

金の時計座

命数

37 面倒見がいい甘えん坊

もっている星
★ 責任感の強い星
★ お節介な星
★ ご馳走が好きな星
★ 恋に空回りする星
★ 麺類の星

ラッキーカラー　ホワイト　ネイビー
ラッキーフード　野菜タンメン　かつおのたたき
ラッキースポット　展望台　映画館

基本性格　正義感あふれるリーダーだが、根は甘えん坊

行動力とパワーがあり、差別や区別が嫌いで面倒見のいいタイプ。自然と人の役に立つポジションにいることが多く、人情家で正義感もあり、リーダー的存在になっている人もいるでしょう。自分が正しいと思ったことにまっすぐ突き進みますが、周囲の意見に振り回されやすく、心がブレてしまうことも。根の甘えん坊が見え隠れするケースもあるでしょう。おだてに極端に弱く、おっちょこちょいなところもあり、行動が雑で先走ってしまいがちです。

2024年はこんな年

積極的な行動が空回りし、落ち込みやすい年。面倒見のよさが裏目に出たり、リーダーシップをとって頑張っているつもりが、うまく伝わらないこともありそうです。ヤケを起こして無謀な行動に走るのではなく、スポーツでしっかり汗を流したり、座禅を組んで心を落ち着かせるといいでしょう。今年は、心と体を鍛える時期だと思っておくのがよさそうです。厳しい指摘をしてきた人を見返すくらいのパワーを出してみましょう。

開運アクション

- 行動する前に計画を立てる
- 瞑想する時間をつくる
- 年下の友人をつくる

金の時計座

命数

38 臆病な庶民

もっている星
★ 温和で平和主義の星
★ 精神が不安定な星
★ 清潔にこだわる星
★ 純愛の星
★ 肌に悩む星

ラッキーカラー　オレンジ　ライトブルー
ラッキーフード　チーズオムレツ　パイナップル
ラッキースポット　庭園　花火大会

基本性格　上品な見栄っ張りだが、人に振り回されやすい

常識やルールをしっかり守り、礼儀正しく上品ですが、庶民感覚をしっかりもっている人。純粋に世の中を見ていて、差別や区別が嫌いで幅広く人と仲よくできますが、不衛生な人と権力者とエラそうな人だけは避けるようにしています。気が弱く、周囲の意見に振り回されてしまうことや、目的を定めてもグラついてしまうことが多いでしょう。見栄っ張りなところや、恥ずかしがって自分を上手に出せないところもあるでしょう。

2024年はこんな年

精神的に落ち込みやすい年。気分が晴れないときは、話を聞いてくれる人に連絡し本音を語ってみるとよさそうです。愚痴や不満よりも、前向きな話やおもしろい話で笑う時間をつくってみましょう。人との縁が切れてもヘコみすぎず、これまでに感謝するように。健康運は、肌の調子を崩しやすいので、白湯や常温の水をふだんより多めに飲むといいでしょう。運動して汗を流すのもオススメです。

開運アクション

- たくさん笑う
- 落ち着く音楽を聴く
- 白湯を飲む習慣を身につける

金の時計座

命数

39 常識にとらわれない自由人

もっている星
★芸術家の星
★変態の星
★独自の価値観の星
★才能に惚れる星
★食事のバランスが悪い星

ラッキーカラー　ピンク　ホワイト
ラッキーフード　あじの開き　オリーブ
ラッキースポット　美術館　劇場

基本性格　束縛嫌いで理屈好きな変わり者

自分ではふつうに生きていると思っていても、周囲から「変わっているね」と言われることが多い人です。心は庶民ですが常識にとらわれない発想や言動が多く、理屈や屁理屈が好きなタイプ。自由を好み、他人に興味はあるけれど束縛や支配はされないように生きる人でもあります。心は中学1年生のような純粋なところがありますが、素直になれなくて損をしたり、熱しやすく飽きっぽかったりして、心がブレてしまうことも多いでしょう。

2024年はこんな年

興味をもつものが変わり、これまで学んでいなかったことを勉強するようになる年。少し難しいと思う本を読んでみたり、お金に関わる勉強をしてみるといいでしょう。マナー教室に行くのもオススメです。また、歴史のある場所や美術館、博物館などに足を運んでみると気持ちが落ち着くでしょう。今年は人との関わりも変化し、これまで縁がなかった年齢の離れた人や、専門的な話ができる人と仲よくなれそうです。健康運は、目の病気に注意しておきましょう。

開運アクション

- 学んでみたいことに素直になる
- 年上の友人をつくってみる
- 歴史のある場所に行く

金の時計座

命数

40 下町の先生

もっている星
★教育者の星
★言葉が冷たい星
★先生に惚れる星
★視力低下の星
★勉強にお金を使う星

ラッキーカラー　パープル　藍色
ラッキーフード　さばの味噌煮　チーズケーキ
ラッキースポット　書店　美術館

基本性格　好き嫌いがハッキリした上から目線タイプ

自分の学んだことを人に教えたり伝えたりすることが上手な先生のような人。理論や理屈が好きで知的好奇心があり、文学や歴史、芸術、美術に興味や才能をもっています。基本的には人間関係をつくることが上手ですが、知的好奇心のない人や学ぼうとしない人には興味がなく、好き嫌いが激しいところがあります。ただし、それを表には見せないでしょう。「エラそうな人は嫌い」というわりには、自分がやや上から目線の言葉を発してしまうところも。

2024年はこんな年

発想力が増し、興味をもつことも大きく変わる年。新しいことに目が向き、仲よくなる人も様変わりするでしょう。若い人や才能のある人、頑張っている人といい縁がつながりそうです。あなたもこれまで学んできたことを少しでも教えるようにすると、感謝されたり相手のよさをうまく引き出すことができるでしょう。今年は、ひとり旅やこれまでとは違った趣味をはじめても楽しめそうです。健康運は、頭痛に悩まされがちなので、ふだんから軽い運動をしておくのがオススメ。

開運アクション

- 若い知り合いや友達をつくる
- 「新しい」ことに注目してみる
- 失敗から学ぶ

銀の時計座 命数 31 心がブレる高校1年生

もっている星
- ★平等心の星
- ★負けを認められない星
- ★同級生が好きな星
- ★胃に注意が必要な星
- ★友人と同じものを欲しがる星

ラッキーカラー イエロー ブルー
ラッキーフード 豆腐ステーキ しらす干し
ラッキースポット 公園 図書館

基本性格 仲間に囲まれていたいが、振り回されやすい

負けず嫌いの頑張り屋で、気さくでサッパリとした性格です。色気があまりなく、交友関係は広いでしょう。反発心や意地っ張りなところはありますが、本当は寂しがり屋でつねに人のなかにいて友人や仲間が欲しい人。頑張るパワーはありますが、周囲の人に振り回されてしまったり、自ら振り回されにいったりするような行動に走ってしまうことも。心は高校1年生くらいからほぼ変わらない感じで、学生時代の縁がいつまでも続くでしょう。

2024年はこんな年

期待していたほど結果が出ないことや評価されないことに、不満がたまってしまうかも。同期やライバルなど、自分と同じくらい努力してきた人に負けたり、差をつけられてしまう場合もありそうです。意地っ張りな一方でメンタルが弱く、一度落ち込むとなかなか立ち直れないタイプですが、気分転換にスポーツをして汗を流したり、じっくり読書する時間をつくると、気持ちが回復してくるでしょう。偉人の伝記を読んでみると、苦労しても「落ち込んでいる場合ではない」と思えそうです。

開運アクション

- 自分らしさにこだわらない
- 読書する時間をつくる
- 素直に謝る

銀の時計座 命数 32 雑用が嫌いなじつは野心家

もっている星
- ★野心家の星
- ★頑張りを見せない星
- ★ライブ好きの星
- ★ヤケ酒の星
- ★好きになると止まらない星

ラッキーカラー ピンク ダークブルー
ラッキーフード ごぼうの甘辛炒め よもぎ饅頭
ラッキースポット スポーツジム 博物館

基本性格 一発逆転の情熱をもって破天荒に生きる

庶民的で人間関係をつくることが上手な人ですが、野心や向上心を強くもっています。どこかで一発逆転したい、このままでは終わらないという情熱をもっていて、刺激や変化を好むところがあるでしょう。人は好きですが団体行動が苦手で、結果を出している人に執着する面があり、ともに成長できないと感じた人とは距離をあけてしまうことも。意外な人生や破天荒な人生を自ら歩むようになったり、心が大きくブレたりすることもある人です。

2024年はこんな年

合理的で頭の回転が速いタイプですが、今年は詰めの甘さを突っ込まれたり、締めくくりの悪さが表に出てしまいそうです。「終わりよければすべてよし」を心に留めて、何事も最後まで気を抜かず、キッチリ終わらせるようにしましょう。最初の挨拶以上に、別れの挨拶を大切にすること。お礼をするときは「4回するのがふつう」と思って、その場だけでなく何度でも感謝を伝えるといいでしょう。健康運は、太りやすくなるので、軽い運動をしておきましょう。

開運アクション

- 締めくくりをしっかりする
- ヤケを起こさない
- 運動して汗を流す

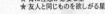

銀の時計座

命数

33 明るい気分屋

もっている星

★愛嬌のある星
★愚痴の星
★遊びすぎる星
★スケベな星
★気管が弱い星

ラッキーカラー　レッド　ライトブルー
ラッキーフード　イクラ　ちりめん山椒
ラッキースポット　レストラン　コンサート

基本性格　天真爛漫に人をよろこばせると幸せになれる

誰よりも人を楽しませることが好きなサービス精神豊富な人。空腹が苦手で気分が顔に出やすいところはありますが、楽しいことおもしろいことが大好きです。不思議な人脈をつくることができ、つねに天真爛漫ですが、心がブレやすいので目的を見失ってしまい、流されてしまうことも多いでしょう。人気者になり注目を浴びたい、人にかまってほしいと思うことが多いぶん、他人をよろこばせることに力を入れると幸せになれるでしょう。

2024年はこんな年

これまで甘えてきたことのシワ寄せがきて、厳しい1年になりそうです。どんな状況でも楽しんで、物事のプラス面を探すようにすると、進むべき道が見えてくるでしょう。口の悪さが原因で、せっかくの仲間が離れてしまうおそれもあるため、余計なことは言わず、よろこんでもらえる言動を意識するといいでしょう。短気を起こして、先のことを考えずに行動しないよう気をつけること。健康運は、スタミナがつく運動をすると、ダイエットにもなってよさそうです。

開運アクション

- 「自分さえよければいい」と思って行動しない
- 周りをよろこばせる
- スタミナのつく運動をする

銀の時計座

命数

34 一言多い人情家

もっている星

★表現力豊かな星
★短気な星
★ストレス発散が下手な星
★デブが嫌いな星
★疲れやすい星

ラッキーカラー　イエロー　ターコイズブルー
ラッキーフード　桜えび　豆腐の味噌汁
ラッキースポット　神社仏閣　劇場

基本性格　隠しもった向上心で驚くアイデアを出す

何事も直感で判断して突き進む人です。人情家で面倒見がいいのですが、情が原因で苦労や困難を招いてしまうことが多く、余計な一言や、しゃべりすぎてしまうところ、恩着せがましいところが表面に出やすい人でしょう。ストレス発散が苦手で些細なことでイライラしたり、機嫌が簡単に表情に出てしまったりすることも多いでしょう。向上心を隠しもち、周囲が驚くようなアイデアを生み出すことができる人です。

2024年はこんな年

直感力があるタイプですが、今年は勘が外れやすくなりそうです。疲れからイライラして、冷静な判断ができなくなることも。運動して基礎体力をしっかりつけ、上手にストレスを発散するようにしましょう。短気を起こして無責任な発言をすると、自分を苦しめる原因になってしまいそうです。余計な言葉を慎み、できるだけ相手の話を聞くようにしましょう。健康運は、体調に異変を感じたらそのままにせず、早めに病院で診てもらうように。

開運アクション

- 情に流されない
- 何事も長い目で見る
- 自分で自分の頑張りをほめる

銀の時計座

命数

35 人のために生きられる商売人

もっている星
★フットワークが軽い星
★ウソが上手な星
★買い物好きな星
★貧乏くさい人が嫌いな星
★膀胱炎の星

ラッキーカラー ピンク スカイブルー
ラッキーフード ライ麦パン 豚しゃぶ
ラッキースポット スパ 科学館

基本性格 多趣味で視野が広く、計算して振る舞える

フットワークが軽く情報収集が得意な人で、ひとつ好きなことを見つけると驚くような集中力を見せます。視野が広いため、ほかに気になることを見つけると突っ走ってしまうことが多いでしょう。何事も損得勘定でしっかり判断でき、計算をすることが上手で、自分の立場をわきまえた臨機応変な対応もできます。多趣味・多才なため人脈も自然に広がり、知り合いや友人も多いでしょう。予定の詰め込みすぎには注意が必要です。

2024年はこんな年

これまでならおもしろがってもらえていたような軽い発言が、今年は「信頼できない人」と思われる原因になってしまいそうです。適当なことを言わないよう注意しましょう。また、あなたのフットワークの軽さや多才なところが裏目に出たり、ソリが合わない人と一緒に過ごす時間が増えてしまうことも。地味で不得意な役割を任される場面もありそうですが、いまは地道に努力して学ぶ時期だと思っておきましょう。健康運は、お酒の飲みすぎに気をつけること。

開運アクション

- 自分の発言に責任をもつ
- 計算や計画の間違いに気をつける
- 損な役割を楽しんでみる

銀の時計座

命数

36 世話が好きな真面目な人

もっている星
★思いやりの星
★自信のない星
★ケチな星
★つくしすぎる星
★水分バランスが悪い星

ラッキーカラー ホワイト ラベンダー
ラッキーフード 里芋の煮物 わかめのサラダ
ラッキースポット 温泉 プラネタリウム

基本性格 理想と現実の間で心が揺れやすい

何事も真面目に地道にコツコツと努力ができ、自分のことよりも他人のために生きられるやさしい人です。ただし、自己主張が苦手で一歩引いてしまうところがあるので、チャンスを逃しやすく、人と仲よくなるのにも時間がかかるでしょう。現実的に物事を考える面と理想との間で心が揺れてしまい、つねに周囲の意見に揺さぶられてしまうタイプ。真面目がコンプレックスになり、無謀な行動に走ってしまうときもあるでしょう。

2024年はこんな年

真面目に取り組むのがバカらしく感じてしまうことがありそうですが、今年は真面目にじっくり努力することを、もっと楽しんでみるといいでしょう。あえて遠回りをするのもよさそうです。自分磨きも楽しむことを忘れなければ、思った以上に輝くことができるでしょう。ときには開き直って言いたいことを伝えてみると、周囲が動いてくれることもありそうです。健康運は、ストレスが肌の不調につながりやすいため、こまめに気分転換をしましょう。

開運アクション

- 気分転換をしっかりする
- 地味で真面目なところをコンプレックスに思わない
- 後輩や部下の面倒を見る

銀の時計座 命数 37 世話好きな正義の味方

もっている星
★ 社長の星
★ 人に巻きつきたがる星
★ 勢いで買い物する星
★ ほめられたら好きになる星
★ 膝のケガの星

ラッキーカラー　ピンク　ホワイト
ラッキーフード　クリームパスタ　パンパンジー
ラッキースポット　動物園　タワー

基本性格　ほめられるとパワーが出る行動力のある人

自分が正しいと思ったら止まることを知らずに突き進む力が強い人です。とくに正義感があり、面倒見がよく、自然と周囲に人を集めることができるでしょう。ただし、せっかちで勇み足になることが多く、行動に雑なところがあるので、動く前に計画を立ててみることや慎重になることも重要です。おだてに極端に弱く、ほめられたらなんでもやってしまうことも多いでしょう。向上心があり、つねに次に挑戦したくなる、行動力のある人でしょう。

2024年はこんな年

パワフルで行動力のあるタイプですが、今年は行動することで苦労や困難を引き寄せてしまいそうです。もともと面倒見がいいので自然と人が集まってくるものの、トラブルにもつながりやすいため用心しておきましょう。じつは甘えん坊で人任せな面や、行動が雑なところを突っ込まれてしまうこともありそうです。素直に非を認めたほうが、味方を集められるでしょう。健康運は、骨折や足のケガ、ギックリ腰などに十分注意しておきましょう。

開運アクション

- 仕切るなら最後まで仕切る
- 情で好きにならない
- 「憧れの存在」を目指す

銀の時計座 命数 38 見栄っ張りな常識人

もっている星
★ 誠実な星
★ 失敗ができない星
★ 百貨店の星
★ 恋に執着する星
★ 美肌にこだわる星

ラッキーカラー　ピンク　ライトブルー
ラッキーフード　アサリの酒蒸し　ごま団子
ラッキースポット　庭園　コンサート

基本性格　庶民的で親しみやすいが、心の支えが必要

礼儀正しくていねいで、規則やルールなどをしっかり守り、上品に生きていますが、どこか庶民的な部分をもっている親しみやすい人。面倒見がよく、差別や区別なく交友関係を広げることができますが、下品な人や、権力者やエラそうな人だけは避けるでしょう。常識派でありながら非常識な人脈をもつ生き方をします。メンタルが弱く寂しがり屋で、些細なことでヘコみすぎてしまうこともあり、心の支えになるような友人や知人を必要とするでしょう。

2024年はこんな年

キッチリした性格が、かえって自分を苦しめてしまう年。几帳面で真面目なタイプですが、今年は失敗やケアレスミスが増えてしまいそうです。どんな人にもミスはあるものなので、気にしないようにしましょう。また、急に行動的になることもありそうです。ふだんしないようなことにチャレンジするのはいいですが、危険な目に遭う可能性もあるため、ほどほどにしておきましょう。健康運は、肌の調子が乱れやすいので、スキンケアをしっかりするように。

開運アクション

- 失敗を笑い話にする
- 話を聞いてくれる人を大切にする
- 偉くなっている人を観察する

銀の時計座

命数 39

目的が定まらない芸術家

もっている星
★アイデアが豊富な星
★飽きっぽい星
★幼稚な星
★才能に惚れる星
★匂いフェチの星

ラッキーカラー パープル レッド
ラッキーフード からしレンコン もつ鍋
ラッキースポット 劇場 喫茶店

基本性格 理屈っぽくて飽きっぽいスペシャリスト

自由な生き方と発想力がある生き方をする不思議議な人。探求心と追求心があり集中力もあるのでひとつのことを深く突き詰めますが、飽きっぽく諦めが早いところがあり、突然まったく違うことをはじめたり、違う趣味を広げる人でしょう。変わった人脈をつくりますが、本音は他人に興味がなく、理屈と屁理屈が多く、何事も理由がないとやらないときが多いでしょう。その一方で、スペシャリストになったり、マニアックな生き方をしたりすることがあるでしょう。

2024年はこんな年

いまの環境に飽きを感じると同時に、変化や刺激を楽しめる年。人間関係も変わってきて、これまでに出会ったことのないような人や年の離れた人と仲よくなれるでしょう。意外性を前向きにとらえることができる一方で、思った方向とは違う流れになったり、プライドを傷つけられることもありそうです。健康運は、体調を崩しやすくなるので、栄養バランスの整った食事を心がけましょう。とくに、目の病気には気をつけること。

開運アクション

- 現状に飽きたら探求できるものを見つける
- 年の離れた人と話してみる
- 学びにお金を使う

銀の時計座

命数 40

心がブレやすい博士

もっている星
★探究心の星
★プライドが高い星
★知識にお金を使う星
★目の疲れの星
★知性のある人が好きな星

ラッキーカラー ピンク ホワイト
ラッキーフード たこ焼き アボカドサラダ
ラッキースポット 神社仏閣 城

基本性格 他人のために知恵を役立てると人生が好転する人

好きなことを深く突き詰めることができる理論と理屈が好きな人。冷静に物事を考えられ、伝統や文化が好きで、大人なタイプです。自分が学んできたことや知識を他人のために役立てることができると人生が好転するでしょう。人間関係をつくることが上手ですが、本当はめったに心を開かない人。心は庶民ですが、プライドが高く、自分の世界観やこだわりが強くなってしまい、他人の評論や評価ばかりをすることが多いでしょう。

2024年はこんな年

プライドが傷つくようなことがあったり、積み重ねてきたことを投げ出したくなりそうな年。興味のあることを追求し研究する才能がありますが、今年は頑張ってきたことを否定されたりバカにされて感情的になり、自ら人との縁を切ってしまうことがあるかも。世の中、すべての人に認められるのは不可能です。「いろいろな人がいる」と思って、聞き流すようにしましょう。健康運は、目の疲れと片頭痛が出やすくなりそう。食事のバランスを整え、軽い運動をするようにしましょう。

開運アクション

- いらないプライドは捨てる
- 冷たい言い方をしない
- 学べることを探す

金のカメレオン座

命数 41

古風な頑張り屋

もっている星
★友情を大切にする星
★突っ込まれると弱い星
★みんなと同じものを購入する星
★同級生を好きになる星
★タフな星

ラッキーカラー イエロー ブルー
ラッキーフード ピーマンの肉詰め アーモンド
ラッキースポット スポーツジム キャンプ場

基本性格 真似することで能力が開花する

大人っぽく冷静な感じに見えますが、サッパリとした性格で根性があります。ただし、突っ込まれると弱く、心配性なところを隠しもっています。女性は美人なのに色気がない人が多いでしょう。知的で、他人を真似することでその能力を開花させられるタイプですが、意地を張りすぎて真似を避けてしまうと、才能を発揮できない場合があります。友情や仲間をとても大事にするため、長い付き合いの友人がいるでしょう。

2024年はこんな年

新たな仲間ができ、よきライバルや見習うべき人も見つけられる年。周囲や同期と差がついてしまっていることに驚く場面もありますが、興味のあることにはドンドン挑戦しましょう。趣味でスポーツや新たな習い事をはじめてみると、長い付き合いになる友人もできそうです。同世代で頑張っている人を見ることがあなたのパワーにもなるため、プロスポーツ観戦や観劇、ライブ観賞などに足を運んでみるのもいいでしょう。健康運は、定期的な運動がオススメです。

開運アクション

- プロスポーツを観に行く
- 習い事をはじめる
- 興味のあることに挑戦する

金のカメレオン座

命数 42

要領がいい高校3年生

もっている星
★学習能力が高い星
★優柔不断な星
★高級なものを持つといい星
★健康マニアな星
★向上心ある人を好きになる星

ラッキーカラー オレンジ レッド
ラッキーフード いわしのマリネ ぶどう
ラッキースポット 避暑地 リゾート地

基本性格 頭の回転が速いが、じつは心配性

古風な考えをしっかりと理解でき、無駄が嫌いな合理的タイプ。派手に見えて古風か、知的に見えて根はやんちゃか、この2パターンに分かれるでしょう。どちらにせよ表面的に見せている部分と内面は大きく違います。自我が強く、自分に都合の悪い話はほぼ聞きません。他人の話の要点だけ聞くのがうまく、頭の回転はかなり速いのですが、じつは心配性。真似と要領のよさを活かすことで人生を渡り歩けますが、先走りすぎる癖には要注意。

2024年はこんな年

「金のカメレオン座」のなかで、もっとも一歩一歩進むことが苦手なタイプ。頭のよさを活かした合理的な生き方を好み、無駄を避けがちですが、今年はあえて雑用や面倒事に取り組んでみましょう。いい人脈ができたり、苦労を経験することでパワーを得られそうです。自分の才能を発見するためにも、不慣れなことや苦手なこと、避けていた世界に飛び込んでみて。音楽ライブやフェス、知人のパーティーなどに足を運ぶのもオススメです。健康運は、定期的な旅行が吉。

開運アクション

- ホームパーティーに行く
- 不慣れなことや苦手なことに挑戦する
- 相手のおもしろいところを探す

金のカメレオン座 命数 43 明るい大人

もっている星

- ★楽しませることがうまい星
- ★地道な努力が苦手な星
- ★グルメな星
- ★愛嬌のある人を好きになる星
- ★ダンスをすると痩せる星

ラッキーカラー ピンク ライトブルー
ラッキーフード いか焼き いちご
ラッキースポット レストラン コンサート

基本性格 知的でしっかり者なのに、バカなフリをする

明るく元気で陽気な性格でありながら、知的で古風な考えをしっかりもっているタイプ。愛嬌があり美意識も高いので、自然と人気を集め、交友関係も広くなります。ふだんはかなり冷静ですが、空腹になると機嫌が悪くなり、思考停止することがあるはず。サービス精神が豊富なところは長所ですが、そのぶん口が悪くなったり、余計な話をしてしまったりすることも。人間関係においてはバカなフリをしていることが多いでしょう。

2024年はこんな年

「金のカメレオン座」のなかでもっとも明るく、何事もポジティブに考えられるタイプ。変化が多いこの1年も楽しく過ごせ、人との交流も上手に広げられるでしょう。自分と周囲を笑顔にするために何をするといいのか、よく考えて行動すれば運を味方につけられそうです。積み重ねが必要な年でもあるため、地道な努力や、のちに役立ちそうな勉強は少しでもはじめておくように。好きな趣味を極める覚悟をすると、道が見えてくるでしょう。健康運は、食事のバランスが大事です。

開運アクション

- 仕事に役立つ勉強をする
- 異性の友人をつくる
- 自分と周囲を笑顔にする

金のカメレオン座 命数 44 勘がいい頭脳派

もっている星

- ★表現が豊かな星
- ★毒舌家な星
- ★勘で買い物をする星
- ★サプライズに弱い星
- ★スタミナ不足になる星

ラッキーカラー ホワイト イエロー
ラッキーフード 牡蠣フライ バナナ
ラッキースポット 劇場 美術館

基本性格 おしゃべりで勘が鋭いけど、突っ込まれると弱い

頭の回転が速くおしゃべりで、つねに一言多いタイプ。真似がうまく、コツをつかむことが上手で、何事にも冷静に対応できますが、空腹や睡眠不足になると短気になる癖があるので注意が必要です。物事をいろいろな角度で考えますが、最後は勘でなんでも決めてしまうでしょう。おしゃべりなので攻めが強い感じに見られますが、突っ込まれると弱いところがあり、守りが手薄なところがあるでしょう。

2024年はこんな年

「金のカメレオン座」のなかで、もっとも直感で動くタイプ。今年は変化が多くなりますが、己の勘を信じて進むといいでしょう。自分が言葉を使うことに人一倍長けていると気づいていると思いますが、今年はもっと語彙を増やしたり、人がよろこぶ言葉や前向きになれる話を学ぶことが大切です。どんなときでも素敵な言葉を発せる人になれるよう成長していきましょう。話を上手に聞く訓練もしておくように。健康運は、スタミナをつけるための運動をはじめるとよさそう。

開運アクション

- 語彙を増やす
- 習い事をはじめる
- 基礎体力づくりをする

金のカメレオン座 命数45 真似が上手な商売人

もっている星
- ★計画的に物事を進める星
- ★損得勘定で判断する星
- ★買い物が大好きな星
- ★過労になりやすい星
- ★おしゃれな人が好きな星

ラッキーカラー　ライトブラウン　スカイブルー
ラッキーフード　チンジャオロース　セロリの浅漬け
ラッキースポット　ショッピングモール　海水浴

基本性格　好奇心が強く、損得勘定ができるしっかり者

知的で都会的なおしゃれを心がける、情報収集と段取りがしっかりできる人。古風な考えをしっかりもち、知的好奇心がありながら根はお調子者で、損得勘定で物事を判断するタイプ。じっくり情報を集めすぎて時間がかかってしまったり、突っ込まれるととても弱くなってしまったりする優柔不断な性格でもあります。真似が上手で、「これは得」と思ったらじっくりと観察して自分のものにする能力が高いでしょう。

2024年はこんな年

計画を立てて行動することがもっとも得意なタイプ。今年は情報収集を楽しみながら人脈づくりもできる運気なので、おもしろそうなことがあればドンドン足を運んでみるといいでしょう。「多趣味ですね」と言われるくらい今年から趣味の幅を広げることが、のちの運命をいい方向に導く秘訣です。多少気乗りしなくても、誘われたことには積極的に挑戦してみるといいでしょう。健康運は、忙しくてもメリハリのある生活をするように。

開運アクション

- 趣味を増やす
- つねにフットワークを軽くする
- 「忙しい」を楽しむ

金のカメレオン座 命数46 真面目で現実的な人

もっている星
- ★几帳面な星
- ★心配性の星
- ★価値にこだわる星
- ★結婚をすぐに考える星
- ★瞬発力のない星

ラッキーカラー　ホワイト　スカイブルー
ラッキーフード　いわしの蒲焼き　納豆
ラッキースポット　水族館　劇場

基本性格　慎重派だけど、ときどき無謀な行動に走る

落ち着いてじっくりと物事を進める静かで真面目な人。几帳面で地道にコツコツ積み重ね、石橋を叩いて渡るような性格です。親切でやさしく、他人に上手に合わせることができ、守りの要となる人でもありますが、自信や勇気がなく、なかなか行動できずに待ちすぎてしまうことも。計画を立てて行動することが好きですが、冒険やチャレンジ精神は低めです。真面目がコンプレックスになり、ときどき無謀な行動に走ることもあるでしょう。

2024年はこんな年

着実に努力や挑戦の積み重ねができる年。地道な努力が続くリズムをうまくつくれ、心地よく過ごせそうです。人との交流も大事な時期なので、内気になったり遠慮したりせず、自ら食事や飲みに誘ってみましょう。「あえて少し恥ずかしい思いをする」くらいの度胸を身につけておくと、のちのち役立つでしょう。言いたいことをのみ込みすぎず、ときにはストレートに発言してみて。健康運は、代謝を上げる運動がオススメです。

開運アクション

- 発言や失敗を恥ずかしがらない
- 聴く音楽のジャンルを増やす
- 役立ちそうな資格の取得を目指す

金のカメレオン座

命数 47

正義感のあるリーダー

もっている星
★上下関係を大切にする星
★人と衝突しやすい星
★乗せられて買ってしまう星
★ほめられると好きになる星
★腰痛の星

ラッキーカラー　ライトブラウン　グリーン
ラッキーフード　にしんそば　きのこのマリネ
ラッキースポット　動物園　博物館

基本性格　おだてに弱く、上下関係を大事にするリーダー

正義感があり、パワフルなリーダータイプ。自分が正しいと思ったことにはまっすぐ突き進みますが、ややおっちょこちょいなところがあるため、先走ってしまうことが多いでしょう。知性があり、情報をしっかり集められる冷静さがありますが、おだてにとても弱い人です。古風な考え方をもち、上下関係をとても大事にするため、ほかの人にも自分と同じような振る舞いを求めるところがあります。また、後輩には厳しいことも多いでしょう。

2024年はこんな年

実行力があり、面倒見がいいタイプ。今年は関わる人が増え、行動範囲も広がるでしょう。後輩や部下ができ、頼れる先輩や上司にも恵まれるいい年になりそうです。一方で、あなたのパワフルな行動のなかで、雑な部分を突っ込まれることも。素直に受け止めて成長することで、人としての厚みが出てくるでしょう。上下関係は大切ですが、年下や後輩に厳しくしすぎず、「恩送り」の対象だと思うように。健康運は、膝や足首を動かして柔らかくしておくとよさそう。

開運アクション

- 年下には「恩送り」をする
- 何事も簡単に諦めない
- 「正しい」を押しつけない

金のカメレオン座

命数 48

清潔感のある大人

もっている星
★常識をしっかり守る星
★臆病になりすぎる星
★割り勘が好きな星
★安心できる人が好きな星
★緊張しやすい星

ラッキーカラー　オレンジ　ライトブルー
ラッキーフード　鯛めし　ナッツ
ラッキースポット　花火大会　ホテル

基本性格　学習能力と吸収力はあるが、臆病なのがアダ

上品で知的な雰囲気をもった大人です。繊細で臆病なところはありますが、常識をちゃんと守り、礼儀やマナーもしっかりしている人です。学習能力が高く、不慣れなことや苦手なことはほかから学んで吸収する能力に長けています。ただし、臆病すぎるところがあり、慎重になりすぎてチャンスを逃すことや、順番を待ちすぎてしまうこともあるでしょう。手堅く守りが強そうですが、優柔不断で突っ込まれると途端に弱くなってしまいます。

2024年はこんな年

慎重に物事を進められる1年。変化が多くなりますが、礼儀や品を忘れなければ人との関係をしっかりつくることができるでしょう。今年は初対面の人と会う機会が多いほど運気の流れに乗れ、よい方向に進めると信じ、出会いの場に積極的に出向くとよさそうです。多少臆病だったり、失敗を恥ずかしがって行動を避けるところがありますが、小さなことは気にせず、経験を増やすよう心がけましょう。健康運は、定期的に温泉に行くのがオススメです。

開運アクション

- 初対面の人を増やす
- 失敗談を笑いのネタにする
- 挨拶とお礼はキッチリする

金のカメレオン座 命数 49

屁理屈が好きな大人子ども

もっている星
- ★ 変化や新しいことが好きな星
- ★ 芸術や美術にお金を使う星
- ★ 屁理屈が多い星
- ★ 個性的な人を好きになる星
- ★ 目の病気の星

ラッキーカラー　ホワイト　ブルー
ラッキーフード　ブロッコリーサラダ　ほうれん草カレー
ラッキースポット　映画館　書店

基本性格　マニアックなことを知るあまのじゃくな自由人

知的で冷静で理屈が好きですが、どこか子どもっぽく、自由人のスタイルを通すタイプ。周囲が知らないことに詳しく、マニアックなことも知っていて、芸術や美術、都市伝説などにも詳しいでしょう。指先が器用で学習能力が高く真似が得意ですが、あまのじゃくな性格が邪魔をして、素直に教えてもらわないことが苦労の原因になりそう。言い訳が多く、何事も理由がないとやらないところと、なんでも評論する癖があるところはほどほどに。

2024年はこんな年

変化をもっとも楽しめるタイプなので、体験や経験を増やせる年になるでしょう。おもしろい人にもたくさん会えそうです。ただ、飽きるのが早すぎる面があるため、少しマメになって人とのつながりを大切に。海外や見知らぬ土地など、ちょっとでも興味がわいた場所にもドンドン足を運んでみるといいでしょう。思い切った引っ越しや転職など、周囲を驚かせるような行動に走ってもいいですが、計画はしっかり立てておくように。健康運は、こまめに目を休ませるよう意識して。

開運アクション

- 新しい出会いを楽しむ
- 自分でも意外に思うような習い事をする
- 頑張っている人を認める

金のカメレオン座 命数 50

生まれたときから心は60歳

もっている星
- ★ 古風と伝統が好きな星
- ★ 冷たい言い方をする星
- ★ 古くて価値のあるものを買う星
- ★ 頭のいい人を好きになる星
- ★ 目の病気の星

ラッキーカラー　ライトブラウン　藍色
ラッキーフード　焼きブロッコリー　ブルーベリー
ラッキースポット　書店　劇場

基本性格　学習能力は高いが、上から目線でプライド高め

冷静で落ち着きがあり、年齢以上の貫禄と情報量があるタイプ。何事も論理的に考えられ、知的好奇心が旺盛で勉強熱心。学習能力がとても高く、手先が器用で、教えてもらったことを自分のものにするのが得意。ただし、プライドが邪魔をする場合があるので、つまらないプライドを捨てて、すべての他人を尊重・尊敬すると能力を開花させられるでしょう。上から目線の言葉や冷たい表現が多くなるので、言葉を選ぶようにしてください。

2024年はこんな年

大人の魅力を出せるようになる年。興味のあることを見つけられ、探究心にも火がつきそうです。気になったことはドンドン調べ、情報をたくさん集めてみるといいでしょう。尊敬できる人やこれまでにないタイプの人にも出会えるので、フットワークを軽くして、新たな交流をもっと楽しんでみましょう。知ったかぶりをしたり、エラそうな口調にならないよう、言葉遣いには十分注意しておくこと。健康運は、肩を動かす運動をこまめにするといいでしょう。

開運アクション

- 大人の魅力を磨く
- 他人を尊敬し尊重する
- 頑張っている人を認める

銀のカメレオン座

命数

41 一言多い高校生

もっている星
★頑張り屋の星
★本音を話さない星
★お金の貸し借りがダメな星
★友達のような交際が好きな星
★運動がストレス発散になる星

ラッキーカラー　オレンジ　イエロー
ラッキーフード　ポークソテー　大根の味噌汁
ラッキースポット　映画館　書店

基本性格　デキる人の近くにいるとグングン成長する

周囲に合わせることが得意な頑張り屋。「でも、だって」と一言多く意地っ張りなところはありますが、真似が得意で、コツをつかむとなんでもできるようになります。ただし、意地を張りすぎて自分の生き方ややり方にこだわりすぎると、能力を発揮できない場合があるでしょう。周囲に同化しやすいのでレベルの高いところに飛び込むと成長しますが、逆に低いところにいるといつまでも成長できないので、友人関係が人生を大きく分ける人でもあります。

2024年はこんな年

上半期は、素直に負けを認めることが大切。無駄なケンカや揉め事は、大事な縁が切れる原因になってしまいます。意地を張りすぎたり不要な反発心を見せず、生意気な発言もしないよう気をつけておきましょう。下半期は、軽い負荷をかけて自分を鍛える時期です。新しい「筋トレ」だと思って面倒事や地味なことも前向きにとらえ、未来の自分がよろこぶような努力を積み重ねていきましょう。

開運アクション

- 憧れの人を探す
- 出会いが増えそうな習い事をはじめる
- 悔しさを前向きなパワーに変える

銀のカメレオン座

命数

42 向上心と度胸がある人

もっている星
★要点をつかむのがうまい星
★都合の悪いことを聞かない星
★一攫千金をねらう星
★好きな人には積極的になる星
★健康情報が好きな星

ラッキーカラー　ブラック　ダークブルー
ラッキーフード　ジンギスカン　豚汁
ラッキースポット　スポーツジム　リゾート地

基本性格　効率よく結果を出したい合理主義者

合理主義で無駄なことや団体行動が嫌いな人です。几帳面でていねいな感じに見える人と、派手な感じに見える人が混在する極端なタイプですが、地道な努力や下積みなど、基本を身につける苦労を避けて結果だけを求めるところがあります。真似が上手でなんでも簡単にコツをつかみますが、しっかり観察をしないでいるとその能力は活かせないままです。向上心があり、成長する気持ちが強い人と付き合うといいでしょう。

2024年はこんな年

切り替えが早く、沈む船とわかればすぐに違う船に乗り替える判断力と行動力をもっているタイプ。現状を不満に感じたり、会社や生活リズムに何か悪いところがあると思うなら、行動して変えてみるといいでしょう。ただし、後先を考えずに判断をする一面もあるので、動き出す前に一度「ゴールはどこなのか」を考えるようにすること。今後付き合う必要はないと思う人とは距離をおいたり、縁を切る決断をするのも大切です。健康運は、生活習慣を整えましょう。

開運アクション

- 行動する前にゴールを設定する
- スポーツ観戦に行く
- 別れに執着しない

銀のカメレオン座

命数

43

陽気で優柔不断な人

もっている星
★明るく華やかな星
★不機嫌が顔に出る星
★気分でお金を使う星
★異性に甘え上手な星
★顔が丸くなる星

ラッキーカラー　オレンジ　ライトブルー
ラッキーフード　豚肉とキャベツの甘辛炒め　えだまめ
ラッキースポット　レストラン　食フェス

基本性格　ちゃっかりしているけど、なんとなく憎めない人

愛嬌があり明るく甘え上手ですが、根はしっかり者でちゃっかり者。なんとなく憎めない人です。自然と好かれる能力をもちながら、お礼や挨拶などを几帳面にする部分もしっかりもっています。なにより運に恵まれているので、困った状況になっても必ず誰かに手助けしてもらえますが、ワガママが出すぎて余計なことをしゃべりすぎたり、愚痴や不満が出すぎたりして信用を失うことも。空腹になるととくに態度が悪くなるので気をつけましょう。

2024年はこんな年

「裏運気の年」が終わり、いつもの明るく元気な自分にゆっくりと戻ってくる年。ただ上半期のうちは、イライラしたり短気を起こしたりと、感情的な部分が出てしまう場面も。下半期は、「なんとかなる」と楽観的に物事を考えられるようになり、周囲を許すことや認めることができて、楽しく過ごせるでしょう。健康運は、食欲が増して急に太ってしまうことがあるので、食べすぎに注意すること。ダンスを習ったりカラオケに行くと、ストレス発散にもなっていいでしょう。

開運アクション

- 笑顔を忘れない
- ダンスや音楽系の習い事をはじめる
- 買い物は計画的にする

銀のカメレオン座

命数

44

余計な一言が目立つ勘のいい人

もっている星
★勘が鋭い星
★恩着せがましい星
★老舗ブランドの星
★手術する星
★運命を感じる恋が好きな星

ラッキーカラー　イエロー　シルバー
ラッキーフード　ヒレステーキ　焼き芋
ラッキースポット　市場　映画館

基本性格　深い付き合いを求めるのに親友が少ない

頭の回転が速く勘がいいため、要領よく生きることが上手なタイプ。頭がよく感性も豊かですが、おしゃべりをしすぎて余計な一言が多くなってしまったり、空腹になると短気を起こしてしまったりするので注意しましょう。情が深く、ときには依存するくらい人と深い付き合いをする場合もありますが、なかなか親友と呼べる人が見つからないことも。人生で困ったときは生き方に長けている人を真似してみると、自然といい流れになるでしょう。

2024年はこんな年

「口は災いのもと」だと心に留めておきましょう。とくに上半期は、感情的になることや、余計な発言が原因で人間関係が崩れてしまうことがあるかも。大事な人との縁が切れる場合もありそうです。下品な言葉は使わないようにして、たとえ本当のことであっても、なんでも口にしていいわけではないと覚えておきましょう。下半期になると直感が冴えて、気になることややりたいことを見つけられそうです。しっかり情報を集めてから、動き出すようにするといいでしょう。

開運アクション

- 余計な発言をしない
- 基礎体力づくりをする
- 美術館に行く

銀のカメレオン座

命数

45 器用な情報屋

もっている星
★ 多趣味・多才な星
★ 心配性の星
★ ものがたまる星
★ 損得で相手を見る星
★ 婦人科系の病気の星

ラッキーカラー　オレンジ　スカイブルー
ラッキーフード　まぐろの刺身　豚ヒレとパプリカの炒め物
ラッキースポット　水族館　アウトレット

基本性格　無駄を省く判断と対応が早く、損得勘定ができる人

情報収集が好きで段取りや計算が得意。努力家ですが、無駄なことは避けて何事も損得勘定で判断するタイプです。いい流れに乗っていても、途中で得がないと判断すると、すぐに流れを変えられるほど臨機応変に行動できる人です。他人の真似が上手なため、他人と同じ失敗をしないので要領よく生きられる人ですが、ずる賢いと思われてしまうことも。お調子者で、お酒の席で余計なことをしゃべって大失敗をしやすいので注意が必要です。

2024年はこんな年

上半期は物事が計画通りに進みにくい時期ですが、あえて損な役割を引き受けてみると、学べることが増え、味方も集まってきそうです。「損して得とれ」を体感できるタイミングだと思ってみましょう。下半期になると流れが変わり、出会いや人と関わる機会が増えてきそうです。この時期に新たに出会った人には、できるだけ注目しておくといいでしょう。流行りのファッションや髪型を試すと、あなたらしく輝けるようにもなりそうです。話題のお店に行ってみるのもオススメ。

開運アクション

- 「損して得とれ」を忘れない
- 人気のお店に行く
- 流行に合わないものは処分する

銀のカメレオン座

命数

46 地道な大器晩成型

もっている星
★ 親切な星
★ 相手に合わせる星
★ 不動産の星
★ 片思いが長い星
★ 冷え性の星

ラッキーカラー　ラベンダー　スカイブルー
ラッキーフード　豆乳鍋　大根サラダ
ラッキースポット　渓谷　水族館

基本性格　ゆっくり実力がついていく、自信のない現実派

真面目で根気強く、コツコツと努力できる人。何事にも時間がかかってしまい瞬発力に欠けますが、慎重に進めながらも現実的に考えられます。謙虚ですが、自分に自信がもてなくて一歩引いてしまったり、遠慮しやすく多くのことを受け身で待ってしまったりも。真似がうまく、コツを教えてもらうことで、ゆっくりとですが自分のものにできます。手先が器用なので、若いころに基本的なことを学んでおくと人生の中盤以降に評価されるでしょう。

2024年はこんな年

別れ下手なあなたですが、今年は嫌いな人や悪意がある人、自分を利用してくる人とは縁を切り、新たな人脈を広げる準備をしましょう。自分の気持ちに素直になって生きる勇気を出すことが大事です。あなたのやさしさに気づかない鈍感な人と一緒にいる必要はありません。また、ケチケチしていると、かえって不要なものが増えてしまうので、思い出があるものでも思い切って処分すること。気持ちがスッキリし、前に進めるようになるでしょう。

開運アクション

- ケチケチせず不要なものは捨てる
- 人との別れを覚悟する
- 自分が本当に好きなことを探す

銀のカメレオン座 命数 47 せっかちなリーダー

もっている星
- ★正義感が強い星
- ★甘えん坊で人任せな星
- ★お金遣いが荒い星
- ★押しに極端に弱い星
- ★下半身が太りやすい星

ラッキーカラー：オレンジ、ネイビー
ラッキーフード：おろしそば、鮭と野菜のクリームシチュー
ラッキースポット：水族館、スポーツ施設

基本性格 いい仲間に囲まれる行動力のある甘えん坊

仕切りたがりの超甘えん坊で、人任せにするのが得意な人。正義感があり、上下関係はしっかりしていますが、地道な努力は苦手で、何事もパワーと勢いで突き進みます。「細かいことはあとで」と行動が先になるので、周囲の人が巻き込まれて大変なこともありますが、真面目で几帳面なところがあるので自然とリーダー的な立場になって、仲間のなかでは欠かせない存在でしょう。突っ込まれると弱いのですが、いい仲間をつくれる人です。

2024年はこんな年

上半期は、行動を制限されたり身動きがとれなくなってしまいそうですが、下半期からは徐々に動き出せるようになるでしょう。ただ、正義感を出しすぎると、揉め事の原因になってしまうため、言葉やタイミングを選んで発言するようにしましょう。正しいからといってなんでも言っていいわけではありません。行動力が高まりそうですが、動く前にしっかり情報を集めておくことが大切です。思い違いや勘違いで、無駄な苦労をするハメにならないよう気をつけましょう。

開運アクション
- 仕切るなら最後まで仕切る
- 行動する前に情報を集める
- 勢いで買ったものは処分する

銀のカメレオン座 命数 48 古風で上品

もっている星
- ★ルールを守る星
- ★神経質になる星
- ★見栄で出費する星
- ★チェックが厳しい星
- ★きれい好きな星

ラッキーカラー：オレンジ、ブルー
ラッキーフード：イクラ、レバーパテ
ラッキースポット：コンサート、お祭り

基本性格 あと一歩が踏み出せない、ていねいな努力家

礼儀正しく誠実で努力家なタイプ。自分の弱点や欠点をしっかり分析でき、足りないことは長けている人から学んで自分のものにすることができます。一方で臆病なところがあり、目標まであと少しのところで逃げてしまったり、幸せを受け止められずに避けてしまったりするところも。何事もていねいなことはよいのですが、失敗を恐れすぎて、チャレンジを避けすぎてしまうところがあるので、思い切った行動や勇気が必要でしょう。

2024年はこんな年

現状の不満や不安をそのままにせず、少しでも解決する勇気を出すことが大切な年。間違っていると思うことがあるなら、ハッキリ伝えましょう。たとえそれで問題になったとしても、気持ちの整理がつくでしょう。とくに上半期は、自分本位な人と縁を切ったり、距離をおく判断が必要になります。下半期は、次にやるべきことや興味がわくことを見つけられそうです。勇気を出して、好奇心に素直に従ってみましょう。人に会うことを楽しんでみると、縁がつながってきそうです。

開運アクション
- 下品な人と縁を切る
- 信頼できる年上の友達をつくる
- 不要なブランド品を売る

銀のカメレオン座

命数

49 器用な変わり者

もっている星

★ 独特な美的センスがある星
★ 突然投げ出す星
★ 不要な出費が多い星
★ 不思議な人に惹かれる星
★ 食事が偏る星

ラッキーカラー　オレンジ　ホワイト

ラッキーフード　ガーリックシュリンプ　いちご

ラッキースポット　映画館　美術館

基本性格　屁理屈が多く飽きるのが早い変人

常識をしっかり守りながらも「人と同じことはしたくない」と変わった生き方をする人。芸術や美術の才能があり、周囲が興味のもてないようなことに詳しいでしょう。屁理屈と言い訳が多く、好きなこと以外は地道な努力をまったくしない面も。人間関係も、深く付き合っていると思ったら突然違う趣味の人と仲よくなったりするため、不思議な人脈をもっています。何事もコツを学んでつかむのがうまいぶん、飽きるのも早いでしょう。

2024年はこんな年

人との縁が切れやすい年ですが、執着心が弱いタイプなので、かえって気持ちが楽になりそうです。ただし、何もかも手放しすぎてしまわないこと。本当に必要な縁や、せっかく手に入れたものまで失わないよう気をつけましょう。上半期は、面倒な人間関係に短気を起こしてしまいそうですが、余計な発言はしないように。下半期は、視野が広がって興味をもてることがドンドン見つかりそうです。見るだけで満足せず実際に体験や経験をしてみると、楽しく過ごせるでしょう。

開運アクション

- 手放しすぎない
- 視野を広げる
- 好奇心を忘れない

銀のカメレオン座

命数

50 理論と理屈が好きな老人

もっている星

★ 理論と理屈の星
★ 閉鎖的な星
★ 伝統に価値を感じる星
★ 年上が好きな星
★ 目に疲れがたまる星

ラッキーカラー　ピンク　藍色

ラッキーフード　うなぎの蒲焼き　ヨーグルト

ラッキースポット　書店　古都

基本性格　知的で冷静だけど、やや上から目線

分析能力に長けた、冷静で理屈が好きな人。年齢の割には年上に見えたり、落ち着いた雰囲気をもちながらも、年上に上手に甘えたりすることができます。他人とは表面的には仲よくできますが、知的好奇心がない人や探求心がない人には興味がもてず、めったに心を開きません。神社や仏閣に行くことが好きで、ときどき足を運んでお祈りし、伝統や文化を大事にすることも。上から目線の言葉が強いので、言葉選びは慎重にしましょう。

2024年はこんな年

完璧主義で妥協ができないタイプですが、今年はいらないプライドを捨てるいい機会です。他人を認めることで、進む道や視野が変わってくるでしょう。意地になることや傷つくような出来事があっても、「まあいいや」と流したり手放すようにすると、気持ちが楽になるでしょう。「なんで意地を張り続けていたのか」と不思議に思えてくるはずです。尊敬する人と離れたり縁が切れることもありそうですが、新たな目標ができて、突き詰めたいことが変わるでしょう。

開運アクション

- 頑張っている人を認める
- 不要なプライドは捨てる
- 自分から挨拶する

金のイルカ座

命数

51

頑張り屋で心は高校1年生

もっている星

★部活のテンションで生きる星
★負けず嫌いの頑張り屋な星
★周りにつられて浪費する星
★身近な人を好きになる星
★運動しないとイライラする星

ラッキーカラー ダークブルー オレンジ

ラッキーフード お好み焼き ごぼうサラダ

ラッキースポット 公園 スタジアム

基本性格 少年の心をもった色気のない人

負けず嫌いの頑張り屋さん。ライバルがいることで力を発揮できる人ですが、心は高校1年生のスポーツ部員。つい意地を張りすぎてしまったり、「でも、だって」が多く、やや反発心のあるタイプ。女性は色気がなくなりやすく、男性はいつまでも少年の心のままでいることが多いでしょう。自分が悪くなくても「すみません」と言えるようにすることと、目標をしっかり定めることがもっとも大事。

2024年はこんな年

ハッキリとしたゴールを決めることでパワーや能力を発揮できるタイプなので、目標となる人を探してみるといいでしょう。何年後に追いつき、いつごろに追い越せそうか、具体的に考えることが大切です。とくに思い浮かばないなら、同期や同級生、同世代の有名人や成功者をライバルだと思って、少しでも追いつけるよう努力してみて。健康運は、スポーツをはじめるのに最高のタイミングです。ただ、頑張りすぎると年末に調子を崩してしまうため、疲れはため込まないように。

開運アクション

- 目標とする人を決める
- 運動をはじめる
- 異性の友人をつくる

金のイルカ座

命数

52

頑張りを見せないやんちゃな高校生

もっている星

★頭の回転が速い星
★団体行動が苦手な星
★ライブ好きな星
★刺激的な恋にハマる星
★健康情報が好きな星

ラッキーカラー ブラック オレンジ

ラッキーフード さばの塩焼き きんぴらごぼう

ラッキースポット スポーツジム 劇場

基本性格 団体行動が苦手な目立ちたがり

頭の回転が速く、合理的に物事を進めることに長けている人。負けず嫌いの頑張り屋さんで、目立つことが好きですが団体行動は苦手。ところが、ふだんはそんなそぶりを見せないように生きることが上手です。人の話を最後まで聞かなくても、要点をうまく汲み取って瞬時に判断できるタイプ。ときに大胆な行動に出ることや、刺激的な事柄に飛び込むこともあるでしょう。ライブや旅行に行くとストレスの発散ができます。

2024年はこんな年

頑張る姿や一生懸命さを表には出さないあなた。わざわざアピールする必要はありませんが、夢や希望は周囲に話してみるといいでしょう。黙っていては周りからの協力やいい情報は得られないので、自分がどこを目指しているのかなどを話す機会をつくるとよさそうです。雑用を避けるところもありますが、あえて面倒なことを引き受けるくらいの気持ちでいるほうが成長につながるでしょう。健康運は、ヤケ食いをして胃腸の調子を崩しやすいので注意すること。

開運アクション

- 自分の目標や夢を語ってみる
- 体験教室に行く
- 向上心のある友人をつくる

金のイルカ座

命数

53 陽気な高校1年生

もっている星
★笑顔の星
★ワガママな星
★勢いで恋をする星
★簡単に太る星
★食べ物に浪費する星

ラッキーカラー　ピンク　ライトブルー
ラッキーフード　ねぎ焼き　ポテトサラダ
ラッキースポット　レストラン　動物園

基本性格　不思議と助けられる運のいい人

「楽しいこと」「おもしろいこと」が大好きな楽観主義者。つねに「なんとかなる」と明るく前向きにとらえることができますが、空腹になると機嫌が悪くなります。サービス精神が豊富で自然と人気者になる場合が多く、友人も多いでしょう。油断をするとすぐに太ってしまい、愚痴や不満が出て、ワガママが表に出すぎることがあるので気をつけましょう。基本的に運がよく、不思議と助けられることも多く、つねに味方がいる人でしょう。

2024年はこんな年

人生を楽しもうとするあまり、目の前の快楽に流されないよう注意しましょう。計画や目標を立てるより、「いまが楽しければいい」と思ってしまうタイプなので、努力や地道な積み重ねがおろそかになってしまいがちです。人生を楽しみたいなら、「自分も周囲も楽しませて笑顔にする」を目標にしてみるといいでしょう。もっと夢を大きくして、「自分と関わる人すべてを楽しませる」くらいまで目指すといいかも。健康運は、年末に鼻炎になったり気管が弱くなりやすいので気をつけて。

開運アクション

- 自分も周囲も楽しませる
- 異性をしっかり観察する
- 定額預金をする

金のイルカ座

命数

54 頭の回転が速い頑張り屋

もっている星
★おしゃべりな星
★勘がいい星
★短気な星
★一目惚れする星
★スタミナがない星

ラッキーカラー　イエロー　ターコイズブルー
ラッキーフード　焼き肉　ゆで卵
ラッキースポット　神社仏閣　劇場

基本性格　感性豊かでおしゃべり。一言多くて失敗も

直感が冴えていて頭の回転が速く、アイデアを生み出す能力も高く、表現力があって感性豊かな人。おしゃべりで、目立ってしまうことも多いのですが、一言多い発言をしてしまい、反省することも多いでしょう。負けず嫌いの意地っ張り。競争することでパワーを出せる面がありますが、短気で攻撃的になりやすく、ワガママな言動をしてしまうことも。根は人情家で非常にやさしい人ですが、恩着せがましいところがあるでしょう。

2024年はこんな年

頭の回転は速くても計画を立てるのは苦手なタイプ。自分の直感を信じて行動するのはいいですが、まずは2年後、5年後に自分がどうなっていたいかを考えてみましょう。現実的で具体的な目標を立てることが大切です。6月に突然夢ができて突っ走りたくなることがありますが、2か月間情報を集めてから本当に行動していいかを見極め、8月に動き出すといいでしょう。健康運は、スタミナが足りていないので、今年から定期的にランニングや水泳などの運動をするのがオススメ。

開運アクション

- ポジティブな発言をし周囲に感謝を伝える
- 勉強して語彙を増やす
- 直感で動く前に計画を立てる

金のイルカ座 命数 55

社交性がある頑張り屋

もっている星
★情報収集が得意な星
★トークが軽い星
★買い物が好きな星
★貧乏くさい人が嫌いな星
★お酒に飲まれる星

ラッキーカラー　ダークブルー　ブラウン
ラッキーフード　豚のしょうが焼き　しじみの味噌汁
ラッキースポット　温泉　水族館

基本性格　興味の範囲が広くて目立ちたがり屋

段取りと情報収集が好きで、フットワークが軽く、交友関係も広くて華のある人。多趣味で多才、器用に物事を進められ、注目されることが好きなので自然と目立つポジションをねらうでしょう。何事も損得勘定で判断し、突然交友関係や環境が変わることも。興味の範囲が幅広いぶん、部屋に無駄なものが増え、着ない服や履かない靴などがたまってしまいがちです。表面的なトークが多いので、周囲から軽い人だと思われてしまうところもあります。

2024年はこんな年

多趣味・多才で情報好き、計画も立てられるタイプのあなた。今年は「行動」をもっと意識してみましょう。興味をもったことを調べて知識としては知っているものの、実際に体験や経験はしていないということも多いもの。行動してから考えてもいいくらいなので、周囲を誘ったり、意識してリーダー的な役割にも挑戦してみましょう。健康運は、過労や予定の詰め込みすぎ、お酒の飲みすぎに要注意。

開運アクション

- 情報収集より行動を優先する
- 感謝と恩返しを忘れない
- 夜遊びはできるだけ避ける

金のイルカ座 命数 56

現実的な努力家

もっている星
★真面目でやさしい星
★自分に自信がない星
★小銭が好きな星
★片思いが長い星
★冷えに弱い星

ラッキーカラー　ホワイト　スカイブルー
ラッキーフード　さんまの塩焼き　レバーの甘辛煮
ラッキースポット　温泉　コンサート

基本性格　几帳面に物事を進められる陰の努力家

現実的に物事を考えられ、真面目で几帳面で地道に物事を進めることが好きな人。負けず嫌いで意地っ張りな面もあり、陰で努力をします。些細なことでもじっくりゆっくりと進めるでしょう。そのため何事も時間がかかってしまいますが、最終的にはあらゆることを体得することになります。本心では出たがりなところもありますが、チャンスの場面で緊張しやすく、引き癖があり、遠慮して生きることの多い断りベタな人でしょう。

2024年はこんな年

未来に向けて地道な努力をはじめる年。多少遠回りでゆっくりでも、自分のゴールや夢に近づく方法を思いついたら実践するようにしましょう。周囲に小馬鹿にされても、「うさぎと亀」の亀のように最後に笑うことができると信じ、自分のペースで頑張ってみて。1日10分でもいいので、目標を達成するための勉強や運動をしてみると、早ければ2年後にはいまの周囲との関係をひっくり返すことができそうです。健康運は、基礎代謝を上げる運動をスタートするといいでしょう。

開運アクション

- 1日10分、勉強と筋トレをする
- 「嫌われてもいい」と覚悟する
- 仕事の予習・復習を行う

金のイルカ座

命数

57 おだてに弱い高校生

もっている星
- ★リーダーになる星
- ★おだてに弱い星
- ★後輩にご馳走する星
- ★恋に空回りする星
- ★よく転ぶ星

ラッキーカラー　ダークブルー　ブラウン
ラッキーフード　冷麺　トマトサラダ
ラッキースポット　商店街　空港

基本性格　物事を前に進める力があるけど、おっちょこちょい

実行力と行動力があるパワフルな人。おだてに極端に弱く、ほめられるとなんでもやってしまうタイプ。やや負けず嫌いで意地っ張りなところがあり、正義感があるので自分が正しいと思うと押し通すことが多いでしょう。行動は雑でおっちょこちょいなので、忘れ物やうっかりミスも多くなりがち。後輩や部下の面倒を見ることが好きで、リーダー的存在になりますが、本音は甘えん坊で人任せにしているほうが好きでしょう。

2024年はこんな年

多少せっかちなところがありますが、パワフルで行動力があるタイプ。今年は、計画をしっかり立てることが重要です。自分にとって最高に幸せなポジションや状況を想像し、そのためには何が必要でどんな人脈が大事なのかを考えてみましょう。周囲に相談してもよさそうです。尊敬できる先輩や上司がいるのであれば一緒にいるといいですが、あなたはリーダーとしての素質があるので、まとめ役になってみても能力を発揮できるでしょう。健康運は、足腰のケガに気をつけて。

開運アクション

- 計画を立ててから行動に移す
- 勝手に諦めない
- 後輩や部下の面倒を見る

金のイルカ座

命数

58 上品な情熱家

もっている星
- ★礼儀正しい星
- ★恥ずかしがり屋の星
- ★見栄で出費する星
- ★相手を調べすぎる星
- ★肌が弱い星

ラッキーカラー　ピンク　ライトブルー
ラッキーフード　チーズ　いちご
ラッキースポット　庭園　コンサート

基本性格　意地っ張りで繊細な心の持ち主

礼儀正しい頑張り屋。挨拶やマナーをしっかり守り、上品な雰囲気をもっていますが、根はかなりの意地っ張り。自我が強く出すぎるのに、繊細な心をもっているので、些細なことを気にしすぎてしまうことがあるでしょう。常識やルールを守りますが、自分にも他人にも同じようなことを求めるので、他人にイライラすることが多いでしょう。清潔感が大事で、つねにきれいにしているような几帳面なところがあります。

2024年はこんな年

品格があり礼儀正しいタイプですが、今年は勇気と度胸を身につけることを意識して過ごしてみるといいでしょう。武道や格闘技など、ふだんなら避けていたことにも恥ずかしがらずにチャレンジしてみて。あえて人前に立つことや、自分の発言に自信をもつことも大切です。何事も慣れが肝心なので、目立つ服や露出の多い服を着て、視線を集めてみるのもいい訓練になりそう。健康運は、スキンケアをしっかりしておきましょう。

開運アクション

- 自分の気持ちを素直に伝える
- 幸せになる勇気と度胸を忘れない
- 素直にほめて認める

金のイルカ座 命数 59

熱しやすく冷めやすい努力家

もっている星
- ★天才的なアイデアを出す星
- ★飽きっぽい星
- ★才能に惚れる星
- ★目の疲れの星
- ★マニアックなものにお金を使う星

ラッキーカラー　ホワイト　ブルー
ラッキーフード　うなぎの蒲焼き　鮭の塩焼き
ラッキースポット　劇場　工芸品店

基本性格　負けず嫌いのクリエイター

根っからの変わり者で自由人。斬新で新しいことを生み出す才能があり、つねに人と違う発想や生き方をする人。負けず嫌いの意地っ張りで、素直ではないところがありますが、芸術系や美術、クリエイティブな才能を活かすことで認められる人でしょう。理論と理屈が好きですが、言い訳が多くなりすぎたり、理由がないと行動しないところも。心は中学1年生で止まったまま大人になることが多いでしょう。

2024年はこんな年

自分の才能や個性を活かしたいと思っているなら、思い切って環境を変える勇気が必要です。都会や海外など、チャンスがありそうな場所がわかっている人は、引っ越してでも飛び込んでみるといいでしょう。お金が足りないなど、すぐに動けない事情がある場合は、9月の実行を目標に上半期は節約を心がけ、しっかり貯金しておきましょう。今年はあなたの人生観を変えるような体験や出会いもあるので、素直に行動に移すことが大切です。健康運は、目の疲れに要注意。

開運アクション

- 興味のあることを見つけているなら行動に移す
- 好かれることを楽しんでみる
- 他人の才能や個性を素直に認める

金のイルカ座 命数 60

理屈が好きな高校生

もっている星
- ★冷静な星
- ★エラそうな口調になる星
- ★アートにハマる星
- ★肩こりの星
- ★尊敬できる人を好きになる星

ラッキーカラー　ホワイト　藍色
ラッキーフード　エビマヨ　しめじの味噌汁
ラッキースポット　書店　美術館

基本性格　芸術の才がある冷静な理論派

理論や理屈が大好きで、冷静に物事を考えられる大人なタイプ。知的好奇心が強く、深く物事を考えていて対応力があり、文化や芸術などにも詳しく、頭のいい人でしょう。人付き合いは上手ですが、本音では人間関係が苦手でめったに心を開かないタイプ。何事にも評論や批評をする癖もあります。意地っ張りで負けず嫌いでプライドが高く、認めない人はなかなか受け入れませんが、何かを極める達人や職人、芸術家の才能があるでしょう。

2024年はこんな年

プライドが高い一方で、ユーモアセンスもある知的なタイプ。つねに冷静な対応ができますが、言葉が冷たく聞こえてしまうことも多いので、今年は柔らかい言い方や、伝わりやすい言葉を選ぶよう心がけましょう。周囲の人の頑張りをねぎらったり、結果が出ていない人の努力を認められるようになると、味方が集まってくるはず。先輩や年上の人の話を聞き、情報をしっかり集めておくとよさそうです。健康運は、食事のバランスを整えるようにしましょう。

開運アクション

- 頑張りを認め、ねぎらう
- 誰に対しても尊敬できる部分を探す
- やさしい表現や伝え方を学ぶ

銀のイルカ座

命数

51

華やかで心は高校生

もっている星

- ★サッパリとした性格の星
- ★負けを認められない星
- ★お金に執着がない星
- ★異性の友達を好きになる星
- ★胃腸が弱い星

ラッキーカラー　ピンク　ブルー

ラッキーフード　かれいの煮付け　アサリの味噌汁

ラッキースポット　スポーツ施設　キャンプ場

基本性格　気持ちが若く、仲間から好かれる

負けず嫌いの頑張り屋で、目立つことや華やかな雰囲気が好き。やや受け身ですが、意地を張りすぎずに柔軟な対応ができ、誰とでもフレンドリーで仲よくなれます。心は高校1年生のまま、気さくで楽な感じでしょう。女性は色気があまりなく、男性の場合は少年の心のまま大人になった印象です。仲間や身近な人を楽しませることが好きなので、自然と人気者に。学生時代の友達や仲間をいつまでも大事にするでしょう。

2024年はこんな年

新たな友人や仲間ができる年。職場やプライベートで、これまでとは違ったタイプの人と仲よくなれるでしょう。親友や長い付き合いになる人に出会えることも。今年は、一歩踏み込んだ関係づくりに努めることが大切です。習い事をしたり、共通の目標がある人を探してみるのもいいでしょう。舞台や芝居を観賞すると刺激になり、表現力も学べそうです。努力している人を認めると、自分もパワーがわいてくるでしょう。健康運は、運動のスタートに最適なタイミングです。

開運アクション

- 新しい趣味をはじめる
- 舞台や芝居を観に行く
- 仕事関係者とプライベートで遊ぶ

銀のイルカ座

命数

52

刺激が好きな高校生

もっている星

- ★合理的な星
- ★刺激的な遊びに飛び込む星
- ★旅行で浪費する星
- ★野心のある人を好きになる星
- ★ヤケ食いで体調を崩す星

ラッキーカラー　ブラック　ダークブルー

ラッキーフード　いか飯　くるみ

ラッキースポット　リゾート地　ライブハウス

基本性格　頭の回転が速く、話題も豊富な人気者

家族の前と、外や人前とではキャラを切り替えることが上手な役者タイプ。目立つことが好きですが、全面的にそれを出すか、または秘めているか、両極端な人でしょう。何事も合理的に物事を進めるため、無駄と地味なことが嫌いで団体行動も苦手。一方で刺激や変化は好きなので、話題が豊富で人気を集めます。頭の回転が速くトークも上手ですが、「人の話の前半しか聞かない星」をもっているため、先走りすぎることも多いでしょう。

2024年はこんな年

興味のある場所にドンドン足を運ぶことで、いい刺激と学びを得られる年。多少出費がかさんでも気にせず、旅行やライブに行くなどして新たな経験を増やすと、素敵な出会いにもつながるでしょう。これまでとは違った目標ができることもありそうです。団体行動を避けていると大切な縁がつながらなくなってしまうため、苦手に感じても、人の輪に入るよう心がけましょう。雑用や面倒なことほど、率先して行うことも大切です。健康運は、ヤケ食いに注意すること。

開運アクション

- 団体行動を楽しんでみる
- 相手の内面を見るよう努力する
- 音楽フェスや食フェスに行く

銀のイルカ座

命数 **53**

陽気な遊び人

もっている星

★遊びが大好きな星
★文句が多い星
★かわいいものを買いすぎる星
★体の相性を大事にする星
★体が丸くなる星

ラッキーカラー	ラッキーフード	ラッキースポット
オレンジ ライトブルー	麻婆豆腐 ロールキャベツ	音楽フェス 喫茶店

基本性格 欲望に素直な楽しい人気者

楽しいことやおもしろいことが大好きな陽気な人気者。人付き合いやおしゃべりが上手で、周囲を楽しませることが好きなタイプ。目立つことが好きで、音楽やダンスの才能があります。「空腹になると機嫌が悪くなる星」をもっているので、お腹が空くとイライラや不機嫌が周囲に伝わってしまいます。欲望に素直に行動し、つい余計なことをしゃべりすぎてしまうところがありますが、人間関係のトラブルは少ないほうでしょう。

2024年はこんな年

持ち前のサービス精神と人懐っこさが活かせる年。人気者のように注目が集まり、人とのつながりが増えて、慌ただしくなってくるでしょう。楽しく過ごすのはいいですが、もともと詰めが甘かったり誘惑に流されやすいところがあるので要注意。何かに取り組むときはメリハリをしっかりつけ、「やるときは最後までキッチリやる」ことを忘れないようにしましょう。また楽しむときは、自分も周りも、もっと楽しめるよう意識すること。健康運は、ダンスやヨガがオススメです。

開運アクション

- 締めくくりをしっかりする
- 周囲を楽しませる
- 本を読んで語彙を増やす

銀のイルカ座

命数 **54**

遊び好きの人情家

もっている星

★感性が豊かな星
★一言多い星
★気がついたら浪費している星
★デブが嫌いな星
★ストレスをためやすい星

ラッキーカラー	ラッキーフード	ラッキースポット
オレンジ イエロー	ジンギスカン 大学芋	神社仏閣 お祭り

基本性格 根は人情家だけど、トークがうまい毒舌家

頭の回転が速く、何事も直感で決めるタイプ。遊び心がつねにあり、目立つことが大好き。トークが上手で、周囲を楽しませることが得意でしょう。しゃべりすぎて余計な一言が出てしまい、「毒舌家」と言われることもありますが、根は人情家で純粋な心をもっています。困っている人を見ると放っておけず、手助けをすることも多いでしょう。ストレートな意見を言えるので周囲からの相談も多く、自然と人脈が広がっていくでしょう。

2024年はこんな年

何事も人任せにしていると、愚痴や文句が増えて口が悪くなってしまいます。不満があるなら自ら動き、あえて愚痴の言えない状況をつくってみましょう。他人の努力や頑張りを認めると、あなたの才能や能力を認めてくれる人も現れるでしょう。年上の人からのアドバイスをしっかり受け止めることも大切です。直感を信じるのはいいですが、もともと短気を起こしやすい性格なので、早急に判断しないよう気をつけましょう。健康運は、基礎体力づくりが大切です。

開運アクション

- 他人の才能をほめる
- 上品さを意識する
- 周囲の見本となる人を目指す

銀のイルカ座

命数

55 華やかな情報屋

もっている星

★おしゃれで華のある星
★トークが薄っぺらい星
★ものが増える星
★流行に弱い星
★膀胱炎になりやすい星

ラッキーカラー　オレンジ　ネイビー

ラッキーフード　まぐろ丼　レンコンのきんぴら

ラッキースポット　水族館　海水浴

基本性格　情報収集が得意でトークの達者な人気者

人当たりがよく、情報収集が好きで、流行に敏感なタイプ。おしゃれでフットワークが軽く、楽しそうな場所にはドンドン顔を出す人です。華やかで目立つことが好きなので、遊びや趣味の幅もとても広いでしょう。損得勘定で判断することが多いのですが、周囲の人間関係とのバランスを図るのもうまく、ウソやおだても得意。トークも達者で周囲を自然と楽しませる話ができるため、いつの間にか人気者になっているでしょう。

2024年はこんな年

あなたの社交性を活かせる年。フットワークがより軽くなり人脈が広がって、これまでにない新たな縁がつながるでしょう。損得勘定で人を判断すると相手に見抜かれてしまう場合があるので、「どんな人にもいいところがある」と思って接すること。また、気になる人ができたら、受け身にならず自分から遊びに誘ってみましょう。ゴルフをする、ジャズを聴く、BARに入るなどして「大人の時間」を楽しんでみると、いい経験と人脈ができそうです。健康運は、休肝日をつくること。

開運アクション

- 損得勘定で人付き合いしない
- 大人っぽい趣味をはじめる
- フットワークを軽くする

銀のイルカ座

命数

56 真面目な目立ちたがり屋

もっている星

★やさしい星
★チャンスに弱い星
★少しでも安物に目がいく星
★キスが好きな星
★むくみやすい星

ラッキーカラー　オレンジ　ラベンダー

ラッキーフード　納豆　杏仁豆腐

ラッキースポット　海　書店

基本性格　人に好かれるのに遠慮する癖がある

陽気で明るい性格ですが、とても真面目で受け身です。本音では目立ちたいと思っていますが、遠慮する癖があって自分を押し殺しているタイプでもあります。親切で、誰かのために役立つことで生きたいと思っていますが、根は遊びが大好きで、お酒を飲むとキャラが変わってしまうことも。几帳面で気がきくので、人に好かれ、交友関係も広げられますが、臆病になっているとチャンスを逃す場合もあります。

2024年はこんな年

華やかな「銀のイルカ座」のなかで、もっとも控え目でいつも受け身になりがちですが、今年は楽しそうだと思ったら素直に行動に移すといいでしょう。真面目な性格をコンプレックスに思う必要はありません。楽しみながら地道にコツコツできることに挑戦してみましょう。楽器の演奏や筋トレ、資格の勉強などをするのがオススメです。ケチケチせず、気になることに思い切ってチャレンジしましょう。健康運は、白湯を飲むとよさそう。

開運アクション

- 図々しくなってみる
- 自分磨きと自己投資をケチらない
- 新たなジャンルの音楽を聴く

銀のイルカ座 命数 57 華やかなリーダー

もっている星

- ★仕切りたがりの甘えん坊な星
- ★ドジな星
- ★どんぶり勘定な星
- ★押しに弱い星
- ★転びやすい星

ラッキーカラー　グリーン　ネイビー
ラッキーフード　五目焼きそば　抹茶アイス
ラッキースポット　動物園　球場

基本性格　人から注目されたい甘えん坊

面倒見がよくパワフルで、人から注目されることが大好きな人です。おだてに極端に弱く、ほめられるとなんでもやってしまうタイプ。行動力があり、リーダー気質ですが、本音は甘えん坊で人任せで雑なところがあります。それでもサービス精神があるので、自然と人気を集めるでしょう。注目されたくてドンドン前に出てしまうことも。正義感が強いので、正しいことは「正しい」と強く主張するところがあるでしょう。

2024年はこんな年

行動範囲が広がり、いい人脈ができる運気。ただし他人任せにしたり周囲に甘えすぎると、せっかくの運気を無駄にしてしまいます。誘いを待たず自ら周囲に声をかけ、積極的に行動しましょう。後輩や年下と遊んだり、「面倒見のいい人」を目指すのもよさそうです。いつも通りにしていると雑なところを見抜かれてしまうので、何事も「必要以上にていねいに」を心がけましょう。上下関係を気にしすぎないことも大切です。健康運は、足腰を鍛える運動をしましょう。

開運アクション

- 後輩や部下と遊ぶ
- 何事も勝手に諦めないで粘る
- ていねいな言動を心がける

銀のイルカ座 命数 58 常識を守る遊び人

もっている星

- ★清潔感ある星
- ★打たれ弱い星
- ★品のあるものを欲しがる星
- ★上品な人を好きになる星
- ★肌荒れで悩む星

ラッキーカラー　ピンク　ライトブルー
ラッキーフード　ニラ玉　そらまめ
ラッキースポット　映画館　公園

基本性格　上品で社交性がある負けず嫌いの頑張り屋

上品で華があり、ルールやマナーをしっかり守るタイプです。遊び心や他人を楽しませる気持ちがあり、少し臆病な面はありますが、社交性があり年上やお金持ちから好かれることが多いでしょう。そして下品な人は自然と避けます。やわらかい印象がありますが、根は負けず嫌いの頑張り屋で意地っ張り。自己分析能力が高く、自分の至らないところを把握している人です。しかし、見栄を張りすぎてしまうことも多いでしょう。

2024年はこんな年

視野を広げ、勇気を出して行動するといい運気。順序を守っていねいに動くのもいいですが、慎重になりすぎたり失敗を避けてばかりいると、肝心の経験や体験をする機会が減ってしまいます。失敗や恥ずかしい思いをしたほうが、強く厚みのある人間になれると思って、勇気を出して行動してみましょう。気になる人がいるなら、自分から話しかけて友人になれるよう頑張ってみて。健康運は、好きな音楽を聴いてリラックスする時間をつくるとよさそう。

開運アクション

- 失敗から学ぶ気持ちをもって行動する
- 人生には努力と勇気が必要だと忘れない
- 他人のいいところを見る

銀のイルカ座

命数

59 屈理屈が好きな遊び人

もっている星

★ 独自の美意識がある星
★ 言い訳が多い星
★ 浪費癖の星
★ 不思議な人を好きになる星
★ 食事のバランスが悪い星

ラッキーカラー　パープル　ブルー
ラッキーフード　ひじきご飯　ほうれん草のごま和え
ラッキースポット　美術館　音楽フェス

基本性格　斬新なことを生み出す、自由が好きな変わり者

人と違う生き方や発想をする変わり者です。芸術や美術などが好きで、ほかの人とは違った感性をもち、新しいことに敏感で斬新なものを見つけたり生み出したりできるタイプ。屁理屈や理屈が多いのですが、人当たりがよく、ノリやおもしろいことが好きなので自然と周囲に人が集まります。ただ他人には興味が薄いでしょう。熱しやすく冷めやすく、自由と遊びを好み、芸能や海外など、周囲とは違った生き方を自然と選ぶでしょう。

2024年はこんな年

好奇心旺盛な性格を活かして、少しでも気になることは即行動に移し、いろいろ試してみましょう。周囲に「落ち着きがない」「飽きっぽい」などと言われても気にせず、視野や人脈、世界を広げるときだと思うこと。初対面の人にはしっかり挨拶し、礼儀や品を意識して「常識ある態度」をとるようにすると、才能や魅力を引き出してもらえ、チャンスをつかめそうです。発想力があるのはいいですが、自由と非常識を履き違えないように。健康運は、食事が偏らないよう注意して。

開運アクション

- 礼儀と挨拶をしっかりする
- 言い訳できないくらい自分を追い込む
- 他人の才能や個性を認める

銀のイルカ座

命数

60 プライドの高い遊び人

もっている星

★ 知的好奇心豊かな星
★ 上から目線の言葉を使う星
★ 渋いものにお金を使う星
★ 尊敬できる人を好きになる星
★ 肩こりや目の疲れに悩む星

ラッキーカラー　パープル　ホワイト
ラッキーフード　中華丼　サーモンのカルパッチョ
ラッキースポット　劇場　美術館

基本性格　好きなことは追求するが、他人には興味ナシ

やわらかな印象をもたれる人ですが、根は完璧主義の理屈人間です。好きなことをとことん突き詰める力があり、すぐに「なんで?　なんで?」と言うのが口癖。人間関係をつくることが上手ですが、本音は他人に興味がなく、尊敬できない人には深入りしないでしょう。最初は仲がいい感じにしていても、次第に距離をとってしまうことも。冗談のつもりもありますが、上から目線の言葉が出やすいので、やさしい言葉を選ぶ心がけが必要でしょう。

2024年はこんな年

学ぶべきことを見つけられたり、尊敬できる人に出会える年。興味がわいたら待っていないで、すぐ行動に移しましょう。プライドは捨て、失敗から学ぶ姿勢を大切に。恥ずかしい思いをしても、それを上回る度胸をつけるつもりで挑戦し続けましょう。気になる人がいるなら、考えるより先に行動するくらいがちょうどいいと思って話しかけてみて。笑顔と愛嬌を意識してリアクションをよくすると、いい関係になれそうです。健康運は、歩く距離を増やすといいでしょう。

開運アクション

- 興味のあることを即行動に移す
- 失敗を恥ずかしがらない
- どんな人にも自分より優れている部分があると思う

ゲッターズ飯田（げったーず いいだ）

これまで7万人を超える人を無償で占い続け、20年以上占ってきた実績をもとに「五星三心占い」を編み出し、芸能界最強の占い師としてテレビなど各メディアに数多く登場する。『ゲッターズ飯田の五星三心占い』は、シリーズ累計1000万部を超えている（2023年9月現在）。6年連続100万部を出版し、2021、22年は年間BOOKランキング作家別1位（オリコン調べ）と、2年連続、日本で一番売れている作家。

▶オフィシャルブログ　https://ameblo.jp/koi-kentei/

[チームゲッターズ]

デザイン班　**装丁 星座イラスト**　秋山具義+山口百合香（デイリーフレッシュ）
　本文デザイン　坂川朱音+小木曽杏子（朱猫堂）
DTP班　高本和希（天龍社）
イラスト班　INEMOUSE
校正班　株式会社ぷれす、溝川歩、藤本眞智子、会田次子
編集班　伊藤美咲（KWC）、吉田真緒
　大谷奈央+小坂日菜+鈴木久子+白石圭+富田遙夏+稲田遼祐（朝日新聞出版）
企画編集班　高橋和記（朝日新聞出版）
後方支援班　海田文+築田まり絵（朝日新聞出版）
資材調達班　井関英明（朝日新聞出版）
印刷班　小沢隆志（大日本印刷）
販売班　穴井美帆+梅田敬+村上"BIG"貴峰+小林草太（朝日新聞出版）
宣伝班　長谷川拓美+和田史朋+神作英香（朝日新聞出版）
web制作班　川崎淳+松田有以+浅野由美+北川信二+西村依泰（アム）
企画協力　中込圭介+川端彩華（Gオフィス）
特別協力　おくまん、ポリプラス、カルメラ、市川康久、生駒毅
超絶感謝　読者のみなさま

※この本は、ゲッターズ飯田氏の20年以上におよぶ経験とデータに基づいて作成しましたが、必ずしも科学的な裏づけがされているものではありません。当然、ラッキーフードばかり食べればいいというわけではありませんし、アレルギーのある方は注意も必要です。健康に関連する記述についても、本書に書かれていなくても不調がある場合はしかるべき処置をとってください。投資などで損害を被っても、弊社は責任を負いかねますので、ご了承ください。また、戦争、暴動、災害、疫病等が起こった場合、必ずしも占い通りに行動することがいいとは言えません。常識の範囲内で行動してください。

ゲッターズ飯田《いいだ》の五《ご》星《せい》三《さん》心《しん》占《うらな》い2024　銀《ぎん》の鳳《ほう》凰《おう》座《ざ》

2023年 9月 4日 第1刷発行

著　者　ゲッターズ飯田
発行者　宇都宮健太朗
発行所　朝日新聞出版
〒104-8011 東京都中央区築地5-3-2
電話　03-5541-8832（編集）
03-5540-7793（販売）
こちらでは、個別の鑑定等には対応できません。あらかじめご了承ください。
印刷製本　大日本印刷株式会社

ISBN 978-4-02-251918-4